国象棋经典杀法

庄德君 著

成都时代出版社
CHENGDU TIMES PRESS

图书在版编目(CIP)数据

国际象棋经典杀法 / 庄德君著. —成都：成都时代出版社，2020.12
ISBN 978-7-5464-2743-0

Ⅰ.①国… Ⅱ.①庄… Ⅲ.①国际象棋-对局（棋类运动）Ⅳ.①G891.1

中国版本图书馆 CIP 数据核字(2020)第 249534 号

国际象棋经典杀法
GUOJI XIANGQI JINGDIAN SHAFA

庄德君　著

出 品 人	李若锋
责任编辑	樊思岐
责任校对	刘　瑞
封面设计	兰晓鋆鋆
装帧设计	华彩文化
责任印制	张　露
出版发行	成都时代出版社
电　　话	（028）86618667（编辑部）
	（028）86615250（发行部）
网　　址	www.chengdusd.com
印　　刷	成都蜀通印务有限责任公司
规　　格	165 mm×230 mm
印　　张	16.25
字　　数	270 千字
版　　次	2020 年 12 月第 1 版
印　　次	2020 年 12 月第 1 次印刷
印　　数	4000
书　　号	ISBN 978-7-5464-2743-0
定　　价	39.00 元

著作权所有·违者必究。
本书若出现印装质量问题，请与工厂联系。电话：028-64715762

前　言

　　国际象棋赢棋有两种不同的方法。一种是积小胜为大胜,开局占据主动,逐渐取得物质优势,最后,经过漫长的残局较量,以多兵获得胜利。另一种是集中优势子力攻王,利用精妙的战术组合杀王,对局经常不到残局就结束。这好比拳击比赛,前一种以点数取胜,后一种以击倒对手获胜。毫无疑问,后一种比前一种更引人入胜,更令人赞叹。

　　第13位国际象棋世界冠军卡斯帕罗夫说:"大部分国际象棋技能是基于模式辨认(Pattern Recognition)。"另一位国际象棋特级大师钱德勒(Murry Chandler)说:"国际象棋局面分析是具体步法计算和模式辨认的融合。"据他估计,初级棋手大约95％用于步法计算,5％用于模式辨认,而大师级棋手大约40％用于步法计算,60％用于模式辨认。可见,学会辨认更多主要模式可以提高棋力。

　　本书正是研究国际象棋杀王模式(Checkmate Patterns),也叫作杀王方法,简称杀法。杀法是国际象棋技术的核心,一直是国际象棋棋手孜孜不倦研究的重要内容,有人说杀法是国际象棋艺术创作中的皇冠。

　　本书专注于国际象棋的经典杀法。所谓经典杀法是指国际象棋历史上根据各兵种的特点利用战术组合走出的令人难忘的著名杀王模式。经典杀法都有特定名称。这些名称或以历史典故命名,如阿拉伯杀法、大卫—歌利亚杀法、希腊礼物杀法;或以最早使用这种杀法的著名棋手的名字命名,如安德森杀法、格雷科杀法、武科维奇杀法;或以杀法的走法命名,如风车杀法、瞎眼猪杀法、铁路杀法;或以杀法在棋盘上形成的图形命名,如肩章杀法、鱼钩杀法、彩虹杀

1

法等。

　　本书精选37种经典杀法。每种杀法先介绍名称的来源，其中不乏趣闻轶事，使读者在兴趣盎然中增长国际象棋知识。然后介绍杀王模式，使读者铭记这些模式，在实战中能迅速辨认和使用。每个杀法都以实战例局演示这一杀法的形成和实施，使读者在实际对局时，有目的地导向这种杀法，取得对局胜利，也可助读者迅速辨认出对手将使用这种杀法，及时应对，避免败北。本书共有340多个实战局例分析讲解，并配有200多道习题，这些局例和习题难、中、易兼顾，旨在帮助初、中级棋手辨认这些杀法、运用这些杀法，迅速成为国际象棋高手，高级棋手也会觉得本书有欣赏价值，并从中有所收获。本书可作为初、中级棋手自学训练使用，也可以作为国际象棋教练或教师的教材使用。

　　著者虽然出版了几本国际象棋书，但限于各方面的水平，不当之处在所难免，还望方家和广大读者不吝赐教。

庄德君

2019年11月6日

目 录

第一章　阿拉伯杀法 …………………………………………（1）

第二章　阿纳斯塔西亚杀法 …………………………………（7）

第三章　大卫—歌利亚杀法 …………………………………（14）

第四章　傻瓜杀法 ……………………………………………（21）

第五章　学者杀法 ……………………………………………（27）

第六章　歌剧院杀法 …………………………………………（35）

第七章　特洛伊木马杀法 ……………………………………（40）

第八章　希腊礼物杀法 ………………………………………（49）

第九章　安德森杀法 …………………………………………（56）

第十章　博登杀法 ……………………………………………（60）

第十一章　布莱克本杀法 ……………………………………（68）

第十二章　达米亚诺杀法 ……………………………………（76）

第十三章　菲利多尔闷将杀法 ………………………………（82）

第十四章　格雷科杀法 ………………………………………（91）

第十五章　霍维茨杀法 ………………………………………（98）

第十六章　科尔奇诺依牵制杀法 ……………………………（102）

第十七章　拉斯克弃双象杀法 ………………………………（105）

国际象棋 经典杀法

第十八章　莱加尔杀法 ……………………………………………… (119)

第十九章　列基杀法 ………………………………………………… (126)

第二十章　洛利杀法 ………………………………………………… (130)

第二十一章　莫菲杀法 ……………………………………………… (135)

第二十二章　皮尔斯伯里杀法 ……………………………………… (140)

第二十三章　泰曼诺夫弃马杀法 …………………………………… (146)

第二十四章　武科维奇杀法 ………………………………………… (152)

第二十五章　风车杀法 ……………………………………………… (159)

第二十六章　割草机杀法 …………………………………………… (166)

第二十七章　铁路杀法 ……………………………………………… (174)

第二十八章　瞎眼猪杀法 …………………………………………… (179)

第二十九章　包厢杀法 ……………………………………………… (183)

第三十章　走廊杀法 ………………………………………………… (190)

第三十一章　角落杀法 ……………………………………………… (211)

第三十二章　肩章杀法 ……………………………………………… (218)

第三十三章　燕尾杀法 ……………………………………………… (224)

第三十四章　鸠尾榫杀法 …………………………………………… (232)

第三十五章　鱼钩杀法 ……………………………………………… (238)

第三十六章　钓鱼竿杀法 …………………………………………… (245)

第三十七章　彩虹杀法 ……………………………………………… (252)

第一章　阿拉伯杀法

阿拉伯杀法（Arabian Mate）意思是指这种杀法是最古老的杀法。公元638年，阿拉伯人征服了波斯（现在的伊朗），学会了古老的象棋游戏"沙特兰兹"，后来把这种现代国际象棋的前身传到欧洲西部。因此，欧洲人认为国际象棋是阿拉伯人的游戏，这种游戏的古老杀法就称为"阿拉伯杀法"。还有一种说法是十五世纪国际象棋的走法发生了很大的改变，唯有三个棋子的走法没变，那就是王、车和马，所以最早的有记载的将杀形式是车和马组合的将杀。由于这种将杀形式在阿拉伯时期就存在，所以就叫"阿拉伯杀法"。

如图1和图2所示，在这个杀法中，被将杀的王处在盘角，将杀方的马与其斜线相对并保护车紧靠着王将军，由于车控制着王逃跑的斜格，马控制着王逃跑的横格或直格，王无路可逃而被将杀。这种杀法也叫作"助手杀法"（Helper Mate），在这里是指马帮助车共同杀王。

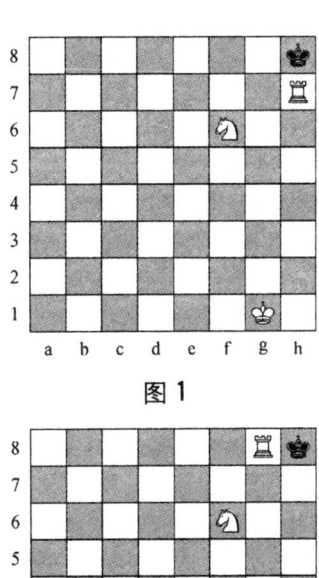

图1

图2

有的文献把鱼钩杀法并入阿拉伯杀法，本书有一章专门讲鱼钩杀法。

下面先看车在边线的阿拉伯杀法。

Cordoba vs Short (1995)

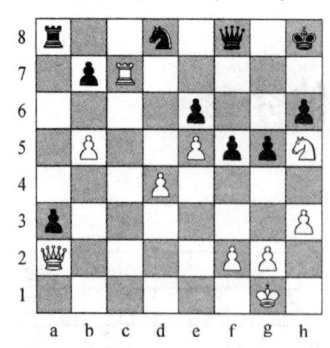

白方先走

1. Nf6，马进要塞叫杀。1.…Nf7，阻挡。2. Qxe6，后车双吃马。2.…a2 3. Qxf7 a1=Q+ 4. Kh2 Qxf7 5. Rxf7 b6 6. Rh7♯，白方马支持车边线阿拉伯杀法。

Fridman vs Lenderman (2010)

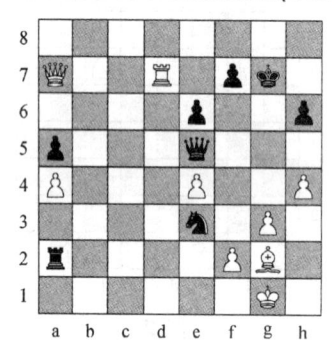

黑方先走

1.…Qa1+ 2. Kh2 Ng4+ 3. Kh3 Nxf2+，借将军先手清除兵障。4. Kh2 Ng4+ 5. Kh3 Ne5，准备进入要塞。6. Rb7 Qd1 7. Qb8 Qg4+ 8. Kh2 Nf3+，利用牵制，马进要塞。9. Kh1 Qh3+，弃后引离，黑方认输，因为 10. Bxh3 Rh2♯，黑方马支持车边线阿拉伯杀法。

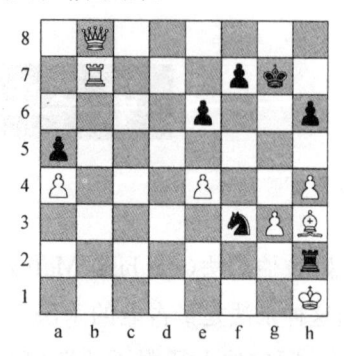

Parma vs Damjanovic (1960)

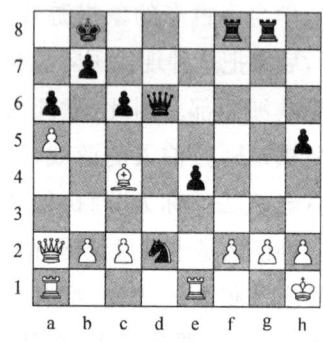

黑方先走

1.…Rxg2，弃车摧毁兵障，暴露白王。2. Kxg2 Qg6+ 3. Kh1 Rxf2，威胁 4.…Qg2♯，后车配合次底线将杀。4. Rg1 Nf3，白方认输，无法解 5.…Rxh2♯，黑方车马配合边线阿拉伯杀法。

下面是车进底线的阿拉伯杀法实战例子。

Andriasian vs Burg(2013)

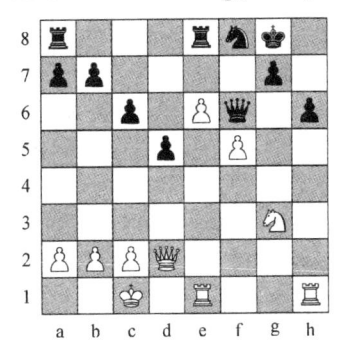

白方先走

1. Nh5 Qg5 2. Reg1 Qxd2＋ 3. Kxd2 Re7 4. Nf6＋，利用牵制将军，马进要塞。**4. …Kh8 5. Rxh6＋**，弃车引离。**5. …gxh6 6. Rg8♯**，白方马支持车进底线杀王的阿拉伯杀法。

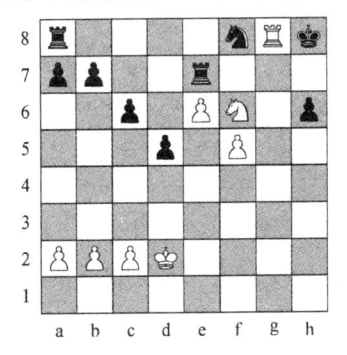

Nuritdinova vs Khoudgarian(2006)

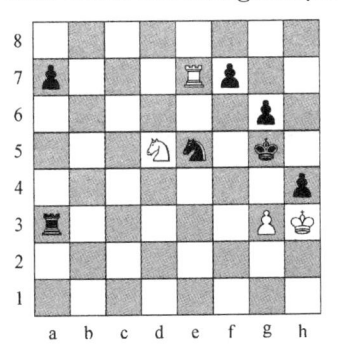

黑方先走

1. …Rxg3＋ 2. Kh2 Nf3＋，马进要塞并驱赶王进角落。**3. Kh1 Rg1♯**，黑方马支持车进底线杀王的阿拉伯杀法。

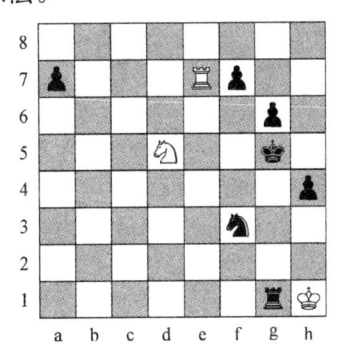

Kotronias vs Pons(2009)

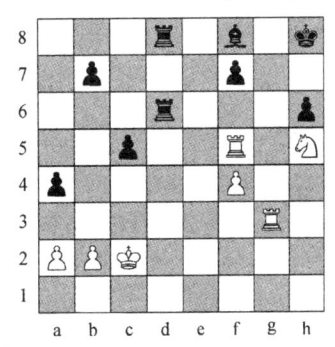

白方先走

1. Rxf7 Rd2＋ 2. Kc3 Rd1 3. Rh7＋，弃车引入黑王。黑方认输，因为 **3. …Kxh7 4. Nf6＋**，马进要塞并驱赶王进角落。**4. …Kh8 5. Rg8♯**，白方马支持车进底线的阿拉伯杀法。

Reiner vs Wilhelm Steinitz(1860)

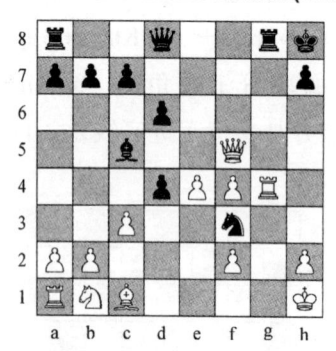

黑方先走

黑马已经进入要塞，怎样才能形成阿拉伯杀法呢？**1. …Qh4**，妙手捉车并威胁 2. … Qxh2♯马支持后将杀，现在白车不能吃后，否则 2. … Rg1♯将杀。**2. Rg2**，逼着。**2. … Qxh2＋**，弃后引离，形成绝杀。**3. Rxh2 Rg1♯**，黑方车进底线的阿拉伯杀法。

下面是黑方在后翼形成的阿拉伯杀法。

Maliszewski vs Schweitzer(1999)

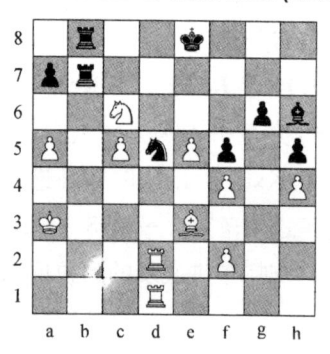

黑方先走

1. … Rb3＋ 2. Ka2 Nc3＋ 3. Ka1 Rb1＋ 4. Rxb1 Rxb1♯，黑方马支持车在后翼的阿拉伯杀法。

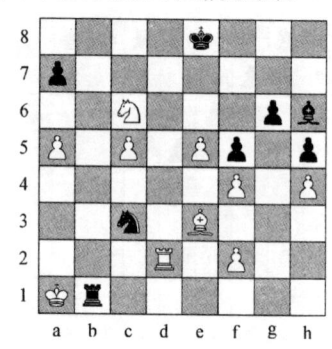

下面是黑方在自己一侧用阿拉伯杀法将杀白王。

Mark Taimanov vs Bent Larsen(1967)

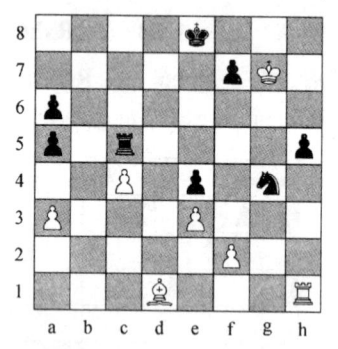

黑方先走

1. …Rg5＋ 2. Kh8 Nf6，马进要塞困白王于黑方角落。**2. Ba4＋ Ke7**，白方认输，因为无法解黑车回己方底线的阿拉伯杀法。

王不在角落，但有堵塞或受控制，也可形成阿拉伯杀法。

Vassily Ivanchuk vs Levon Aronian(2006)

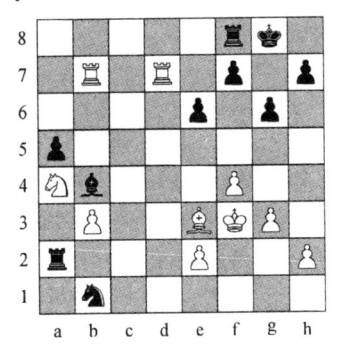

白方先走

1. Bc5，通过击双迫使黑方兑象，白马得以前进，奔向攻击目标。**1. …Nd2+　2. Kg2 Bxc5　3. Nxc5 e5　4. Ne6**，马进要塞，引离 f 兵。**4. …exf4**，如果 4. …fxe6，则 5. Rg7+ Kh8　6. Rxh7+ Kg8　7. Rbg7♯，瞎眼猪杀法。**5. Rxf7**，弃车引离黑车。**5. …Rc8**，如果 5. …Rxf7，则 6. Rb8+ Rf8　7. Rxf8♯，黑王受 h7 兵堵塞，白方马支持车进底线的阿拉伯杀法（见下图）。**6. Rg7+ Kh8　7. Rxh7+ Kg8　8. Rbg7♯**，黑王 h 线逃跑格受控制，白方马支持车横线阿拉伯杀法。

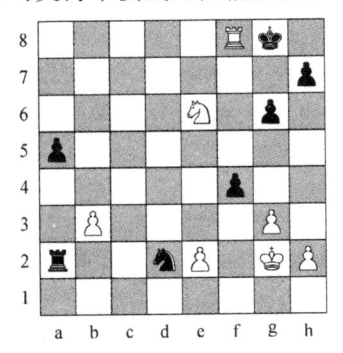

习题

1. Emanuel Lasker vs NN(1900)

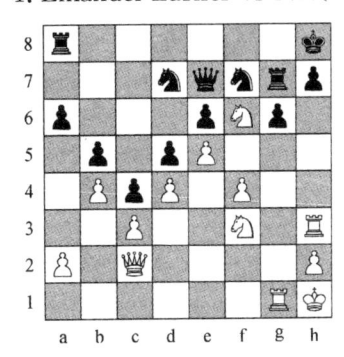

白方先走

2. Stukopin vs Hasenohr(2008)

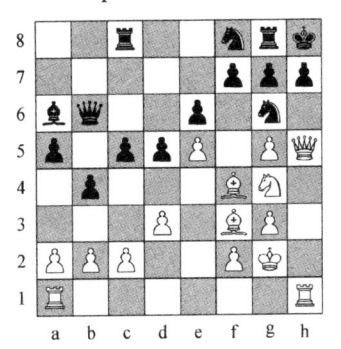

白方先走

3. Gelfand vs Kramnik(1996)

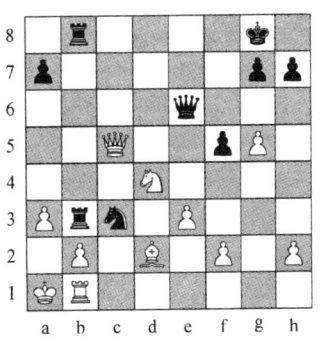

黑方先走

4. Willich vs Fink(2004)

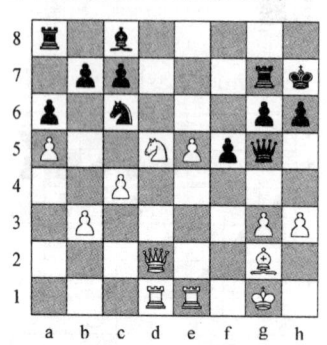

白方先走

5. Nimzowitsch vs Gize(1913)

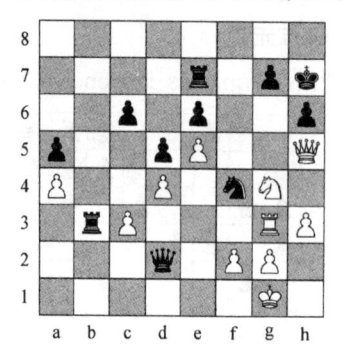

白方先走

6. Drasko vs Velickovic(1988)

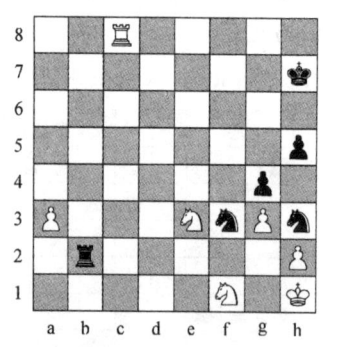

黑方先走

习题答案

1. **1. Qxg6**,威胁走 2. Qxg7 杀王,黑 h 兵被牵制不能吃后,如果走 1. … Rxg6,则 2. Rxh2♯,形成车马配合边线阿拉伯杀法,所以黑方走 **1. … Nfxe5**,既保护 g7 车又威胁马或车吃后,**2. Rxh7＋**,弃车引离黑车,**2. … Rxh7　3. Qg8＋**,弃后将军,**3. …Rxg8　4. Rxg8♯**,形成车马配合底线阿拉伯杀法,即使没有黑车堵塞,黑王也能被将杀。

2. **1. Rh2**,准备把 a1 车调到 h 线助攻。**1. … Nxf4＋　2. gxf4 g6　3. Qxh7＋**,弃后摧毁兵障。**3. …Nxh7　4. Nf6**,不用调 a1 车了,黑方无法解马支持车边线阿拉伯杀法,只得认输。

3. **1. …Rxb2**,叫底线杀。**2. Rxb2 Qa2＋**,弃后引离,白方认输,因为 3. Rxa2 Rb1♯,后翼阿拉伯杀法。

4. **1. Nf6＋**,马进要塞将军。**1. …Kh8　2. Qd8＋**,弃后将军,黑方认输。接下来 2. …Nxd8　3. Rxd8＋ Rg8　4. Rxg8♯,马支持车底线阿拉伯杀法。

5. **1. Qxh6＋**,弃后引离 g 兵。**1. …gxh6　2. Nf6＋**,马进要塞。**2. Kh8　3. Rg8♯**,马支持车底线阿拉伯杀法。

6. **1. …Nf2＋　2. Kg2 Nd1＋**,闪将。**3. Kh1 Nxe3**,引离保护 h2 的马。**4. Nxe3 Rxh2♯**,黑方马支持车边线阿拉伯杀法。

第二章　阿纳斯塔西亚杀法

阿纳斯塔西亚杀法（Anastasia's Mate）名称来自德国作家海因瑟（Johann Jakob Wilhelm Heinse）1803年出版的小说《阿纳斯塔西亚和国际象棋》（Anastasia und das Schachspiel）中描述的一个国际象棋将杀的片段。

如图1和图2所示，在这个杀法中，被将杀的王处在边线（或底线），在侧方（或前方）有己方兵，将杀方用车或后将军时，王能逃避的两个关键格被马控制而被将杀。将杀方经常弃后或弃车把王引入峡谷再用车或后将杀。

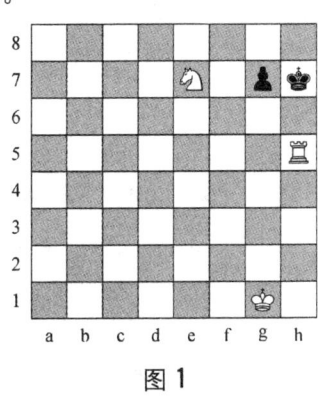

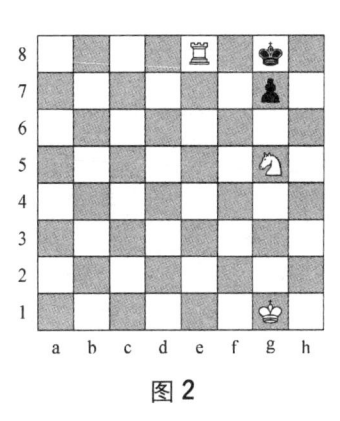

图1

图2

下面请看实战的例子。

Voronova vs Vo Hong Phuong(2000)

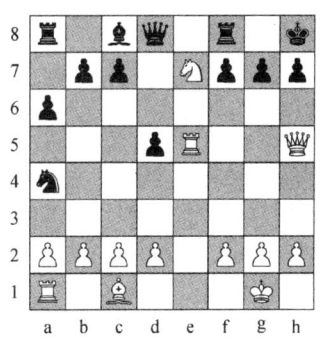

白方先走

1. Qxh7+，弃后摧毁兵障，黑方认输，因为 1.…Kxh7　2. Rh5♯，白方车边线将军，马控制王的两个逃跑格的阿纳斯塔西亚杀法。

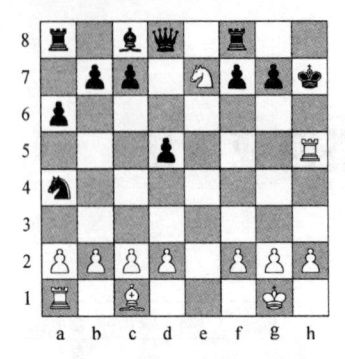

国际象棋 经典杀法

Vidmar vs Euwe(1929)

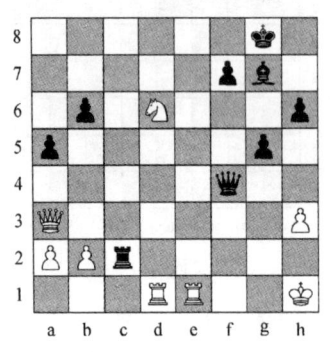

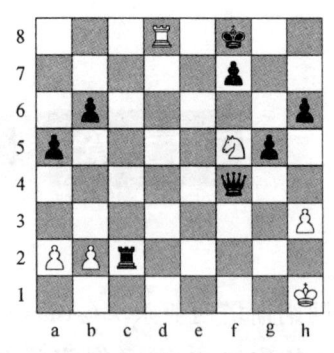

Bayer vs Falkbeer(1852)

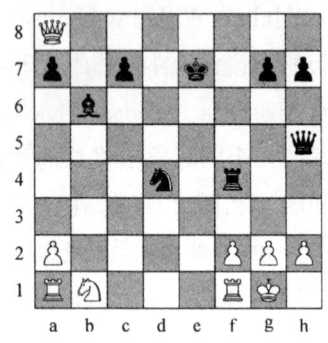

白方先走

1. **Re8**＋ **Bf8**，如果 1.…Kh7　2. Qd3＋，双击抽车。2. **Rxf8**＋，弃车消除保护并引入。2.…Kxf8，如果 2.…Kg7，则 3. Rxf7＋ Qxf7　4. Nxf7，白方获得巨大物质优势。3. **Nf5**＋，闪将，马占要位。3.…Kg8　4. **Qf8**＋，弃后引入黑王。4.…Kxf8，如果 4.…Kh7　5. Qg7♯，马支持后杀王。5. **Rd8**♯，白方车进底线将军的阿纳斯塔西亚杀法。

黑方先走

1.…**Ne2**＋，将军并占据要位。2. **Kh1 Qxh2**＋，弃后把王引入峡谷。3. **Kxh2**，逼走之着。3.… **Rh4**♯，黑方马控制与车在边线将军的阿纳斯塔西亚杀法。

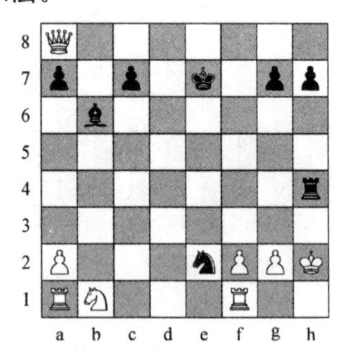

Gheorghiu vs Liu Wenzhe(1982)

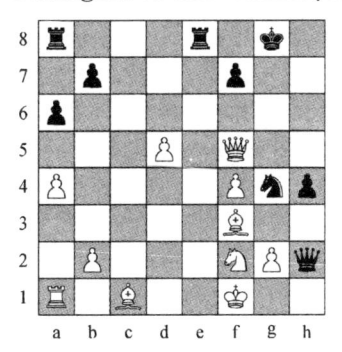

黑方先走

1. …Qg1＋,弃后引入白王进峡谷,白方认输,因为 2. Kxg1 Re1♯,黑方车进底线将军的阿纳斯塔西亚杀法。

Lee vs Sanal(2018)

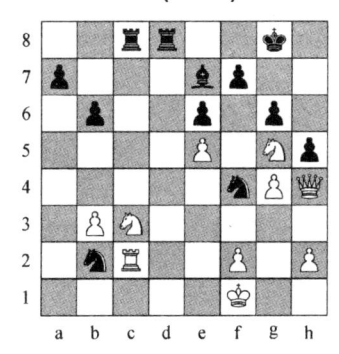

黑方先走

1. …Rxc3,弃车消除保护,白方认输,因为 2. Rxc3 Rd1♯,阿纳斯塔西亚杀法。

Meshkov vs Gong Qianyun(2018)

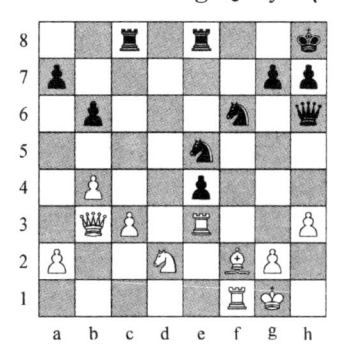

黑方先走

1. …Neg4,弃马,使另一马占据要位。2. hxg4 Nxg4   3. Rh3 Qxd2   4. Bd4 Rf8   5. Rd1 Qg5   6. Qc2 Rce8   7. c4 h6,准备进兵 e3,避免白后吃 h7 兵将杀。8. Qc3 e3   9. Re1 e2,打入兵楔。10. Qd3 Qf4,黑方后车兵威胁进底线形成阿纳斯塔西亚杀法,白方认输。

Dai vs Motycakova(2012)

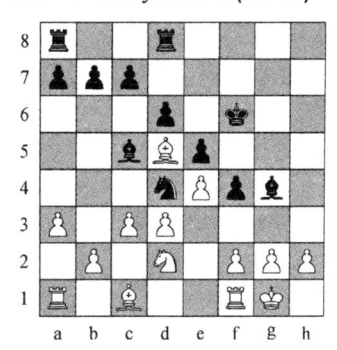

黑方先走

1. …Ne2＋   2. Kh1 Rh8   3. Nb3 Rxh2＋,弃车摧毁兵障。4. Kxh2 Rh8♯,黑方车在边线将军的阿纳斯塔西亚杀法。

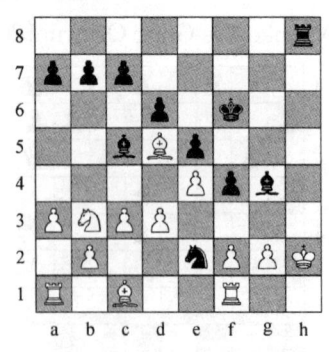

Gast vs Bhend(1987)

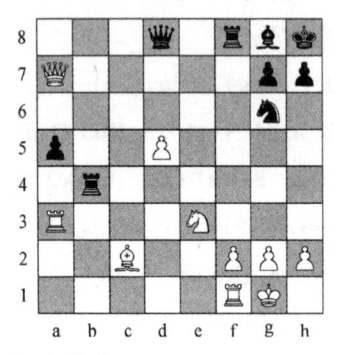

黑方先走

白方已经多一兵，现在又后车夺 a5 兵。**1. …Nf4**，置兵被吃于不顾，跳进特洛伊木马。**2. Qxa5**，吃兵，又威胁吃车并邀请兑后。**2. …Qb8**，看似避兑，同时保护车，其实暗藏杀机。**3. Qa7 Ne2＋**，特洛伊木马进城。**4. Kh1 Qxh2＋**，弃后摧毁兵障，白方认输，因为 5. Kxh2 Rh4♯，黑方车在边线阿纳斯塔西亚将杀。

Hammer vs Carlsen(2003)

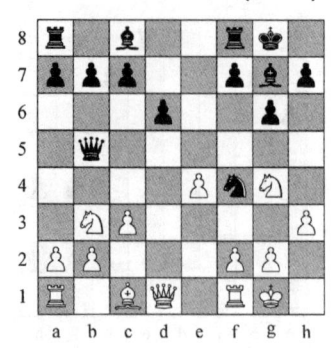

黑方先走

1. …Ne2＋，后保护马占据要位将军。**2. Kh1 Bxg4　3. hxg4 Rae8　4. Be3 Rxe4**，提高车杀法。**5. Re1 Qh5＋**，弃后引离 g 兵，白方认输，因为 6. gxh5 Rh4♯，阿纳斯塔西亚将杀。

Milosavljevic vs Rakic(2007)

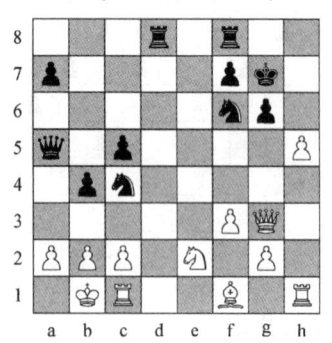

黑方先走

1. …Rd6，提高车，暗藏杀机。**2. Re1 Nd2＋　3. Ka1 Qxa2＋**，弃后引入白王，白方认输，接下来是 4. Kxa2 Ra6♯，形成黑方车在后翼边线将军，马控制的阿纳斯塔西亚杀法。

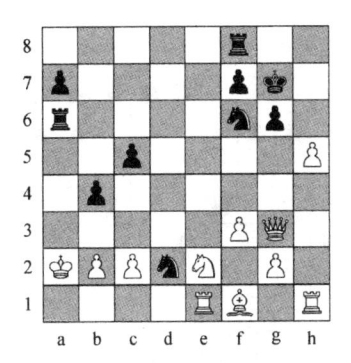

第二章 阿纳斯塔西亚杀法

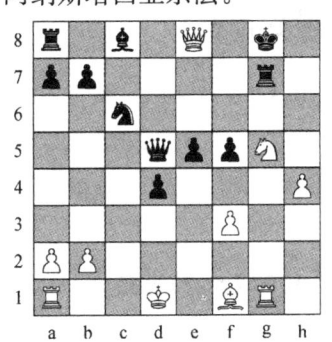

Nogueiras vs Todorovic(2005)

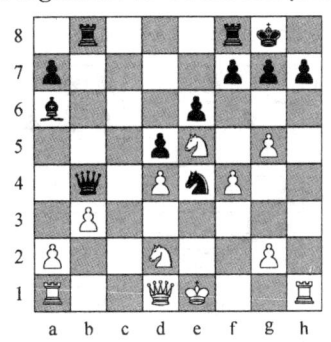

白方先走

1. Nc6 Qc3??，应走 1. …Qd6 防守。**2. Ne7+ Kh8 3. Rxh7+**，弃车摧毁兵障，黑方认输，因为 3. …Kxh7 4. Qh5♯，后马配合阿纳斯塔西亚杀法。

Sakaev vs Kramnik(1989)

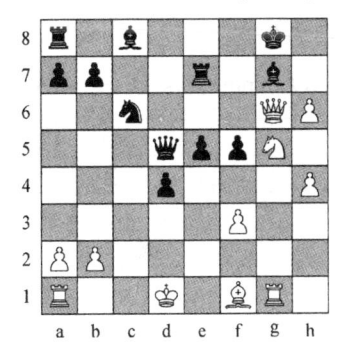

白方先走

1. hxg7，威胁 2. Qh7♯，黑方认输，因为 1. …Rxg7 2. Qe8♯，后马配合阿纳斯塔西亚杀法。

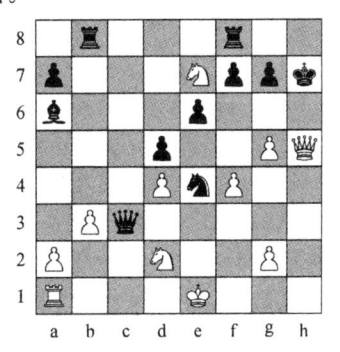

习题

1. Alekhine vs Leonhardt(1910)

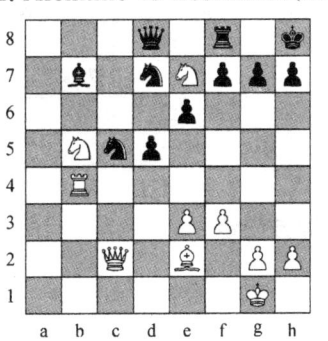

白方先走

2. Andersen vs Gronnestad(2003)

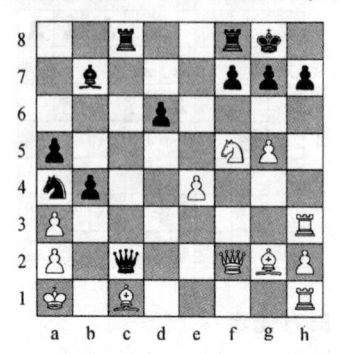

白方先走

3. Baron vs Marcelin(2013)

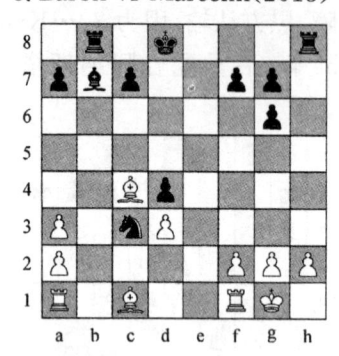

黑方先走

4. Hutchings vs Keene

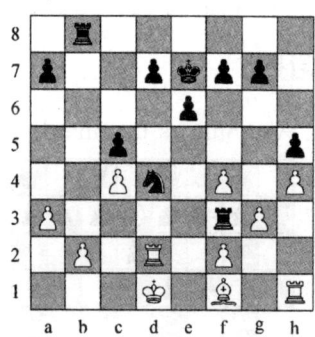

黑方先走

5. Karjakin vs Metsalu(2001)

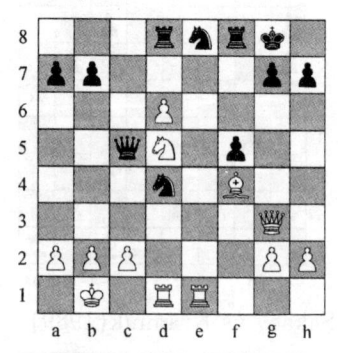

白方先走

6. Dominguez vs Morozevich(2009)

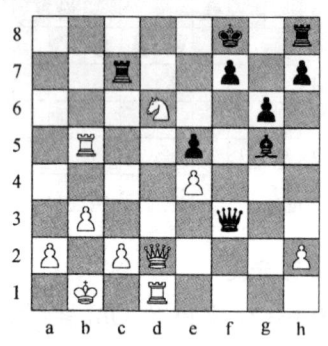

白方先走

习题答案

1. **1. Qxh7＋**，弃后摧毁兵障。黑方认输，因为 1. …Kxh7　2. Rh4♯，白方车边线将军，马控制的阿纳斯塔西亚杀法。

2. **1. Ne7＋**，马进要位。**1. …Kh8**
2. Rxh7＋，弃车摧毁兵障，黑方认输，因为 2. …Kxh7　3. Qh4♯，后马配合阿纳斯塔西亚杀法。

3. **1. …Ne2＋**，马将军占据要位。
2. Kh1 Kd7，腾挪，开通另一车的路线，白方认输，因为无法解 3. …Rxh2＋，弃车暴露白王，4. Kxh2 Rh8♯，黑车在边线将军与马控制的阿纳斯塔西亚杀法。

4. **1. …Rxa3**，弃车引离 b 兵，白方认输，因为 2. bxa3 Rb1♯，黑方车进底线将军，马控制王的两个逃跑格的阿纳斯塔西亚杀法。

5. **1. Ne7＋**，马进要位将军。**1…Kh8　2. Qd3**，驱赶黑马，避免黑方走 2. Qxc2＋。**2. …Nb5　3. Qh3 Rf7　4. Rd3**，提高车杀法。**4. …Nexd6　5. Qxh7＋**，黑方认输，因为 5. …Kxh7　6. Rh3♯，阿纳斯塔西亚杀法。

6.黑象正攻击白后，白方怎么办？**1. Nf5**，置后被吃于不顾，再弃马威胁阿纳斯塔西亚将杀。**1. …Rc8**，如果走 1. …gxf5，则 2. Rb8＋ Rc8　3. Rxc8＋ Bd8　4. Qxd8＋ Kg7　5. Qg5♯；如果 1. …Qxf5，则 2. Qd6＋ Be7　3. Qxc7，白方子力和形势占优，胜定；如果 1. …Bxd2，则 2. Rb8＋ Rc8　3. Rxc8♯，阿纳斯塔西亚杀法。**2. Rb8**，黑方认输，接下来 2. …Qxf5　3. exf5 Bxd2　4. Rxc8＋ Kg7　5. f6＋ Kxf6　6. Rxh8，黑方遭受重大物质损失，必输无疑。

第三章　大卫—歌利亚杀法

大卫—歌利亚杀法来自《圣经》中牧羊少年大卫击杀巨人歌利亚的典故,指的是用小兵将杀对方的王。

大卫击杀歌利亚的故事发生在公元前1000多年,在巴勒斯坦的一个山谷地带,腓力斯丁人与以色列人两军对峙。

腓力斯丁人中有一个巨人,名叫歌利亚,要求以色列人出一人与他决斗定双方胜负。腓力斯丁人一天两次连续四十天叫阵,以色列人无一人敢应战。

这天,牧羊少年大卫来给当战士的哥哥们送食物,听到军营外面有人高声叫骂,问清了缘由,便愤愤不平地要去迎战歌利亚。

当时以色列王扫罗把自己的铜盔给大卫戴上,把自己的铠甲给他披挂整齐。大卫觉得这些装备太笨重了,妨碍他走路,他又脱了盔甲,仍旧穿上他的牧羊服。

大卫到溪水中捡了五块鹅卵石,装在口袋里,手里拿着牧羊杖和甩石器,从以色列军营中走下山谷,一步一步走近正在叫骂的腓力斯丁人。

那腓力斯丁人也向着大卫走过来。歌利亚看见大卫满脸稚气、细皮嫩肉的样子,不过是个放羊娃,哪把他放在眼里。

歌利亚迈着大步走过来。大卫也快步向他跑去,一边跑一边从口袋里摸出一块鹅卵石,放在甩石器中。只见大卫用力一甩,"嗖"一声,那鹅卵石飞了出去,正中歌利亚的前额!歌利亚大叫一声,扑倒在地。腓力斯丁人全都惊呆了,谁也不敢上前。大卫手里没有刀,他就踏在歌利亚身上,从歌利亚腰间的刀鞘中拔出刀,割下他的头,把头提在手里。看见讨战叫骂的勇士死了,腓力斯丁人顿时溃散了。扫罗率领以色列人呐喊着,追杀过去,一鼓作气击溃腓力斯丁人。

后来大卫成了以色列联合王国第二代国王,建立了统一而强盛的以色列国,对犹太民族和世界都产生了影响。

虽然大卫—歌利亚杀法有许多形式,但最终都是以兵将军的将杀,如后图所示。

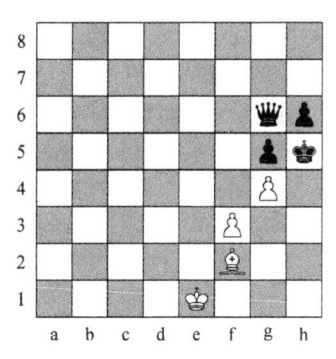

下面请看实战例局。

Moldyarov vs Samochanov(1974)

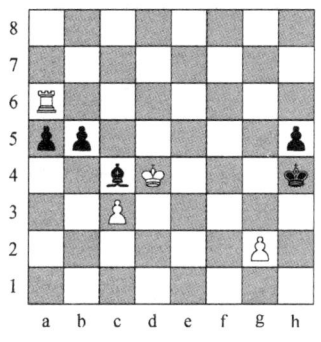

白方先走

1. Rg6,如果走 1. Rxa5 Kg3,白方很难赢棋。**1.** …**a4** **2. Ke4 a3** **3. Kf4 a2** **4. Rg3**,威胁 5. Rh3♯。**4.** …**Be6** **5. Rh3＋**,引入黑象形成堵塞。**5.** …**Bxh3** **6. g3♯**,白王支持兵将军并控制黑王逃跑格的将杀。

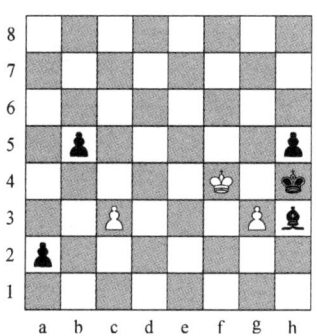

第三章 大卫—歌利亚杀法 I

Glucksberg vs Najdorf(1929)

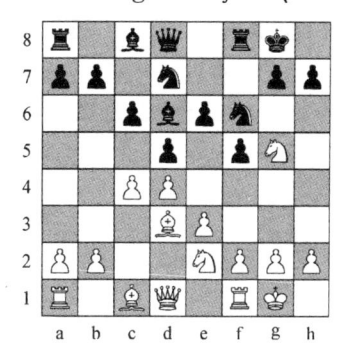

黑方先走

1. …**Bxh2＋**,希腊礼物杀法。**2. Kh1**,如果 2. Kxh2,则 2. …Ng4＋,再后吃马,白方输得更快。**2.** …**Ng4** **3. f4 Qe8** **4. g3 Qh5** **5. Kg2 Bg1**,弃象腾挪。**6. Nxg1 Qh2＋** **7. Kf3 e5**,威胁 8. …e4＋ **9. Bxe4 dxe4＋** **10. Nxe4 fxe4＋** **11. Kxg4 Ne4＋＋** **12. Kg5 h6♯**,兵支持兵将军并与后象马控制的大卫—歌利亚杀法。**8. dxe5 Ndxe5＋**,弃马将军。**9. fxe5 Nxe5＋** **10. Kf4 Ng6＋** **11. Kf3 f4**,腾挪。**12. exf4 Bg4＋**,弃象引入白王。**13. Kxg4 Ne5＋**,弃马引离 f 兵。**14. fxe5 h5♯**,后保护兵将军并与车控制的大卫—歌利亚杀法。

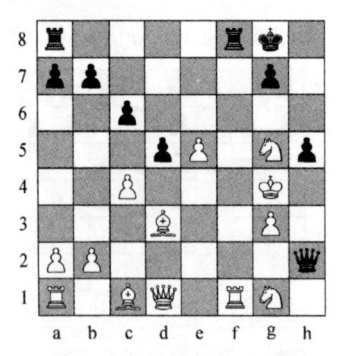

国际象棋 经典杀法

Schmid vs Gumprich(1950)

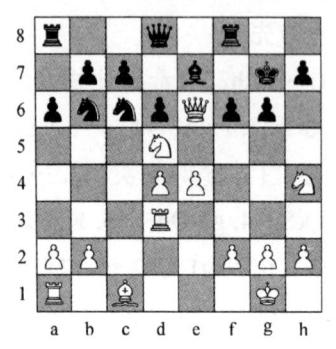

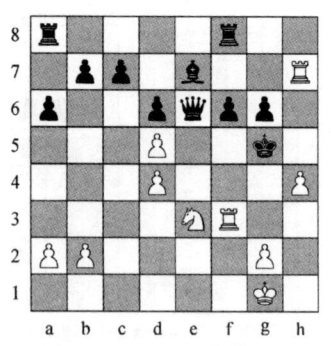

Bernstein vs NN(1932)

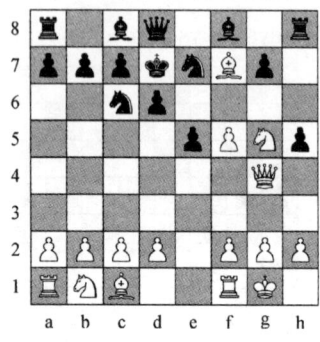

白方先走

1. Rh3，马后藏车，暗伏杀机。
1. …Nxd5   2. Bh6+，弃象引入黑王。
2. …Kxh6   3. Nf5+，双将，阻止黑王回城。3. …Kg5   4. exd5 Ne5   5. f4+，弃兵腾挪。5. …Kxf4   6. Rf1+ Kg5   7. Rxh7，为h兵让路。7. …Qd7   8. Ne3，特洛伊木马返回控制黑王，叫绝杀。8. …Nf3+   9. Rxf3 Qxe6   10. h4#，车保护兵将军与另一车和马控制的大卫—歌利亚杀法。

白方先走

黑方h兵正要吃白后，白方如何走？1. f6+!，弃后闪将。1. …hxg4   2. Be6+ Ke8   3. f7#，象控制王的逃跑格并支持兵将军的大卫—歌利亚杀法。

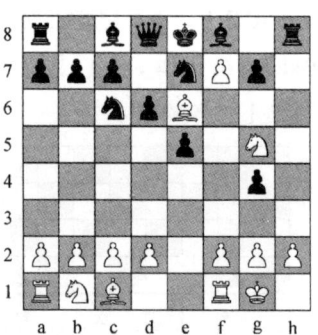

16

第三章 大卫—歌利亚杀法

Raganov vs Komarov(1944)

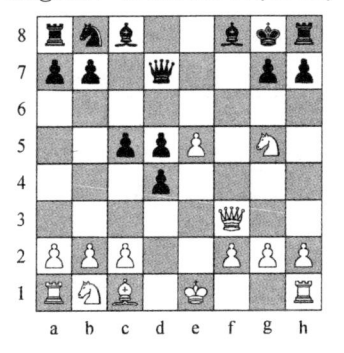

白方先走

1. e6 Qe8 2. Qf7+，引入黑后。

2.…Qxf7 3. exf7#，马支持兵将军的大卫—歌利亚杀法。

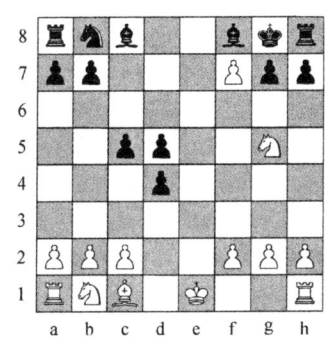

Burgess vs Watson(1989)

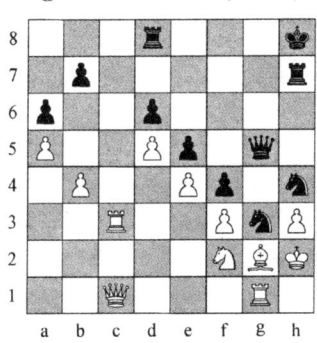

黑方先走

1.…Ne2，腾挪，马吃后和双车。

2. Bh1 Qg3，弃后引入白车。**3. Rxg3 fxg3#**，马保护兵将军并与另一马控制的大卫—歌利亚杀法。

Medina vs Sanz(1975)

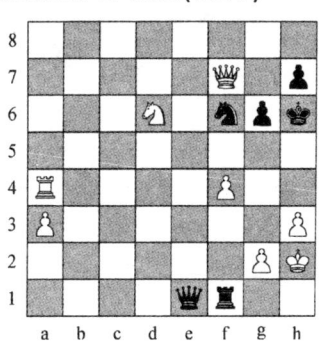

白方先走

1. Nf5+ Kh5，如果 1.…gxf5，则 2. Qxf6+ Kh5 3. Qg5#，兵支持后杀王。**2. Qxh7+**，弃后引离黑马。

2.…Nxh7 3. g4#，兵支持兵将军与马和兵控制王逃跑格的大卫—歌利亚杀法。

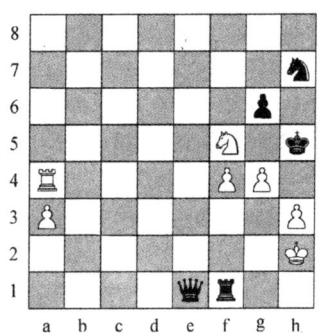

17

Busnardo vs NN(1590)

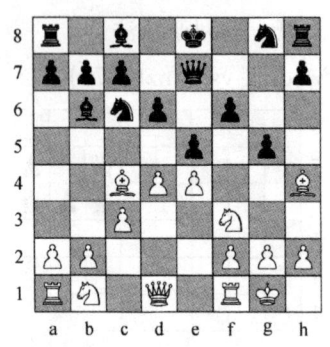

白方先走

1. Nxg5，弃马摧毁兵障。1. ⋯fxg5　**2. Qh5+ Kd7**　**3. Bxg5 Qg7**　**4. Be6+**，弃象引入黑王。4. ⋯Kxe6　**5. Qe8+ Nge7**　**6. d5#**，兵支持兵将军并与后和象控制的大卫—歌利亚杀法。

Kagramanov vs Ernst(2007)

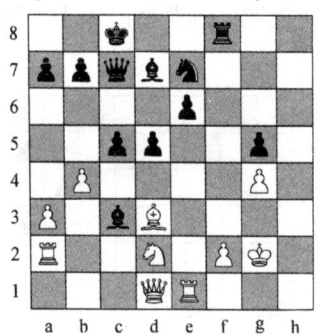

黑方先走

1. ⋯Rxf2+，弃车摧毁兵障。**2. Kxf2 Qh2+**　**3. Kf1 Qh3+**　**4. Kf2**，如果 4. Ke2 Qg2+　2. Ke3 d4#，兵支持兵将军与另一兵和后控制的大卫—歌利亚杀法。**4. ⋯Bd4+**　**5. Re3 Bxe3+**，白方认输，因为 6. Ke2 Qg2+　7. Kxe3 d4#，兵支持兵将军与另一兵和后控制的大卫—歌利亚杀法。

Watson vs Littlewood(1991)

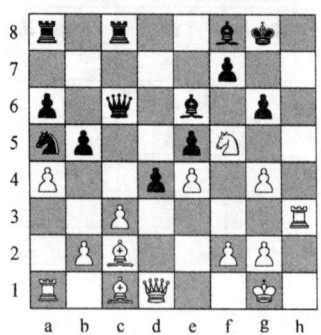

白方先走

1. Bg5，置马被兵吃不顾，进象抢攻。1. ⋯f6　**2. axb5 axb5**　**3. Bxf6 Bxf5**　**4. Rxa5**，弃车消除保护。4. ⋯Rxa5　**5. Bb3+ Be6**　**6. Rh8+ Kf7**　**7. Qf3**，准备闪将叫杀。7. ⋯Ra1+　**8. Kh2 Ke8**　**9. Bg5**，腾挪，威胁 10. Qxf8+ Kd7　11. Qe7#，燕尾杀。**9. ⋯Kd7**　**10. Rh7+ Kd6**　**11. Bxe6 Re8**，如果 11. ⋯Kxe6，则 12. Qf6#，后车象兵配合杀。**12. Bd5 Qc8**　**13. Qf6+ Kc5**　**14. b4#**，兵支持兵将军与象和后控制的大卫—歌利亚杀法。

习题

1. Garprindashvili vs Veroci(1974)

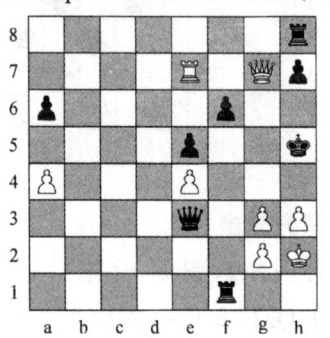

白方先走

2. Vasyukov vs Lukin(1972)

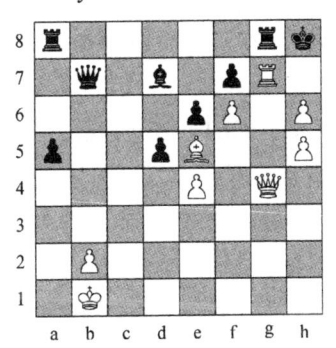

白方先走

3. Hallstein vs Janin(1916)

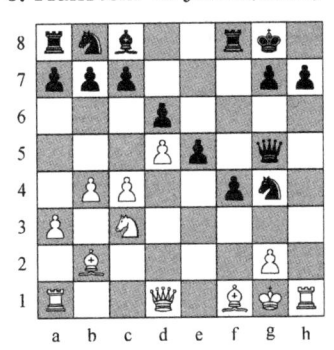

黑方先走

4. Zaitsev vs Bakulin(1964)

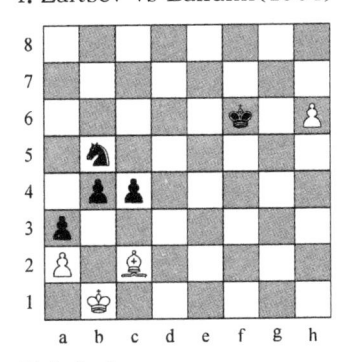

黑方先走

5. Rubel vs Usachi(1960)

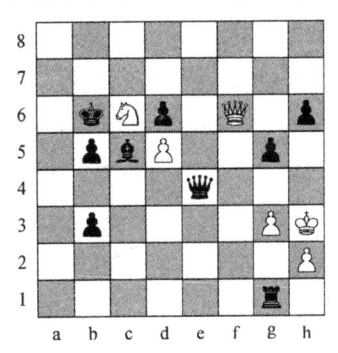

黑方先走

6. Georgadze vs Kuindzhi(1973)

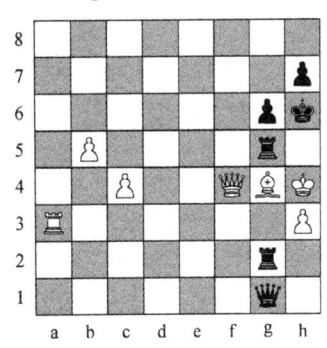

黑方先走

习题答案

1. 如图所示，黑方不仅多一车，而且还威胁后进 g1 将杀。在时间紧迫的情况下，白方走 1. Qg4＋Kh6 2. Qg7＋ Kh5 3. Qg4＋，形成长将和棋。其实，白方可以连将杀。**1. Rxe5＋**，弃车引离 f 兵，敞开 h4－d8 斜线。**1. … fxe5 2. g4＋ Kh4 3. Qe7＋**，引入黑后形成堵塞，并且引离黑后到 g3 的将杀威胁。**3. …Qg5 4. g3#**，王支持 g3 兵将军并保护 h3

19

兵,h3 兵保护 g4 兵,g4 兵控制黑王的逃跑格形成将杀。

2. **1. Qg6!**,弃后叫杀,引入 f 兵。**1. …fxg6　2. hxg6**,威胁 g 兵支持车到 h7 杀王。**2. …Rxg7　3. fxg7+ Kg8　4. h7♯**,兵支持兵将军与象支持兵控制王的两个逃跑格将杀。

3. **1. …f3**,黑方认输,因为黑方威胁 2. …Qe3♯后马配合杀和 2. …f2♯,马支持兵将军并控制王的逃跑格将杀。

4. **1. …Nc3+　2. Ka1 Kf7　3. h7 Kg7　4. Bd3　b3**,如果走 4. …cxd3,则 5. h8=Q+ Kxh8,形成逼和,现在威胁 5. …b2♯,兵支持兵将军与马控制王逃跑格的将杀,白方无法解杀,只得认输。

5. **1. …Qh4+**,弃后既是引入 g 兵形成堵塞又是引离 g 兵。白方认输,因为 2. gxh4 g4♯,车控制并支持兵将杀。

6. **1. …Qf2+**,弃后引离白后对 g5 车的牵制。**2. Qxf2 Rh5+**,既是引离又是引入白象。**3. Bxh5 g5♯**,车控制并支持兵将杀。

第四章　傻瓜杀法

国际象棋中，傻瓜杀法也叫作"两步将杀"，傻瓜杀法得名是因为白方棋走得像傻瓜似的，是对局开始到结束步数最少的将杀。基本例子包含以下走法：

1. f3 e5　2. g4?? Qh4♯，如图。

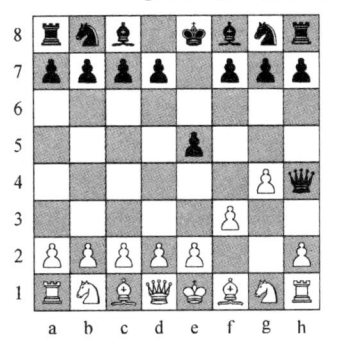

模式可稍有变化。白方也可以走1. f4 代替 1. f3，或者先走 g 兵。黑方可以走 1.⋯e6 代替 1.⋯e5。例如：

Darling vs Wood(1983)

1. g4 e6　2. f4 Qh4♯，如图。

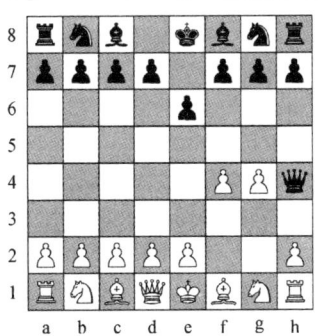

实践中，即使是最差的棋手也很少被两步将杀。相同的基本将杀模式可以在后来的棋局中出现。例如：

Masiyazi vs Esse(2014)

1. e4 g5　2. d4 f6　3. Qh5♯，如图。

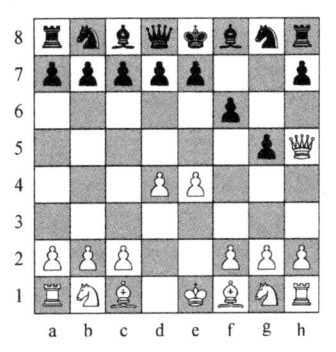

基本的傻瓜将杀模式是相同的：一方棋手挺进 f 兵和 g 兵，对方棋手可以在无阻挡的斜线将杀。一个广泛报道的傻瓜将杀出现在下面的对局中：

Mayfield vs Trinks(1959)

1. e4 g5　2. Nc3 f5　3. Qh5♯，如图。

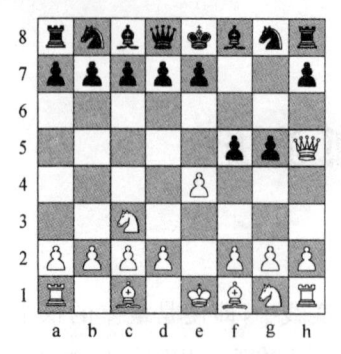

类似将杀可以出现在弗罗姆弃兵中。

Rienaecker vs Junge(2004)

1. f4 e5 2. g3 exf4 3. gxf4 Qh4#，如图。

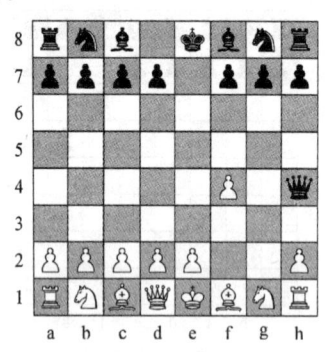

上例是拒弗罗姆弃兵，下面看接受弗罗姆弃兵：

Barney vs Mccrum(1969)

1. f4 e5 2. fxe5 d6 3. exd6 Bxd6 4. Nf3 g5，准备再进 g 兵攻马，引诱对方落入陷阱。**5. h3?? Bg3#**，如图。

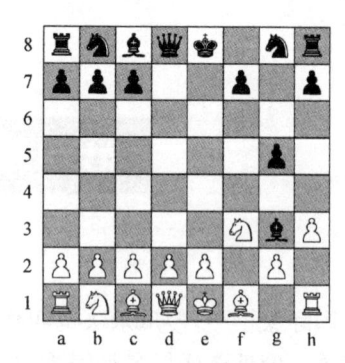

类似的杀法出现在格雷科 1625 年出版的著作的对局中。

Greco vs NN(1619)

1. e4 b6 2. d4 Bb7 3. Bd3 f5 4. exf5 Bxg2 5. Qh5+ g6 6. fxg6 Nf6??，如图。

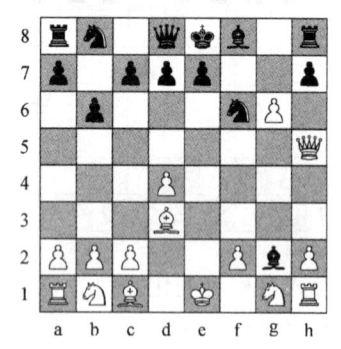

走 6.…Bg7 会延长对局，因为王可以逃跑到 f8 格，白方仍然可以取胜，但比谱着慢得多：**7. Qf5! Nf6 8. Bh6 Bxh6 9. gxh7 Bxh1**（如果走 9.…e6 为黑王开出另一个逃跑格，则 10. Qg6+ Ke7) 10. Qg6+ Kf8 11. Qxh6+ Kf7 12. Nh3。

7. gxh7+ Nxh5 8. Bg6#，傻瓜杀法。

特级大师 Olafsson 说下面的对

局是他棋艺生涯中最短的棋局。

Boedvarsson vs Olafsson(1947)

1. f4 e5　2. fxe5 d6　3. exd6 Bxd6　4. Nf3 Nc6　5. h3??,白方走出败着。**5. …Bg3♯**,傻瓜杀法。

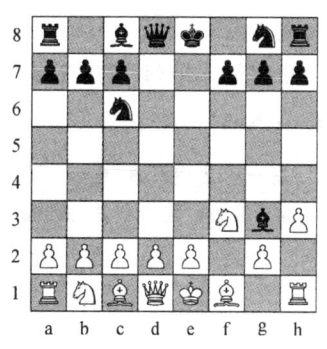

著名的美国国际象棋大师、美国队三次获得世界冠军主力之一霍罗维茨曾谈到一个有关傻瓜杀法的趣闻。

在美国曼哈顿国际象棋俱乐部有一个臭手,叫作"专业接受让车棋手",人们用英语称他为 Mr. P. R. O. P(professional Rook-odds player)。只要让他一车,他愿意和任何邀他的人下赌棋。他一生追求的主要目标是提高棋艺。

一天,Mr. P. R. O. P 走进俱乐部,立刻挑霍罗维茨与自己对局。

开局前,他说:"我有个提议,我愿意像以前那样接受让一车,赌金是每盘 10 美元。"这和往常一样,但 Mr. P. R. O. P 接着说:"对局任何时候,我不喜欢你的走法,我提出另一个走法,你改用我的走法,我给你 1 美元。你拒

第四章　傻瓜杀法

绝我的提议,你分文无损。"

霍罗维茨考虑了一下,同意了。有什么可损失的呢?对局开始了(白棋让后翼车):

1. d4 Nf6,如下图。

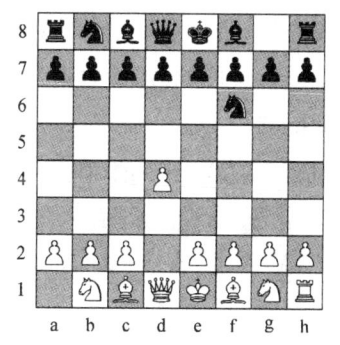

霍罗维茨走了 2. e3,居心叵测的对手说:"这步棋卡帕布兰卡通常走 2. Nd2,不是走 2. e3。如果你这步棋走 2. Nd2,不走 2. e3,我给你 1 美元。"

霍罗维茨回答说:"如果这步棋对卡帕布兰卡是好棋,对我也是好棋。"他放回 e 兵,接着走:

2. Nd2

由于某种神秘原因,Mr. P. R. O. P 对霍罗维茨改变走法看起来很满意,同样神秘的是他的应着:

2. … e5

这步棋使霍罗维茨很惊讶,据他所知,有史以来,还没有接受让车棋手主动放弃一个兵。

霍罗维茨第一想法就是吃兵,然后他想到这是 Mr. P. R. O. P 所希望的。为什么不再得 1 美元? 所以,霍

罗维茨狡猾地走了一步胆怯的着法3.e3,引起所期望的来自Mr. P. R. O. P的反应。

"如果你不走这步棋,而是吃我的兵,你可以再得1美元!"

说时迟,那时快。霍罗维茨再一次把王前兵放回原位,接着走:

3. dxe5

对方应以 **3. … Ng4**,如下图。

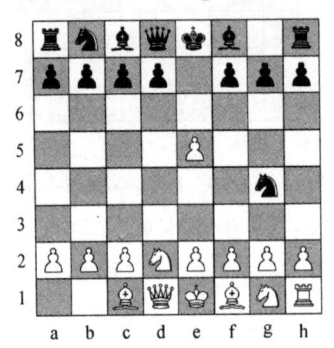

霍罗维茨走 4. Nf3,出动一个子,同时保护 e5 兵。这时,接受让车棋手又建议:"如果你不走这步棋,"一个不怀好意的声音出现在耳边,"而是走 4. h3,你可再得 1 美元。"

此刻才引起霍罗维茨的怀疑。这么慷慨大方是为了什么?他自己思量,也许对方让我走 4. h3 是想接着走 4. … Nxf2,但是这个弃子是愚蠢的,只不过能用后将一两下军,实际上一无所获。

霍罗维茨继续思考,也许他只是想得 e5 兵。很可能是这个!难道能让接受让车棋手能像让车棋手那样思考吗?他就是想得一兵,仅此而已。

霍罗维茨把马放回原位,想得 1 美元,接着走:

4. h3??

已经白白得了 3 美元,正沾沾自喜梦想更多意外收获。Mr. P. R. O. P的下一步棋使霍罗维茨突然醒悟:

4. … Ne3!!,如下图。

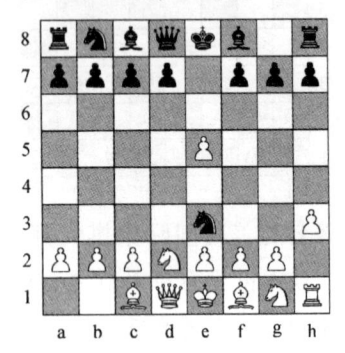

太晚了,简直是太晚了。霍罗维茨这才意识到,对手上一个建议不是让你得到更多,而是让你落入陷阱。如果白方走 5. fxe3,则 5. … Qh4+ 6. g3 Qxg3# 立即被傻瓜将杀。伴随着对手哄然大笑,霍罗维茨只能走 5. Nf3 Nxd1 6. Kxd1,对手用一马换一后,再加上让一车,取得绝对物质优势。但 Mr. P. R. O. P 棋太臭了,最后还是输了。

习题

1. Teed vs Delmar （1896）

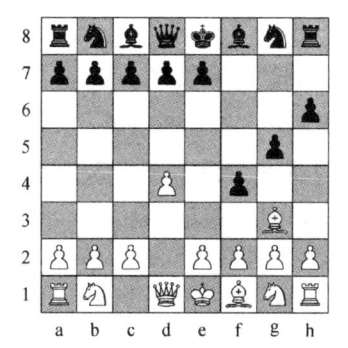

白方先走

2. Damant vs NN(1932)

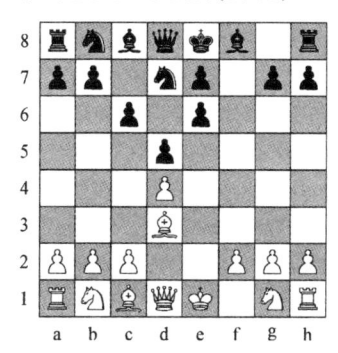

白方先走

3. Laroschin vs Groper(1923)

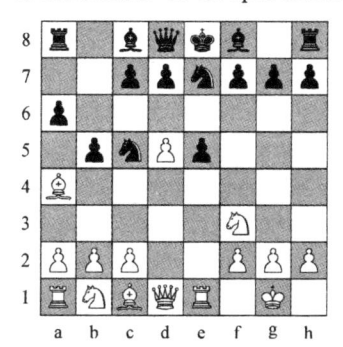

白方先走

4. Gibaud vs Lazard(1924)

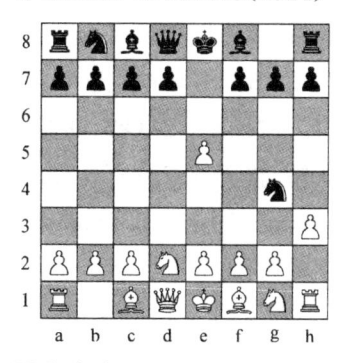

黑方先走

5. Ajeeb（Automaton） vs Prof Baez(1888)

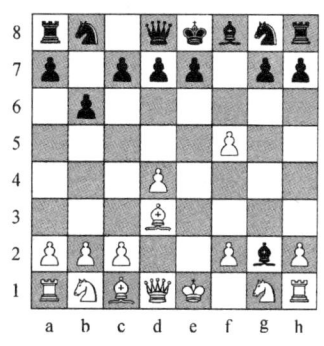

白方先走

习题答案

1. **1. e3**,敞开后进 h5 斜线叫杀。**1. …h5**,用车保护 h5 点。**2. Bd3**,威胁象进 g6 将杀。**2. …Rh6**,用车保护 g6 点。现在这个车既要保护 h5 点又要保护 g6 点,负担过重或者说是过载。**3. Qxh5＋**,弃后引离黑车。**3. …Rxh5　4. Bg6#**,单象傻瓜将杀式杀法。

2. **1. Qh5＋　g6　2. Qxg6＋**,弃后

摧毁兵障并引入h兵。**2.** …**hxg6** **3. Bxg6♯**,单象傻瓜将杀式杀法。

3.**1. Nxe5**,置象被吃于不顾,进马抢攻,**1.** …**Nxa4** **2. Qf3**,进后叫杀,黑方认输,接下来 2. …f6 3. Qh5+ g6 4. Nxg6 hxg6 5. Qxg6♯,形成车牵制,后斜线傻瓜将杀。

4.白方刚走了一步败着,进h兵攻马,黑方马一跃,**1.** …**Ne3**,白方认输,因为 2. fxe3 Qh4+ 3. g3 Qxg3♯,单后斜线傻瓜将杀。

5.通往黑王的h5－e8的斜线已经敞开,这为单象将杀创造了条件。**1. Qh5+ g6 2. fxg6 Nf6 3. gxh7+**,弃后闪将并消除保护。**3.** …**Nxh5 4. Bg6♯**,单象傻瓜将杀。

第五章　学者杀法

学者杀法有时也叫作四步将杀，不过，也有其他四步将杀的方法。

在英语中，学者将杀偶尔也叫作小学生杀法，可以看作是学者一词包括学生之意，有时也叫作闪电战杀法。

学者杀法的着法或类似着法如下：

1. e4 e5　2. Qh5

白后攻击黑方 e5 兵，同时瞄着黑方 f7 兵。

2. …Nc6

保护 e5 兵。

3. Bc4

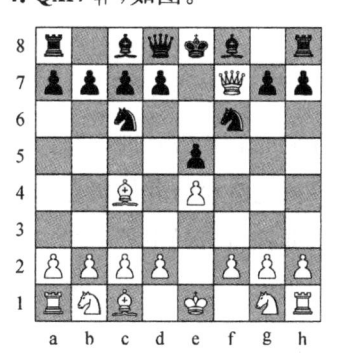

支持后吃 f7 兵将杀黑王。

3. …Nf6??

败着。

4. Qxf7#，如图。

可以通过各种各样的走子顺序达到相同的将杀模式，例如，白方可以走 2. Bc4，或者黑方可以走 2. … Bc5 等。走法顺序可稍有不同，但基本思想是相同的：后和象配合，白方在 f7 格构成简单的将杀，黑方在 f2 格构成将杀，例如：

Spencer vs Takacs(1981)

1. c4 e5　2. b3 Bc5　3. Nc3 Qf6　4. Bb2?? Qxf2#，如图。

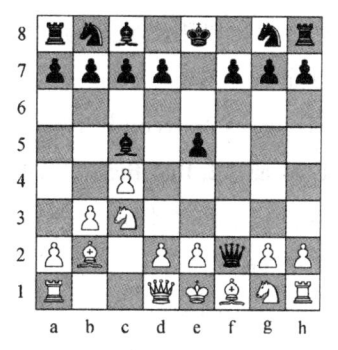

傻瓜将杀很少出现在棋手的对局中，不过，学者将杀在初级棋手对局中经常出现。经过 1. e4 e5　2. Qh5 Nc6　3. Bc4 之后，黑方走 3. …Nf6?? 是大漏着，白方走 4. Qxf7# 立即将杀。然而，黑方可以很容易避免这种将杀：走 3. …Qe7 或者 3. …g6 都可以解决将杀威胁。黑方走 3. …g6 以后，如果白方走 4.Qf3 继续威胁将杀，黑方则走 4. …Nf6 就可以很容易避免将杀。以后再走黑格堡垒象（Bg7）。下例是黑方没有走 4. … Nf6 而被将杀。

Amillano vs Loeffler(1972)

1. e4 e5 2. Qh5 Nc6 3. Bc4 g6
4. Qf3 Nd4?? 5. Qxf7♯，如下图。

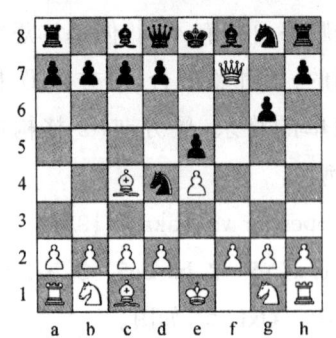

白方也可以用出象开局尝试不同出子顺序：

Meyer vs Newcomb(1952)

1. e4 e5 2. Bc4 Bc5 3. Qh5
威胁 f7 格学者将杀。

3. … g6??

应走 3. … Qe7!，黑方不仅安全，而且以后可以走 4. …Nf6 攻击白后。

4. Qxe5＋ Ne7 5. Qxh8＋ Ng8
6. Qxg8＋ Bf8 7. Qxf7♯，如下图。

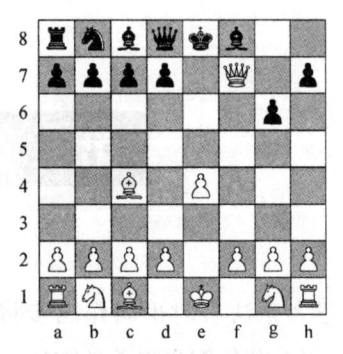

另外，黑方在第二步不走 2. …Bc5，而走 2. …Nf6 就可以阻止白方的计划。

尽管在初级以上的棋手对局中很少见到在 f7 格迅速将杀，但其潜在的思想是一些开局的动因：f7 格只有王保护，其弱点正是发动早期进攻的很好目标。例如：经过 1. e4 e5 2. Nf3 Nc6 3. Bc4 Nf6（双马防御）之后，白方最流行的续着是 4.Ng5 进攻 f7 格，对此，黑方很难防守。

过早出后进攻开局(1. e4 e5 2. Qh5?!)和拿破仑进攻开局(1. e4 e5 2.Qf3?!)都是准备下一步走 3. Bc4 威胁学者将杀。拿破仑开局在高水平竞赛中很少见到，过早出后进攻开局在联赛中特级大师中村光偶尔尝试运用。

我们先看拿破仑进攻对局。

拿破仑进攻变着最初是拿破仑与"图克"弈棋机对局中走出的。这种开局实战中很少见到。国际象棋对局库中还有两个对局，都是迪米特罗夫走出的。我们先看拿破仑的对局,然后再看一局迪米特罗夫的对局。

Napoleon vs The Turk （弈棋机）(1809)

1. e4

这盘对局黑方"图克"弈棋机由奥尔盖耶操作。

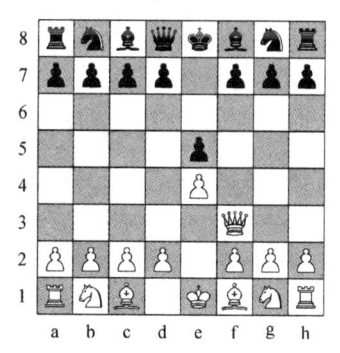

1. …e5　2. Qf3,如图。

这是拿破仑进攻着法,出后瞄着对方虚弱的 f7 格,其目的就是要设计一个学者杀法。但过早出后,并且后占马位,不是一种好的布局方法。

2. …Nc6　3. Bc4

准备学者将杀。

3. …Nf6

跳马掩护 f7 格,避免学者将杀。

4. Ne2　Bc5

黑方还可以走 4. …Na5,4. …Nb4,或者 4. …d6,都可以占优。

5. a3　d6

也可以走 5. …Na5。

6. O–O　Bg4　7. Qd3　Nh5

走 7. …a5,或者 7. …O–O 较好。

8. h3　Bxe2　9. Qxe2　Nf4

10. Qe1

走 10. Qg4,有取得均势机会。

10. …Nd4

走 10. …Qg5　11. g4 Nxh3+,更有威力。

11. Bb3

防止 11. …Nxc2 击双。

11. …Nxh3+

走 11. …Nf3+ 或者 11. …Qg5,白方更不好应。

12. Kh2　Qh4　13. g3

走 13. f3 Nf2+　14. Kg1 Nxb3 15. cxb3 Nxe4+　16. d4 Bxd4+ 17. Be3 Qxe1　18. Rxe1,稍好一些。

13. …Nf3+　14. Kg2,如图。

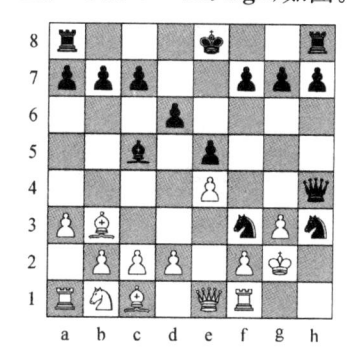

14. … Nxe1+

可直接走 14. …Nf4+ 15. Kxf3 Qh5+　16. g4 Qh3#。

**15. Rxe1　Qg4　16. d3　Bxf2　17. Rh1　Qxg3+　18. Kf1　Bd4　19. Ke2 Qg2+　20. Kd1　Qxh1+　21. Kd2 Qg2+　22. Ke1　Ng1　23. Nc3 Bxc3+

24. bxc3 Qe2#

迪米特罗夫在2008年欧洲个人锦标赛上使用拿破仑进攻变着，取得了一胜一负的成绩。

迪米特罗夫——贝洛夫（Pavel Dimitrov vs Vladimir Belov）

欧洲个人锦标赛2008

王前兵开局：拿破仑进攻（C20）

0—1

1. e4 e5　2. Qf3 Nc6

在这次锦标赛上弗拉什基走2. …Qf6，预先防止对方设学者将杀陷阱，也是一种可行的对付拿破仑进攻的着法。后来双方互有机会，最终迪米特罗夫获胜。

3. Bc4

准备学者将杀。

3. …f5（见下图）

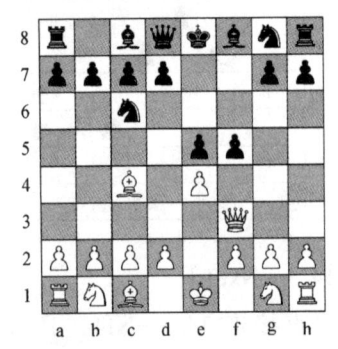

一般走3. …Nf6，可以占优。这步弃兵反击有一定风险。

4. Bxg8

走4. Qxf5，或者4. Ne2都可以领先。

4. …Nd4　5. Qd1

防止黑方走5. …Nxc2+击双，但过于消极，可考虑走5. Qg3，或者5. Qh5+。

5. …Qg5　6. g4 Rxg8　7. c3 Ne6 8. gxf5 Nf4

如下走法较好：8. …Nc5　9. d4 Nd3+　10. Qxd3 Qxc1+　11. Qd1 Qxb2　12. Nd2 exd4。

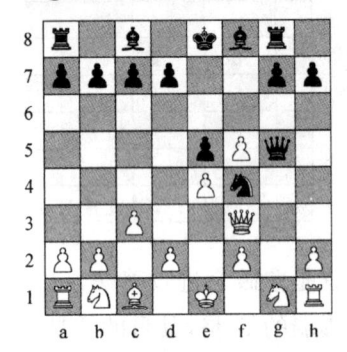

9. Qf3（见下图）

走9. Nf3 Qg2　10. Rg1 Nd3+　11. Ke2，可取得均势。

9. …d5　10. h4 dxe4　11. hxg5 exf3　12. Nxf3 Nd3+　13. Ke2 Bxf5 14. Nh4 Nf4+　15. Kf3 Bd3　16. b3 O—O—O　17. Na3 Ne6　18. Kg4 h5+　19. Kg3 Nxg5　20. Nc4 Nf7

以上着法，黑方步步紧逼。这步棋有点迟缓，走20. …Ne4+　21. Kg2 Bc5　22. Nf3 Bxc4　23. bxc4 Rgf8，更积极。

21. Nf3 e4　22. Nd4 Rd5　23. Bb2 Be7　24. Ne3 h4+　25. Kh3 Rh5

26. Rag1 g6　27. c4 Ng5＋　28. Rxg5 Bxg5　29. Ne6 Bxe3　30. dxe3 Rf5 31. Nf4 g5　32. Nxd3 exd3　33. Kg2 Rgf8　34. f4 gxf4　35. e4 Rg5＋ 36. Kf2 f3　37. Ke3 f2　38. Rf1 Rg3＋　39. Kd2 Rg1　40. Ba3 Rf5

黑棋送一个车给白方吃,白方也无回天之力,便停钟认负。

下面是过早出后进攻开局设学者杀法陷阱的实战对局。

Nakamura vs Filippov(2005)

1. e4 e5　2. Qh5,如下图。

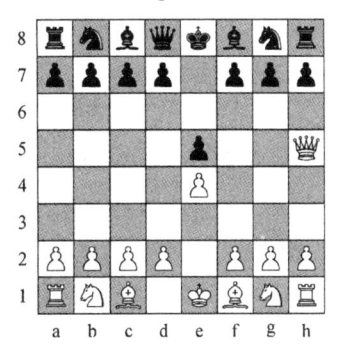

白后威胁吃 e5 兵将军,同时瞄着 f7 格。

2. ⋯ Nc6　3. Bc4

白方准备学者将杀。

3. ⋯ g6　4. Qf3

再次要学者将杀。

4. ⋯ Nf6,如下图。

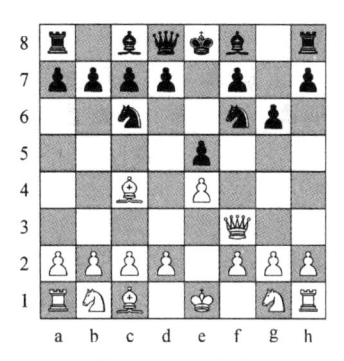

避免学者杀法的简单方法。也可以走 4. ⋯ f5　5. exf5 Nf6　6. fxg6 hxg6　7. Nc3 Nd4,黑方弃兵强攻。

5. Ne2 Bg7

走成堡垒象。也可以走 5. ⋯ Na5 或者 5. ⋯ Nb4。

6. d3

为黑格象开通斜线。

6. ⋯ d6　7. h3

防止黑方走 7. ⋯ Bg4。

7. ⋯ a6

准备走 b5,但不是好着。走 7. ⋯ O-O 或者 7. ⋯ Be6 较好。

8. Nbc3 Na5　9. Bg5

走 9. Bb3 较好。

9. ⋯ h6　10. Be3 Nxc4　11. dxc4,如下图。

31

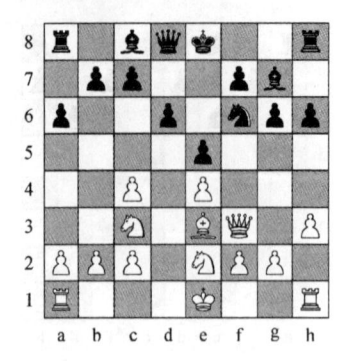

黑棋形势较好。

11. … Be6 12. b3 O—O 13. a4 Nh7 14. g4 f5 15. gxf5 gxf5 16. exf5 Bxf5 17. Rg1 Bxc2 18. Qh5 Ng5 19. Bxg5 hxg5 20. Rxg5 Rf7

黑方应该走 20. … Bxb3。现在白棋形势较好。

21. Kd2

打通道路让 a1 车投入战斗。

21. … Bh7 22. Rag1 Qf8 23. f4

失去赢棋机会。白方应该走 23. R1g4。

23. … Kh8 24. R1g4 Bh6 25. Rh4 Bxg5 26. fxg5 Rg7 27. g6 Qf6 28. gxh7 Rg5 29. Qh6

黑方将用车不断攻击白后，和棋。

下面的例子是想设学者杀法陷阱，由于对方应对正确，反落入对方的陷阱。

Adow vs Borissow(1889)

1. e4 e5 2. Qh5 Nc6 3. Bc4

想学者将杀。

3. … g6 4. Qf3

还要学者将杀。

4. … Nf6 5. Qb3

继续要吃 f7 兵。

5. … Nd4，如下图。

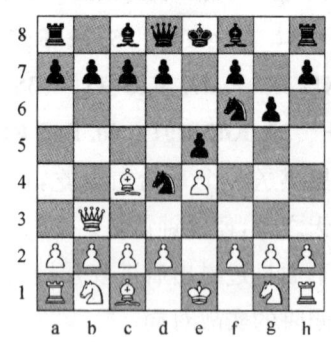

黑方弃 f7 兵反设陷阱。

6. Qc3

如果走 6. Bxf7，则 6. … Ke7 7. Qc4 b5，黑方丢象。

6. … d5

走 6. … Nxe4 7. Qd3 d5 8. Bb5+ c6 9. Nf3 Nxb5，也很有力。

7. Bxd5

如果走 7. exd5，则 7. … Bb4 8. Qg3 Nxc2+ 9. Kd1 Nxa1 10. Qxe5+ Qe7，黑方胜势。

7. … Nxd5 8. exd5 Bf5，如下图：

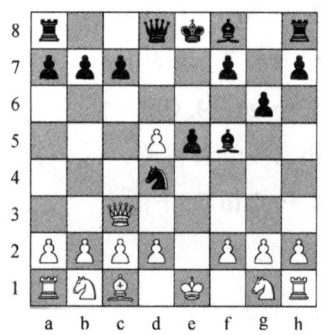

再设陷阱。

9. d3

落入陷阱。

9. …Bb4

串击白后和白王,如果白方走 10. Qxb4,则 10. …Nxc2+击双王和后,白方丢后必输。

下面是黑方后象配合学者将杀,不过不是用后将杀,而是用象将杀。

Brichinova vs Alexandrova(1979)

1. b4   c6

针对白方的开局,准备出后捉 b 兵,同时瞄着白方的 f2 兵。

2. Bb2 Qb6   3. a3 a5

引离白兵。

4. c4

这步棋设了一个陷阱。如果黑方走 4. …axb4,则 5. c5 Qxc5?? 6. axb4,闪击,白方得车。

4. …e6   5. c5 Bxc5,如下图。

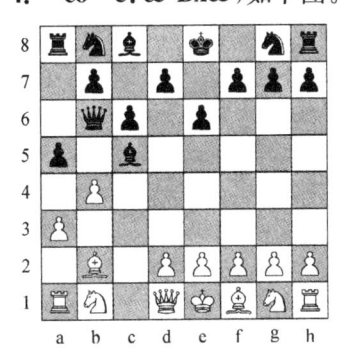

引离白兵,同时引诱白象吃 g7 兵捉死黑车。

6. Bxg7??

落入陷阱。走 6. bxc5 Qxb2 7. Nc3,白方形势占优。

6. …Bxf2#,如下图。

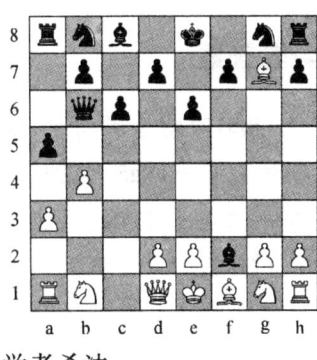

学者杀法。

习题

1. Book vs Hiidenheimo(1925)

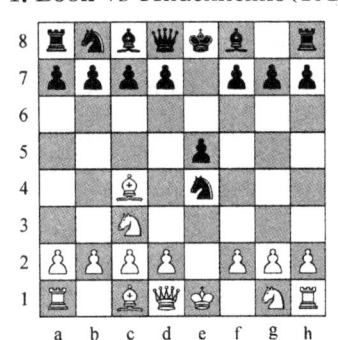

白方先走

2. Greco vs NN(1620)

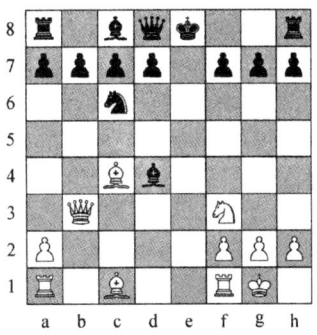

白方先走

习题答案

1. **1. Qh5**, 威胁学者将杀, 同时威胁吃 e5 兵。**1. … Ng5**, 保护 e7 兵和 e5 兵的唯一办法。**2. d4**, 为黑格象吃 g5 马开通斜线。**2. … Ne6**, 黑马逃脱危险, 同时封锁白方的白格象通往 f7 兵的斜线。**3. d5**, 驱离黑马。**3. … g6**, 驱赶白后。看来好像是步好棋, 实际上是步坏棋, 白方可以弃后猎王。**4. dxe6 gxh5   5. exf7＋ Ke7   6. Bg5＋ Kd6   7. O-O-O＋ Kc5   8. Rd5＋ Kxc4   9. b3＋ Kb4**, 如果 9. … Kxc3, 则 10. Bd2♯。**10. Rb5＋ Ka3**, 如果 10. … Kxc3, 则 11. Ne2♯。**11. Nb1＋ Kxa2   12. Ra5＋ Ba3＋   13. Rxa3♯**, 白方弃后连续将军, 黑王从原始位置逃跑, 最终被将杀在白方阵营。

2. **1. Bxf7＋ Kf8   2. Bg5 Bf6   3. Rae1**, 出车占据开放线, 威胁进底线将军换后。**3. …Ne7   4. Bh5**, 威胁学者杀法。**4. … Ng6   5. Ne5 Nxe5   6. Rxe5**, 弃半子消除保护, 继续威胁学者杀法。**6. …g6   7. Bh6＋ Bg7   8. Rf5＋**, 弃车引离 g 兵。**8. …gxf5   9. Qf7♯**, 学者杀法。

第六章　歌剧院杀法

1858 年,莫菲与卡尔公爵和伊索华德伯爵在巴黎歌剧院下的一盘棋中走出了一个奇妙的杀法,后来这种杀法就叫作歌剧院杀法(The Opera Mate)。当时,他们三人坐在离舞台很近的包厢里,公爵和伯爵作为一方商议如何走棋,他们争论的声音很大,舞台上的演员的注意力都被吸引过来了。莫菲对音乐和歌剧都很喜欢,他一边看着歌剧一边下棋,最终下出这一历史名局。

歌剧院杀法是一个常见的杀法。如下图所示,白方的车在象的保护下在底线紧贴着对方的王将军,王不受白方控制的格子有自己一方的棋子阻塞而被将杀。

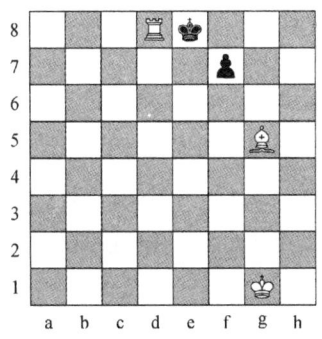

下面请看莫菲在巴黎歌剧院弈出的名局。

Morphy vs Duke Karl/Count Isouard

1. e4 e5　2. Nf3 d6　3. d4 Bg4

这步棋现在被认为是软着,当时却被认为是标准的谱着。现在一般走 3.⋯ exd4 或 3.⋯ Nf6 或 3.⋯Nd7。

4. dxe5 Bxf3

如果走 4.⋯ dxe5,则 5. Qxd8+ Kxd8　6. Nxe5　白方不仅多得一兵,还使黑方不能易位。

5. Qxf3 dxe5　6. Bc4 Nf6

这步看起来出动子力的好着却遭到意料之外的回击。白方下步棋双重打击 f7 兵和 b7 兵。较好的着法是直接用后保护 f7 兵。

7. Qb3 Qe7(见下图)

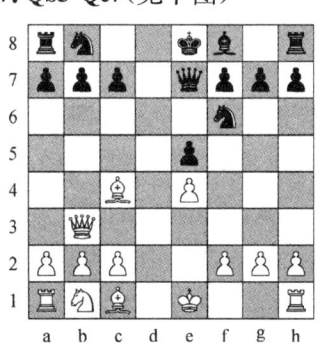

黑方当前唯一好着。如走 7.⋯

Nc6？ 8. Bxf7＋ Ke7 9. Qe6♯将杀；如走 7. … Qd7 8. Qxb7,下步 Qxa8 吃车（黑方不能走 8. … Qc6？，因为 9. Bb5,丢后）。现在如果白方走 8. Qxb7 Qb4＋兑后,可不丢车。这步棋虽然可保住车,却堵住了黑格象的出路,不能使王车短易位。

8. Nc3

白方可走 8. Qxb7 Qb4＋ 9. Qxb4,得一兵,或走 8. Bxf7＋ Kd8 (8. … Qxf7 9. Qxb7,黑方丢车) 9. Qxb7,得两个兵。现在,莫菲放弃得兵而集中优势兵力迅速将杀黑王。

8. … c6 9. Bg5 b5 10. Nxb5！cxb5？

黑方应走 10. … Qb4＋兑后(11. Qxb4 Bxb4＋ 12. Nc3),虽然输棋,但不至于速败。

11. Bxb5＋ Nbd7 12. O-O-O Rd8 13. Rxd7 Rxd7 14. Rd1 Qe6

想让马不受牵制,并可兑后削减白方进攻压力。但这是徒劳之举。

15. Bxd7＋ Nxd7

如果 15. … Qxd7,则 16. Qb8＋ Ke7 17. Qxe5＋ Kd8 18. Bxf6＋ gxf6 19. Qxf6＋ Kc8 20. Rxd7 Kxd7 21. Qxh8,白方明显胜势。如果走王也避免不了被将杀：15. … Kc7 16. Qb4＋ Qd6 (16. … Kd8 17. Qb8＋ Ke7 18. Qe8♯) 17. Qxd6＋ Kd8 18. Qb8＋ Ke7 19. Qe8♯或者 15. … Kd8 16. Qb8＋ Ke7 17. Qe8♯。

16. Qb8＋！

弃后催杀。

16. … Nxb8 17. Rd8♯(见下图)

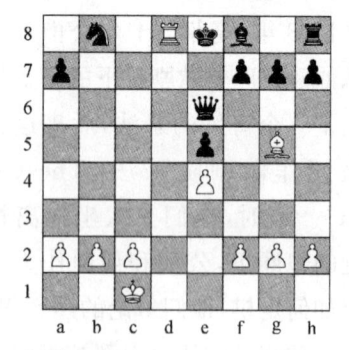

歌剧院杀法。

Shoup vs Marshall(1906)

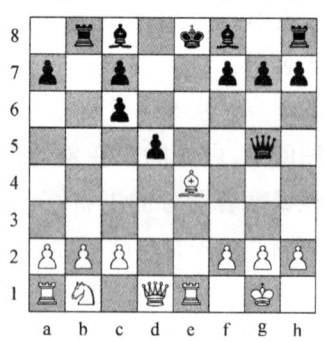

白方先走

1. Bxd5＋,闪将。**1. … Be7 2. Bxc6＋ Kf8 3. Qd8＋**,弃后引离,黑方认输,因为 3. …Bxd8 4. Re8♯,白方象支持车底线歌剧院杀法。

第六章　歌剧院杀法

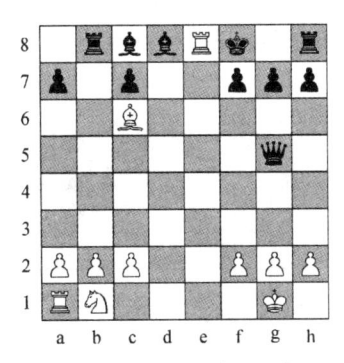

Young vs Barden(1945)

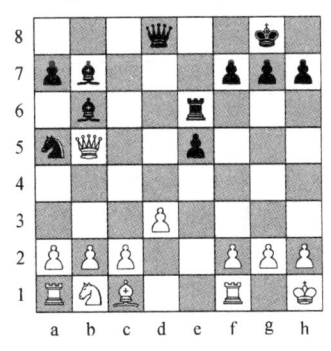

黑方先走

1. ⋯Bxg2+，弃象摧毁兵障。2. Kxg2 Qa8+　3. f3 Rg6+　4. Kh1 Qxf3+，弃后引离白车对底线的保护。5. Rxf3 Rg1#，黑方歌剧院杀法。

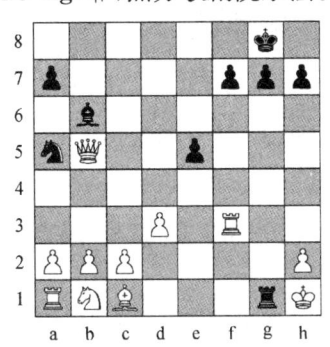

Kaldegg vs Zeissl(1903)

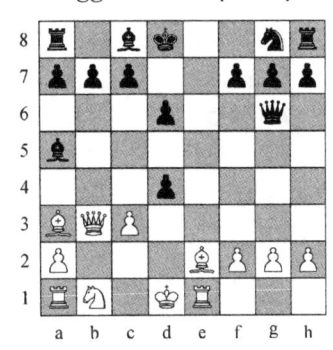

白方先走

1. Qb5，进后捉象并威胁将杀。1. ⋯Qf5，企图兑后保象。2. Qe8+，弃后引入黑王。2. ⋯Kxe8　3. Bb5+，双将占位。3. ⋯Kf8　4. Re8#，歌剧院杀法。

习题

1. Wade vs Mardle(1960)

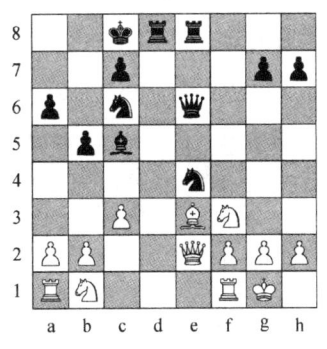

黑方先走

2. Nimzowitsch vs Alapin(1914)

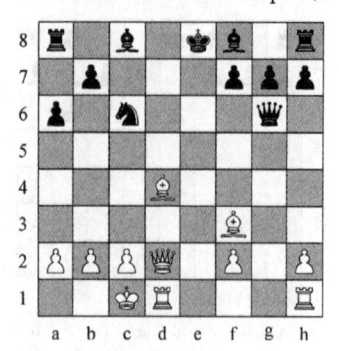

白方先走

3. Boucek vs Duras(1902)

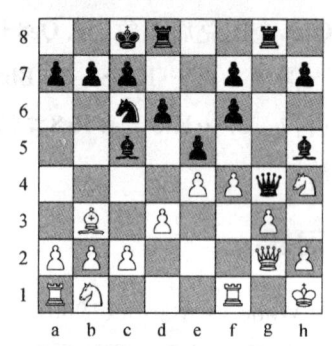

黑方先走

4. Najdorf vs Gliksberg(1929)

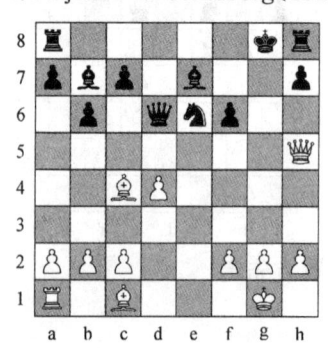

白方先走

5. Chigorin vs Znosko-Borovsky(1903)

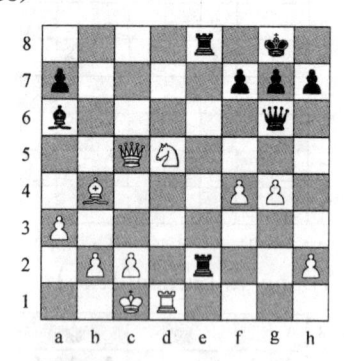

白方先走

6. Maczuski vs Kolisch(1863)

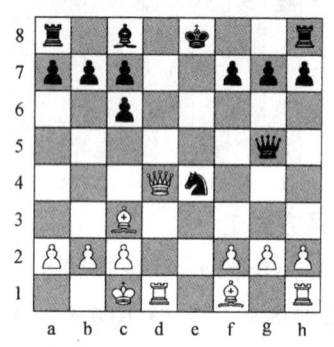

白方先走

习题答案

1. **1. ···Nxf2**,弃马摧毁兵障。**2. Rxf2 Qxe3 3. Qxe3 Rd1＋**,白方认输,因为 4. Rf1 Bxe3＋ 5. Kh1 Rxf1＋ 6. Ng1 Rxg1♯,黑方歌剧院杀法。

2. **1. Bf6!**,弃象腾挪叫杀,不给对方喘息机会,象走到其他地方,对方都会出动子力,现在黑方必须吃象。**1. ···Qxf6 2. Rhe1＋ Be7**,如果走

2.…Be6，3. Qd7♯将杀。**3. Bxc6＋**，消除马对底线保护。**3.…Kf8**，如果 3.…bxc6，则 4. Qd8♯。**4. Qd8＋**，弃后引离。**4.…Bxd8　5. Re8♯**，歌剧院杀法。

3. **1.…Qxh4**，弃后引离 g 兵。**2. gxh4 Rxg2　3. Kxg2 Rg8＋　4. Kh3 Bg4＋　5. Kg2 Be2＋　6. Kh1 Bf3＋**，弃象引离底车。**7. Rxf3 Rg1♯**，歌剧院杀法。

4. **1. Bh6**，限制王的活动，同时腾挪出车。**1.…Bf8**，兑象并保护 g7 点。**2. Re1**，出车占据开放线并配合象吃马。**2.…Bc8**，保护马却阻挡车对底线的保护。**3. Qe8**，叫杀。**3.…Bd7**，没有办法，只得献车。**4. Rxe6**，后不但不吃车，反而让车吃后。**4.…Rxe8　5. Rxe8＋ Be6　6. Bxe6＋ Qxe6　7. Rxf8♯**，象支持车歌剧院杀法。

5. **1. Ne7＋**，腾挪直线。**1.…R8xe7　2. Rd8＋ Re8　3. Qf8＋**，弃后引入，穿透战术。黑方认输，因为 3.…Rxf8　4. Rxf8♯，歌剧院杀法。

6. **1. f4**，弃兵引入黑后。**1.…Qxf4＋　2. Bd2**，攻击黑后占据有利位置。**2.…Qg4　3. Qd8＋**，弃后引入黑王。**3.…Kxd8　4. Bg5＋**，双将。黑方认输，因为 4.…Ke8　5. Rd8♯，歌剧院杀法。

第七章　特洛伊木马杀法

古希腊和特洛伊国因争夺美女海伦发生了战争。希腊军队包围特洛伊城将近十年，久攻不下。后来希腊人想出了一个办法。他们制造了一个巨大的木马，选择精兵强将隐藏其中。然后希腊军队假装撤退，把木马遗留海边。特洛伊人把木马作为战利品运进城里，他们跳舞唱歌喝酒，欢庆胜利。夜晚，隐藏在木马中的兵士爬出木马，打开城门，把假装撤退的希腊军队引入城中，特洛伊人一败涂地，特洛伊城也被夷为平地。

国际象棋中，特洛伊木马杀法（The Trojan Horse）是指把马置于f5格（黑方置于f4格），然后配合其他子力，特别是象和后，进行攻王的各种杀法。有时也指弃马杀g7兵或其他兵的杀法。其中有一特例，如下图所示，最后形成的将杀也可以叫作马象配合杀法。

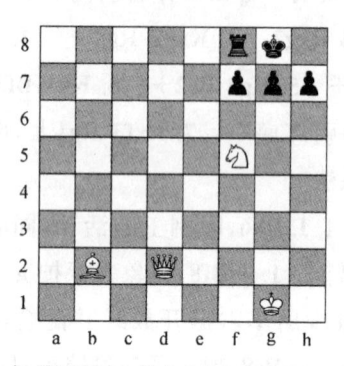

如图所示，白方可走 **1. Qh6**，黑方若走 1. … gxh6，则 2. Nxh6♯，可以叫作马象配合杀法；若走其他子，则直接 2. Qxg7♯，属于常见的特洛伊木马杀法。

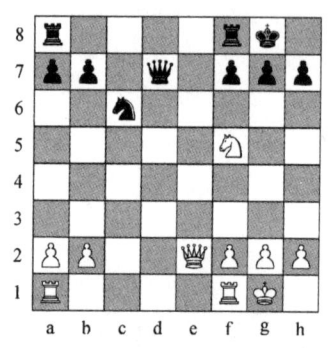

如上图所示，白方可走 **1. Qg4** 既威胁 2. Qxg7♯ 将杀，又威胁 2. Nh6+ 抽吃黑后，这也是特洛伊木马杀法。

下面我们来看实战特洛伊木马杀法。

Yates vs Rubinstein(1926)

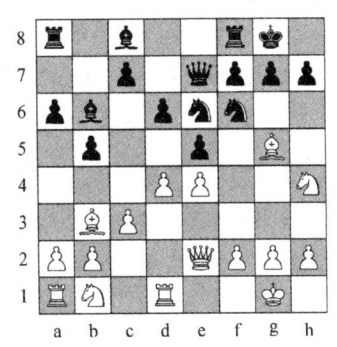

白方先走

1. Nf5，跳入特洛伊木马。**1. ⋯ Qe8　2. Bxf6**，引离。**2. ⋯ gxf6　3. Bxe6**，消除保护，黑方认输，接下来 **3. ⋯ Bxe6　4. Qg4＋ Kh8　5. Qg7#**，白方特洛伊木马支持后杀王。

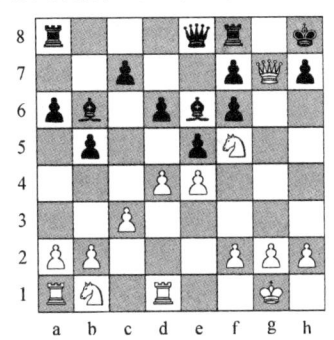

Osnos vs Shofman(1970)

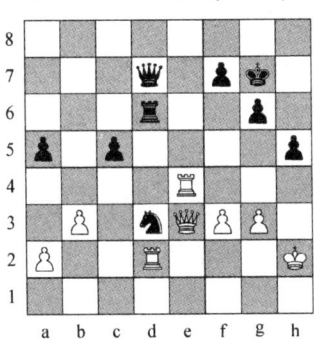

黑方先走

1. ⋯ Nf4，这是黑方的特洛伊木马。**2. Qc3＋ Kh7　3. Rxd6 Qh3＋　4. Kg1 Qg2#**，黑方特洛伊木马支持后杀王。

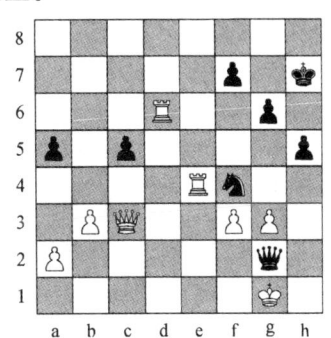

Eljanov vs Todorovic(2019)

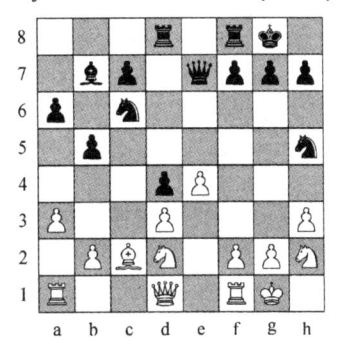

黑方先走

1. ⋯ Nf4，特洛伊木马进前哨阵地。**2. Qg4 g5　3. Nhf3 f6　4. Rfe1 Kh8　5. Qg3 Ne5　6. Nxe5 fxe5　7. Nf3 Rg8**，既保护兵又瞄准白后。**8. a4 Bc8　9. Nh2**，既避免黑方进 g 兵击双又阻止其前进。**9. ⋯h5**，支持 g 兵挺进。**10. f3 h4**，驱离白后对 h 兵的保护。**11. Qf2 Bxh3**，弃象摧毁兵障。**12. g3**，如果 12. gxh3 Nxh3＋，马将军抽后。**12. ⋯g4　13. fxg4 hxg3**，兵击

41

双,引入白后。**14. Qxg3 Bxg4 15. Nxg4 Rxg4**,弃车串击后和王,白方认输,接下来 16. Qxg4 Rg8(再串击)17. Qxg8＋ Kxg8 18. Kf1 Qh4 19. Bb3＋ Kf8 20. Red1 Qh1＋ 21. Kf2 Qg2＋ 22. Ke1 Qe2♯,特洛伊木马支持后杀王。

Gurevich vs Adams(2017/2018)

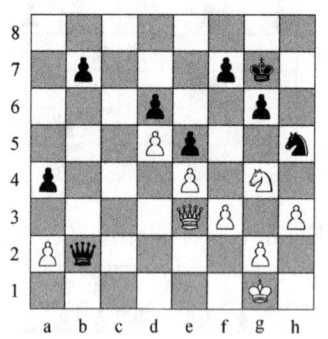

黑方先走

1. …Nf4,跳入特洛伊木马支持后吃 g2 兵杀王。**2. Nf2 Qb1＋ 3. Kh2 Qf1**,威胁 4. …Qxg2♯,特洛伊木马支持后杀王,白方认输。

下面是弃特洛伊木马吃 g7 兵对局。

Karjakin vs Malinin(2002)

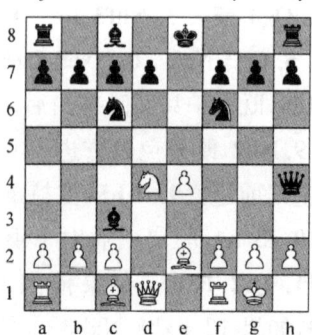

白方先走

1. Nf5!,特洛伊木马进入前哨阵地。**1. …Qxe4 2. Bd3 Qg4 3. f3 Qa4 4. bxc3 O-O 5. Nxg7**!,妙手弃马!**5. …Kxg7**? **6. Bh6＋**!,再弃象!把黑王引入绝境。**6. … Kxh6 7. Qd2＋ Kh5 8. g4＋ Nxg4 9. fxg4＋ Qxg4＋ 10. Kh1 d6 11. Rf6 Qg5 12. Be2＋ Bg4 13. Bxg4＋**,黑方认输,接下来如果 13. …Qxg4,则 14. Qh6♯ 或者 14. Rh6♯;如果 13. …Kxg4,则 14. Rg1＋ Kh3 15. Rf3＋ Kh4 16. Qxg5♯。

下面再看一盘弃特洛伊木马吃 g7 兵的对局。

Rubin vs Lee(1971)

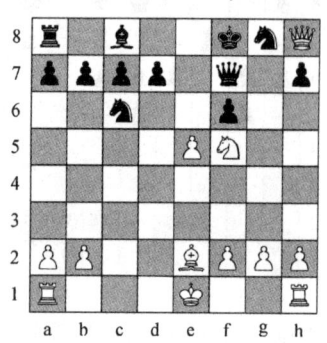

白方先走

1. Bh5,弃象引离黑后,黑方认输,接下来 1. …Qxh5 2. Qg7＋(特洛伊木马支持后将军)2. …Ke8 3. Qxg8♯,后将军并控制和特洛伊木马控制王的逃跑格将杀。

第七章 特洛伊木马杀法

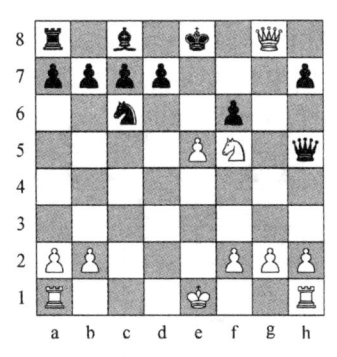

Fischer vs Kumro(1964)

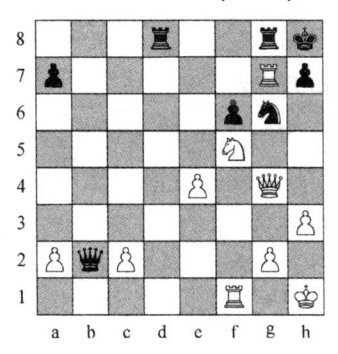

白方先走

1. Rxh7+,弃车摧毁兵障,黑方认输,因为 1. …Kxh7　2. Qh5♯,后将军和特洛伊木马控制将杀。

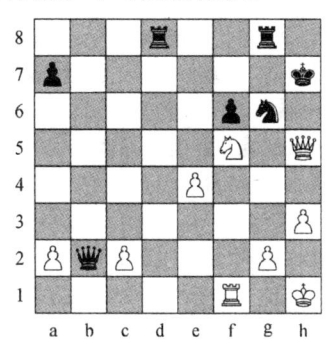

Tal vs Strelkov(1949)

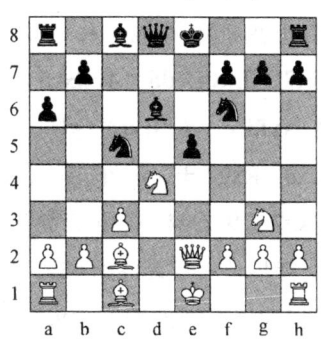

白方先走

1. Ndf5,双马连环,跳入特洛伊木马,威胁吃 g7 兵。1. …O－O　2. **Bg5**,牵制 f6 马。2. …Bc7　3. **Rd1**,出车捉后。3. …Ncd7,黑方双马受牵制。4. **Nh5 Bb6**　5. **Bxf6**,黑方认输,接下来如果 5. …gxf6 则 6. Qg4＋ Kh8　7. Qg7♯,特洛伊木马支持后杀王;如果 5. …Nxf6,则 6. Rxd8 Rxd8　7. Nxf6＋ gxf6　8. Qg4＋ Kf8　9. Qg7＋ Ke8　10. Qxf6 Rd7　11. Qh8♯,后进底线将军与特洛伊木马控制将杀。

下面是特洛伊木马威胁跳将闪击抽后的例局。

Keres vs Gligoric(1959)

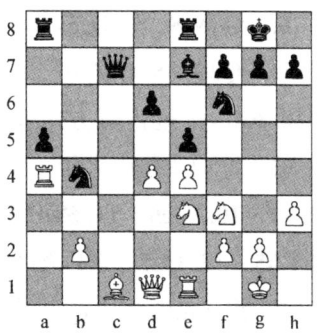

白方先走

43

1. Nf5,特洛伊木马由后翼长途跋涉进入王翼前哨阵地。**1. …Bf8 2. Bg5 Nd7 3. Ra3 d5 4. dxe5 Nxe5 5. Bf4 Nxf3＋ 6. Rxf3 Qd7 7. Rg3 Ra6 8. Rxg7＋**，弃车摧毁兵障。**8. …Bxg7 9. Qg4**，双重威胁特洛伊木马支持后吃 g7 象将杀和特洛伊木马跳到 h6 将军闪击抽后。**9. …Qxf5 10. Qxf5**，白方取得物质优势和局面优势。

Bu Xiangzhi vs Xu Zhihang (2017)

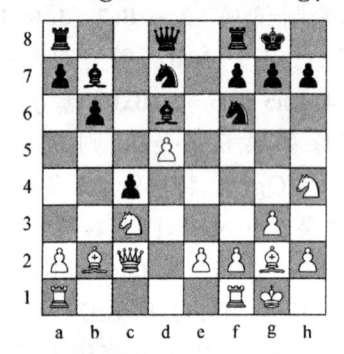

白方先走

1. Nf5，跳进特洛伊木马，攻击黑方黑格象。**1. …Bc5 2. Ne4 Nxe4 3. Qxe4 Nf6 4. Qxc4 Bxd5 5. Bxd5 Qxd5 6. Qf4 Ne8 7. Qg5**，威胁闪击抽后。**7. …Qd8 8. Qg4 f6 9. Rad1 Qc8 10. Rd7**，车抢占对方次底线，对方后不敢吃车，因有特洛伊木马跳将闪击抽后。**10. …g6 11. Rfd1 Kh8 12. Qh4 h5 13. Qg5**，利用牵制，后钻进去叫杀，黑方无法解杀，只得认输。

下面再看一些利用特洛伊木马攻杀的例子。

Talvs Uhlmann (1971)

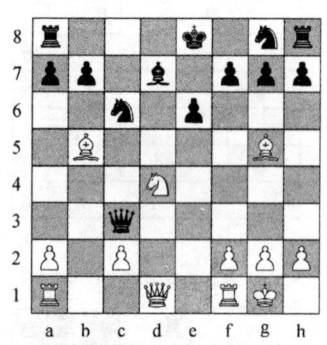

白方先走

1. Nf5，送上特洛伊木马。**1. …exf5?**，不应接受特洛伊木马，否则白方大军将进城。黑方应走 1. …Qc5 或者 1. …Qe5。**2. Re1＋ Be6 3. Qd6 a6 4. Bd2!**，准备弃象攻城。**4. …Qxc2 5. Bb4**，弃象。**5. …axb5 6. Qf8＋ Kd7 7. Red1＋ Kc7 8. Qxa8**，白方胜势。

Karpov vs Korchnoi (1978)

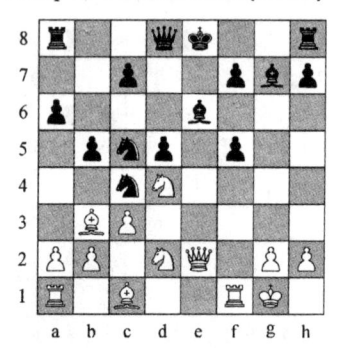

白方先走

1. Nxf5，特洛伊木马进入前哨阵地。**1. …Rg8 2. Nxc4!**，换掉黑方活跃的子。**2. …dxc4 3. Bc2 Nd3 4.**

Bh6 Bf8　5. Rad1 Qd5　6. Bxd3 cxd3　7. Rxd3，白方不仅得回兵，还有很大攻势。7. ⋯ Qc6　8. Bxf8 Qb6+　9. Kh1 Kxf8　10. Qf3 Re8　11. Nh6 Rg7　12. Rd7!!，决胜之着。白车深入虎穴，却安全无恙。12. ⋯ Rb8，如果 12. ⋯ Bxd7，则 13. Qxf7+ Rxf7　14. Rxf7#，阿拉伯杀法。13. Nxf7!! Bxd7??，败局之下的又一败着。14. Nd8+!，黑方认输。

Abdulwahhab vs Lima(2018)

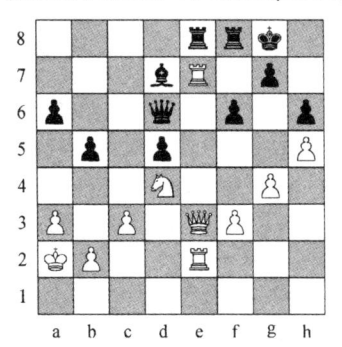

白方先走

1. Nf5，跳进特洛伊木马攻击黑后。1. ⋯ Rxe7　2. Nxe7+ Kf7　3. Qd3 Re8　4. Qg6+ Kf8　5. Nf5，跳回特洛伊木马，双重威胁支持后吃 g7 兵杀王和马吃黑后。5. ⋯ Rxe2　6. Qxg7+，黑方认输，因为 6. ⋯ Ke8　7. Nxd6+，黑方子力占优并有攻势，定胜。

Beliavsky vs Larsen(1981)

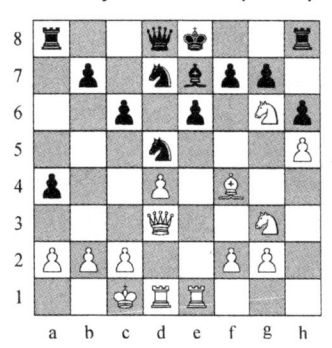

白方先走

1. Nf5，置另一马被吃于不顾，跳进特洛伊木马。1. ⋯ Bf8，如果 1. ⋯ exf5，则 2. Nxe7 Nxe7　3. Bd6，白方攻势猛烈。2. Bd6 Rg8　3. c4 Nb4　4. Qh3 fxg6　5. Rxe6+ Kf7　6. hxg6+，弃车进攻。6. ⋯ Kxe6　7. Re1+ Ne5　8. Bxe5，弃车叫杀，黑方认输，接下来 8. ⋯ Nd3+　9. Kb1 Nxe1　10. Nxg7+ Ke7　11. Qe6#，马支持后燕尾杀。

Kasparov vs Najdorf(1982)

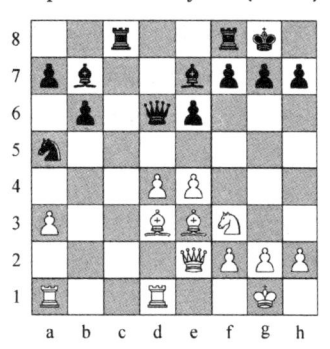

白方先走

1. d5 exd5　2. e5 Qe6　3. Nd4 Qxe5　4. Nf5，为了这步特洛伊木马，

白方弃了两个兵。现在形成攻势。黑方后翼子力难以增援王翼。4.…Bf6 5. Qg4 Rce8，黑方准备一后换双车。6. Be2，这步棋使黑方计划落空。6. …Qxa1　7. Rxa1 Bxa1　8. Nxg7 Bxg7 9. Bh6，黑方无法解杀，只得认输。

Patuzzo vs Raisanen(2008)

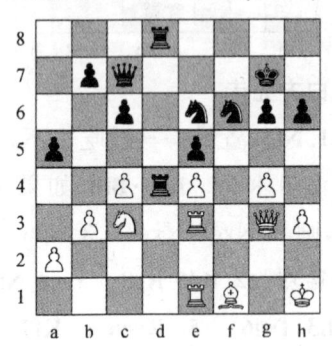

黑方先走

1.…Nf4，跳入特洛伊木马。2. g5 N6h5　3. gxh6+ Kxh6　4. Qg4 Qd7 5. Qf3 Kg7　6. Na4 Rf8，准备跳开特洛伊木马闪击白后。7. Qg4 Qxg4　8. hxg4 Nf6　9. Be2 Rd2　10. Nc5 Rh8+　11. Kg1 Nxg4　12. Rg3 Nxe2+　13. Rxe2 Rd1+，不给白方喘息机会。14. Kg2 Rh2+　15. Kf3 Rf1+，弃马引入白王。16. Kxg4 Rf4+，白方认输，因为17. Kg5 Rh5#，王双车配合杀。

Nihal vs Safarli(2019)

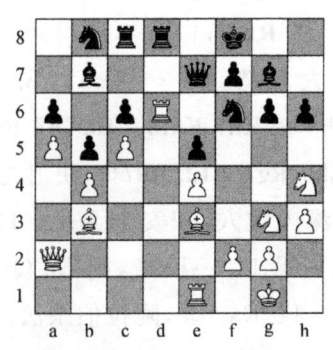

白方先走

1. Ngf5，跳入特洛伊木马。1.…gxf5　2. Nxf5，双马前仆后继，特洛伊木马进入前哨阵地。2.…Qc7　3. Nxg7，特洛伊木马消除保护。3.…Kxg7　4. Bxh6+，弃象摧毁兵障。4.…Kxh6　5. Rxf6+ Kg5　6. Rf5+ Kh6　7. Qe2，黑方认输，因为黑王暴露在外，难以抵抗白方后车象联合进攻。

Mamedyarov vs Rakotomaharo(2019)

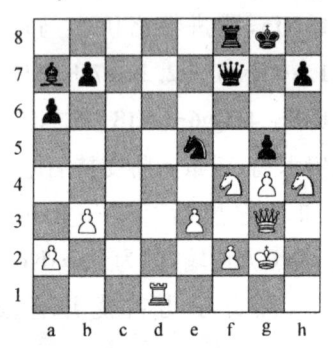

白方先走

1. Nf5，跳入特洛伊木马，威胁2. Nh6+，将王抽后。1.…Nxg4　2. Nd5 Kh8，如果2.…Qxf5，则3. Ne7+，将

王抽后。**3. e4 Nf6　4. Qc3 Qh5　5. Nxf6**，置车被吃于不顾，进马攻后。
5. …Qxd1　6. Qc7，双重威胁，特洛伊木马支持后杀王和另一马支持后吃h兵杀王，黑方无法解杀，只得认输。

习题

1. Skuja vs Abrosimov(1965)

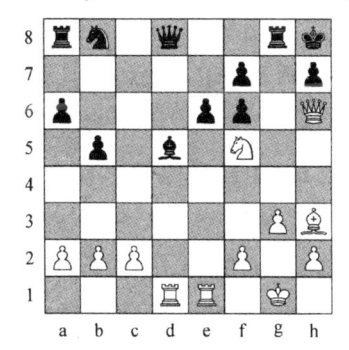

白方先走

2. Jauregui vs Mendes(1959)

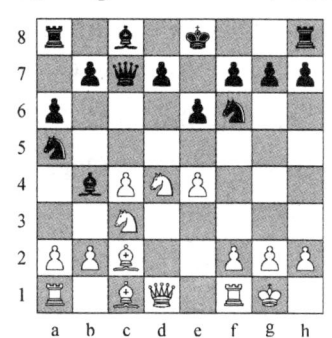

白方先走

3. Tal vs Neibult(1991)

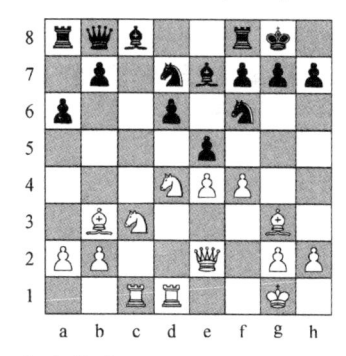

白方先走

4. Khalifman vs Seirawan(1991)

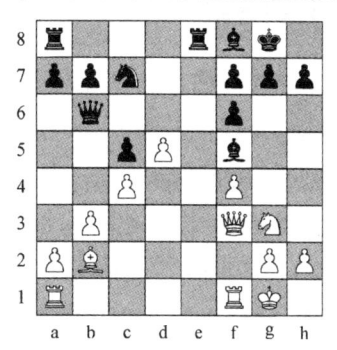

白方先走

5. Burger vs Benko(1969)

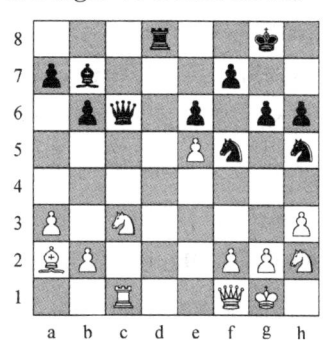

黑方先走

6. Astapovich vs Golosov(1967)

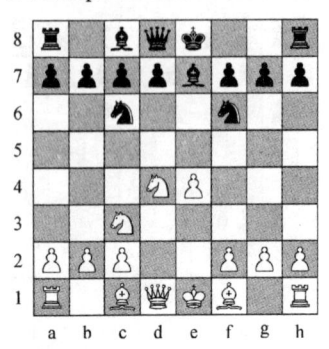

白方先走

习题答案

1.白方特洛伊木马和后已经到位,但是 g7 点有车保护,f6 点有后保护,并且黑兵正攻击白马,白方怎么走?**1. Rxd5**,弃半子攻击后,引离 e 兵或者后,**1. ⋯ exd5　2. Re8**,弃车引离后,黑方认输,接下来 2. ⋯Qxe8,后被引离(如果 2. ⋯Nd7,则 g8 车被牵制,3. Qg7♯),3. Qxf6+　Rg7　4. Qxg7♯,特洛伊木马支持后杀王。

2.**1. e5**,弃兵。**1. ⋯Qxe5　2. Re1 Qc7　3. Nf5**,前面弃兵就是为了这步特洛伊木马进入前哨阵地。**3. ⋯ O-O　4. Nxg7!**,特洛伊木马进城。**4. ⋯ Kxg7　5. Bh6+!**,再弃象吸引黑王。**5. ⋯ Kh8　6. Qd4 Qd8　7. Bg5 Kg7　8. Re3**,提高车杀法。**8. ⋯Be7　9. Rg3**,黑方无法解杀。

3.**1. Nf5**,跳入特洛伊木马,威胁 2. Nxe7+。**1. ⋯Re8　2. Qc4**,威胁 3. Qxf7+。**2. ⋯d5　3. Nxd5 Bc5+　4. Kh1 Re6　5. Qxc5**,弃后引离 d 马。**5. ⋯Nxd5**,如果 5. ⋯ Nxc5,则 6. Nxf6+(腾挪)6. ⋯ gxf6　7. Rd8+ Re8　8. Rxe8♯,车进底线将军与特洛伊木马控制将杀。**6. Rxd5 exf4**,黑马仍然不敢吃后,因有车进底线杀王。**7. Ne7+ Kf8　8. Rxd7 Bxd7　9. Bxe6**,白方多子并威胁闪将抽后,黑方认输。

4.**1. Nxf5**,特洛伊木马进入前哨阵地。**1. ⋯ Red8　2. Rae1 Ne8　3. Qh5 Qa5　4. Rxe8**,弃半子消除保护。**4. ⋯Rxe8　5. Nh6+**,弃马引离 g 兵。**5. ⋯gxh6　6. Qg4+**,黑方认输,因为 6. ⋯Bg7　7. Bxf6,黑方无法解杀。

5.**1. ⋯Nf4**,跳入特洛伊木马。**2. Nf3 Nd4　3. Nxd4 Rxd4　4. Rd1 Rxd1　5. Nxd1 Ba6**,弃象引离白后,白方认输,因为 6. Qxa6 Qxg2♯,特洛伊木马支持后杀王。

6.**1. Nf5**,跳进特洛伊木马。**1. ⋯ O-O　2. Bg5 Re8　3. Bc4 Nxe4　4. Bxf7+**,弃象摧毁兵障。**4. ⋯ Kxf7　5. Qd5+ Kf8　6. Nh6**,威胁马支持后杀王,引入 g 兵。黑方认输,因为 6. ⋯gxh6　7. Bxh6♯,后象配合杀。

第八章 希腊礼物杀法

希腊礼物（The Greek Gift）与特洛伊木马相关。特洛伊战争时，希腊人使出"木马计"。他们把藏有士兵的木马留在海边，假装撤退。特洛伊人对如何处理木马有三种意见：有的主张用铜矛刺穿中空的木马；有的主张把它扔到岩石上；有的主张让它留在那里作为景观，来取悦天神。当特洛伊人要把大木马拖进城的时候，祭司拉奥孔劝说不要接受希腊人留下的东西。他说："即使希腊人送来礼物，我仍对它疑虑重重。"这句话后来成了一句拉丁谚语，其简化形式就是"希腊礼物"。可惜特洛伊人不听拉奥孔的警告，把木马作为战利品拖进城里，给特洛伊人带来了屠杀和灭亡。

在国际象棋中，希腊礼物杀法也叫作古典弃象杀法，指的是白方走Bxh7+（黑方Bxh2+）的弃子杀法。

早在1620年，格雷科在他的对局中就使用了这种杀法，所以有人把这种杀法也叫作格雷科弃象杀法。

Greco vs NN （1620）

1. e4 e6   2. d4 Nf6   3. Bd3 Nc6
4. Nf3 Be7   5. h4 O-O   6. e5 Nd5

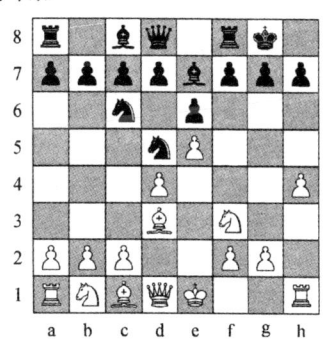

（见下图）

如图所示，格雷科发现了弃象杀法，也就是希腊礼物杀法。

7. Bxh7+

这就是白方送上的希腊礼物，黑方是接受还是不接受？

7. …Kxh7

黑方若不接受这个礼物，白方可以把象撤回，白得一兵。也可以走8. Ng5，继续发动猛烈进攻。

8. Ng5+（见下图）

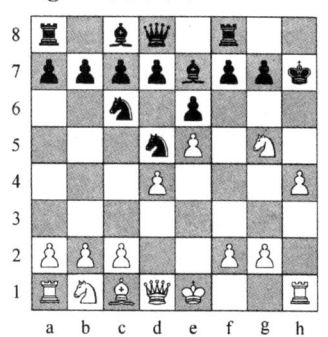

现在黑方有三种选择：1)王撤回到 g8；2)用象吃马；3)王向前走到 g6 或 h6。下面就分析一下这三种走法。

1)王撤回到 g8

8. … Kg8

显然不能走 8. … Kh8，否则 9. Qh5＋ Kg8　10. Qh7♯将杀。

9. Qh5 Bxg5

如果走 9. … Re8，则 10. Qh7＋ Kf8　11. Qh8♯ 或者 9. … Nf6　10. exf6 Re8　11. Qh7＋ Kf8　12. Qh8♯将杀。

10. hxg5 f5

给王腾出一个逃跑的格子。

11. g6 Qh4　12. Qxh4

再走 13. Qh7♯ 或 13. Qh8♯ 将杀。

2)用象吃马

8. …Bxg5　9. hxg5＋ Kg6

如果走 9. …Kg8，则 10. Qh5 f5　11. g6 Re8　12. Qh8♯将杀。

10. Qh5 Kf5　11. Qh3＋ Kg6　12. Qh7♯

3)王向前走到 g6 或 h6

8. … Kg6

如果走 8. … Kh6，则 9. Nxf7＋双将得后。

9. h5＋ Kh6

如果 9. … Kf5，则 10. g4♯将杀。

10. Nxf7＋ Kh7　11. Nxd8

白方用两个轻子换取黑后，获胜轻而易举。

下面看一看世界冠军卡斯帕罗夫与当时的计算机国际象棋世界冠军 Deep Junior 的对局。2003 年，卡斯帕罗夫与 Deep Junior 进行六局对抗赛，前四局各胜一盘，和两盘，2 比 2 战平。这是第五盘，对局中 Deep Junior 先送卡斯帕罗夫一个希腊礼物，后来卡斯帕罗夫回敬了一个希腊礼物，对局最终以三次重复局面和棋。卡斯帕罗夫与 Deep Junior 第六盘棋仍然战和。这场人机大战最终以 3 比 3 平分秋色。

Kasparov vs Deep Junior(Computer) (2003)

1. d4 Nf6　2. c4 e6　3. Nc3 Bb4
4. e3 O—O　5. Bd3 d5　6. cxd5 exd5
7. Ne2 Re8　8. O—O Bd6　9. a3　c6
10. Qc2 Bxh2＋(见下图)

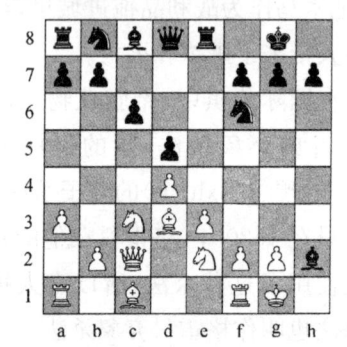

黑方送上希腊礼物。

11. Kxh2 Ng4＋　12. Kg3

如走 12. Kg1，则 12. … Qh4 胜。

12. ···Qg5 13. f4 Qh5 14. Bd2 Qh2+ 15. Kf3 Qh4 16. Bxh7+（见下图）

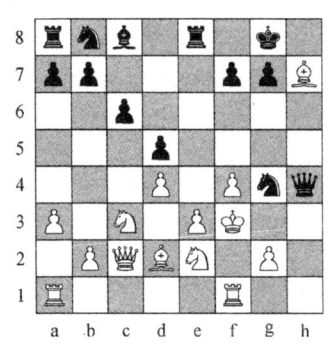

白方回敬希腊礼物。这里白方走16. g3! 有胜机。例如：16. g3 Nh2+ 17. Kf2 Ng4+ 18. Ke1 Qh3 19. Rg1 Nd7 20. e4 dxe4 21. Nxe4 Ndf6 22. Nxf6+ Nxf6 23. Kd1 Bg4 24. Re1 Qxg3。

16. ···Kh8 17. Ng3 Nh2+ 18. Kf2 Ng4+ 19. Kf3 Nh2+

三次重复局面和棋。

下面再看几个希腊礼物杀法的例子。

Predke vs Timofeev(2019)

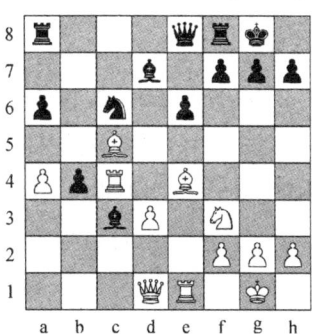

第八章 希腊礼物杀法 I

白方先走

1. Bxh7+，弃象杀 h7 兵的希腊礼物杀法。1. ···Kxh7 2. Ng5+ Kg6，如果 2. ···Kg8，则 3. Qh5，黑方更难解杀。3. Rh4 e5，如果 3. ···Rh8，则 4. Nh7 Rxh7 5. Qg4+ Kf6 6. Qf4+ Kg6 7. Rg4+ Kh5 8. Qg5#，车支持后杀王。4. Nh7，控制王的逃跑格，黑方认输，因为无法解 5. Qh5#。

Spassky vs Geller

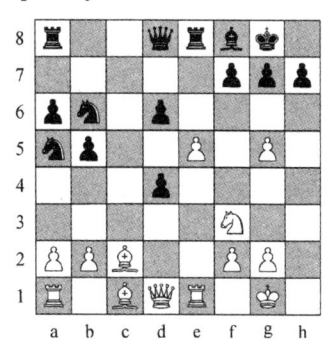

白方先走

1. Bxh7+，送上希腊礼物。1. ···Kxh7 2. g6+，弃兵腾挪。2. ···Kg8 3. Ng5 fxg6 4. Qf3，威胁 5. Qf7+ Kh8 6. Qxg6，叫杀。4. ···Qxg5 5. Bxg5，白方吃掉黑后，取得物质优势，已是胜势。

Dizdarevic vs Miles(1985)

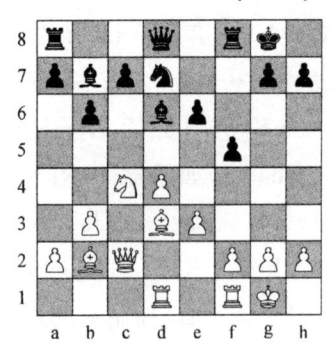

黑方先走

1.…Bxh2＋，送上希腊礼物。**2. Kxh2 Qh4＋ 3. Kg1 Bf3**，不直接吃 g 兵而是引离 g 兵。**4. Nd2**，如果 4. gxf3，则 4.…Qg5＋ **5. Kh2 Rf6**，提高车叫绝杀。**4.…Bxg2**，弃象摧毁兵障。**5. f3 Rf6**，提高车杀法。**6. Nc4 Bh3**，白方要想解杀，就得遭受巨大物质损失，只得认负。

Fritz vs Mason(1883)

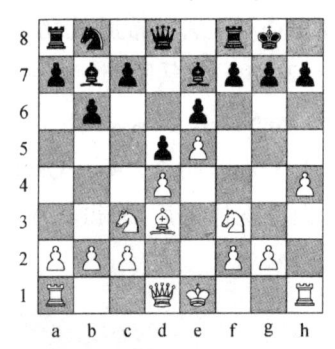

白方先走

1. Bxh7＋，希腊礼物杀法。**1.… Kxh7 2. Ng5＋ Kg6**，如果 2.…Kg8，则 3. Qh5；如果 2.…Kh6，则 3. Qd2；如果 2.…Bxg5，则 3. Qd3＋ Kg8 4. hxg5 Qxg5 5. Qh7♯。**3. Ne2**，调马增援。**3.…Bxg5 4. hxg5 f5**，如果 4.…Qxg5，则 5. Nf4＋ Kf5(5.…Qxf4 6. Qh5♯) 6. Qd3＋ Kxf4 7. Qf3♯。**5. gxf6 Rh8 6. Nf4＋ Kf7 7. Qg4**，弃车叫杀。**7.… Rxh1＋ 8. Kd2 gxf6**，如果 8.…Rxa1，则 9. Qxe6＋ Kf8 10. Ng6♯，后马配合杀。**9. Qxe6＋ Kg7 10. Rxh1 Bc8 11. Rh7＋**，弃车引离。**11.…Kxh7 12. Qf7＋**，黑方认输，因为 12.…Kh6，则 13. Qg6♯，马支持后杀王；如果 12.… Kh8，则 13. Ng6♯，马将军与后控制将杀。

Colle vs O'Hanlon(1930)

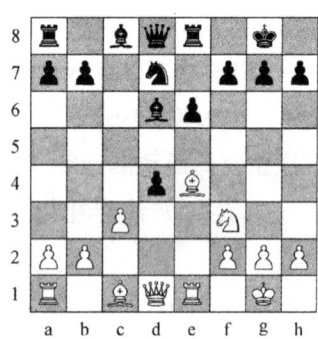

白方先走

1. Bxh7＋ Kxh7 2. Ng5＋ Kg6，走 2.…Kg8 较好，接下来 3. Qh5 Ne5 **4. Rxe5 Bxe5 5. Qxf7＋ Kh8 6. Qh5＋**，有人认为是和棋，但有人认为 6. b3！，将来走 Ba3＋可以赢棋。还有人认为 3. Qh5 Qf6 **4. Qh7＋ Kf8 5. Ne4 Qe7 6. f4 Qd5 7. c4 Qc6**

（7. … Qa5 浪费时间，8. Bd2） 8. Qh8＋ Ke7 9. Qxg7，白方进攻猛烈，极其危险。**3. h4 Rh8 4. Rxe6＋ Nf6**，如果走 4. … fxe6，则 5. Qd3＋ Kf6(5. … Kh5 6. g4＋) 6. Qf3＋ Bf4 7. Qxf4 Ke7 8. Qf7＋ Kd6 9. Qxe6＋ Kc5 10. b4＋ Kb5 11. a4♯将杀。白方认为走 5. h5＋ Rxh5 6. Qd3＋，也可以赢。**5. h5＋ Kh6**，不能走 5. … Rxh5??，否则 6. Qd3＋ Kh6 7. Nxf7♯将杀。**6. Rxd6 Qa5 7. Nxf7＋ Kh7 8. Ng5＋ Kg8 9. Qb3＋**，黑方认输。

Pillsbury vs Burn(1895)

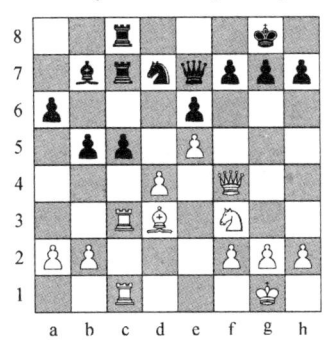

白方先走

1. Bxh7＋，送上希腊礼物。**1. … Kxh7 2. Ng5＋ Kg8 3. Rh3**，打算四步将杀，黑方必须得给王让出退路。**3. …Qe8 4. Qh4 Kf8 5. Nh7＋ Kg8 6. Nf6＋ Kf8 7. Nxe8 Kxe8 8. Qg5 cxd4 9. Rh8＋**，黑方认输，接下来 9. … Nf8 10. Rxf8＋ Kxf8 11. Rxc7 Re8 12. Rxb7，白方净多一后。

第八章 希腊礼物杀法 |

习题

1. Mithil vs Singhania Vatsal(2019)

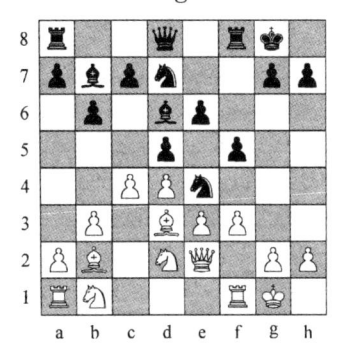

黑方先走

2. Schlechter vs Maroczy

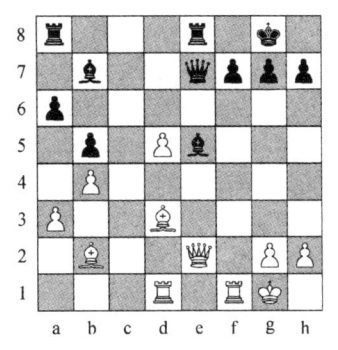

白方先走

3. Pestalozzi vs Duhm(1900)

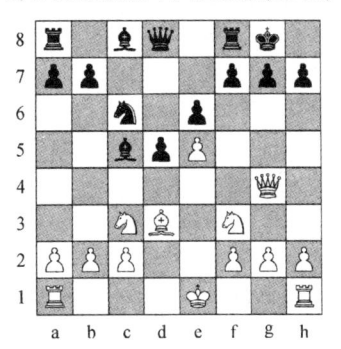

白方先走

53

4. Kosteniuk vs Gouw(2000)

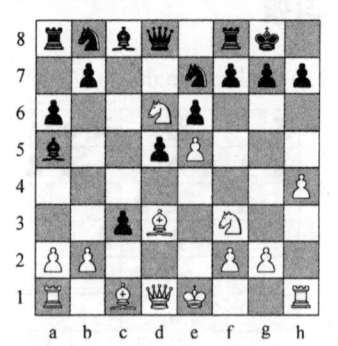

白方先走

5. Spassky vs Tal(1979)

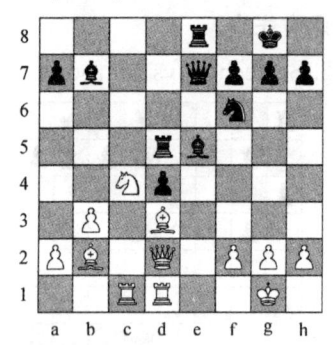

黑方先走

6. Alekhine vs Lovewell(1923)

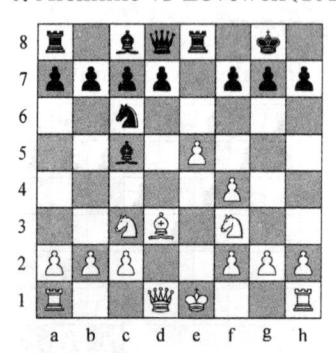

白方先走

习题答案

1. **1. …Bxh2＋**，希腊礼物杀法。**2. Kxh2 Qh4＋ 3. Kg1 Ng3**，攻击白后，并占据要位。**4. Qe1 Nf6**，增援。**5. c5 g5**，白方认输，接下来如果 6. Nc3，则 6. …Qh1＋ 7. Kf2 Ng4＋ 8. fxg4 fxg4＋（闪将）9. Bf5（9. Kxg3 Qh4♯）9. …Rxf5＋ 10. Nf3 Rxf3＋（弃车引离 g 兵）11. gxf3 Qh2♯，肩章杀法。

2. **1. Bxh7＋**，希腊礼物杀法。**1. …Kxh7 2. Qh5＋ Kg8 3. Bxe5 f6**，如果 3. …Qxe5，则 4. Qxf7＋ Kh8 5. Rf5 Qe3＋ 6. Kh1 Qe1＋ 7. Rxe1 Rxe1＋ 8. Rf1 Rxf1＋ 9. Qxf1 Bxd5 10. Qf5 Rd8 11. h3，白方子力占优，胜势。**4. Bxf6**，弃象摧毁兵障。**4. …gxf6 5. Rd3**，提高车杀法。**5. …Qh7 6. Rg3＋ Kh8 7. Qf3 Qf7 8. Qg4**，黑方认输，因为要想解杀，就得丢后。

3. **1. Bxh7＋**，送上希腊礼物，揭开攻杀序幕。**1. …Kxh7 2. Qh5＋ Kg8 3. Ng5 Re8 4. Qxf7＋**，消除兵保护。**4. …Kh8 5. Qh5＋ Kg8 6. Qh7＋ Kf8 7. Qh8＋ Ke7 8. Qxg7♯**，肩章杀法。

4. **1. Bxh7＋**，希腊礼物杀法。**1. …Kh8**，如果 1. …Kxh7 2. Ng5＋ Kg8 3. Qh5 cxb2＋ 4. Ke2 bxc1=N＋ 5. Raxc1 Re8 6. Qxf7＋ Kh8 7. Nxe8 Qxe8 8. Qxe8＋ Ng8

9. Qxg8+ Kxg8　10. Rxc8+ Bd8　11. Rxd8♯,阿纳斯塔西亚杀法。**2. Kf1 cxb2　3. Bxb2 f6　4. Ng5**,弃马腾挪。**4. … fxg5　5. Qh5 Ng8　6. Bxg8+ Kxg8　7. hxg5 Rxf2+　8. Kxf2**,黑方认输。

5. **1. … Bxh2+**,希腊礼物。**2. Kxh2 Rh5+　3. Kg1 Ng4**,白方认输。接下来如走 4. f3,则 4. … Rh1+　5. Kxh1 Qh4+　6. Kg1 Qh2+　7. Kf1 Qh1♯ 将杀;如果走 4. Qf4,则 4. … Qh4,白方无法解杀。

6. **1. Bxh7+**,送上希腊礼物。**1. … Kxh7　2. Ng5+ Kg8　3. Qh5 f6**,黑方认输,接下来 4. Qh7+ Kf8　5. Qh8+ Ke7　6. Nd5♯,后双马兵配合杀。

第九章　安德森杀法

安德森杀法（Anderssen's mate）是以19世纪中叶最著名的德国国际象棋大师阿多尔夫·安德森（Adolf Anderssen）的名字命名的。安德森1818年出生于德国的布雷斯劳（现在波兰西南部城市弗罗茨瓦夫），一生大部分时间居住在那里。他上大学时学习数学和哲学，1847年毕业后在当地的一所高等学校谋得数学教师一职，后来成为教授。他一生过着宁静、安稳、负责任、受尊重的生活。

他的职业是讲授数学，他的业余爱好是下国际象棋。九岁时，他父亲教会他怎样下国际象棋。他自己曾说，青少年时是从1835年出版的《拉本唐奈和麦克唐奈对弈50局》一书中学会国际象棋战略战术的。1851年，安德森被邀请代表德国参加在伦敦举行的首届国际象棋国际联赛，他淘汰了多名当时世界顶尖高手，夺得头等大奖，成为国际象棋历史上第一位非正式的世界冠军。在后来的19世纪50年代和70年代初期的二十多年间，他被公认为世界头号棋手。这一称号，仅于1858年短暂让位给美国棋手莫菲。1862年伦敦第二次国际联赛和1870年巴登-巴登国际联赛他又相继夺魁。

即使是今天，安德森仍以其精彩的弃子攻杀而著名，他的"不朽之局"和"长青之局"仍为人们津津乐道。"安德森杀法"就是来源于1869年他与楚克尔托特（Adolf Anderssen vs Johannes Zukertort）在德国巴门的一次精彩对局。

在安德森杀法中，车或后在己方g7兵保护下深入底线将杀对方的王，如下图所示。

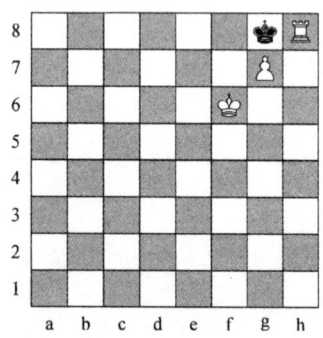

后图所示的将杀模式有人把它归入安德森杀法，有人把它归入h线杀法，有人把它归入歌剧院杀法，有人把它归入大斜线杀法，有时在一本书中两者或三者重复出现，本书把它的将

杀模式归入 h 线杀法。

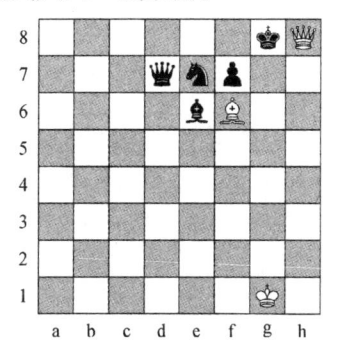

下面我们先来看一看安德森走出的安德森杀法的实战例局。

Anderssen vs Zukertort(1869)

1. e4 e5　2. Nf3 Nc6　3. Bc4 Bc5　4. b4 Bxb4　5. c3 Ba5

另一种主要走法是 5. ··· Bc5。

6. d4 exd4　7. O-O Bb6　8. cxd4 d6　9. d5

这是安德森喜欢的走法。也有走 9. Bb2 或 9. Nc3。

9. ···Na5　10. Bb2 Ne7

出动子力。如果 10. ··· Nxc4 11. Qa4+ Bd7　12. Qxc4，帮助白方开展子力。黑方这步棋不怕白方走 11. Bxg7，因为黑方 11. ··· Rg8 抢先。

11. Bd3 O-O　12. Nc3 Ng6　13. Ne2

经过开局抢先激战，现在转入微妙的子力调动。这体现了埃文斯弃兵变化多端。

13. ···c5

继续扩大后翼取得的优势。

14. Qd2 f6

第九章　安德森杀法 |

缩小白方黑格象在大斜线上的威力。

15. Kh1 Bc7　16. Rac1 Rb8　17. Ng3 b5　18. Nf5　b4

走 18. ···c4　19. Be2，双方互有机会。

19. Rg1 Bb6　20. g4 Ne5　21. Bxe5 dxe5　22. Rg3 Rf7　23. g5 Bxf5　24. exf5 Qxd5

走 24. ···c4 还能拉长战线，现在黑方问题严重了。

25. gxf6 Rd8?

徒劳之着。

26. Rcg1 Kh8　27. fxg7+ Kg8　28. Qh6 Qd6（见下图）

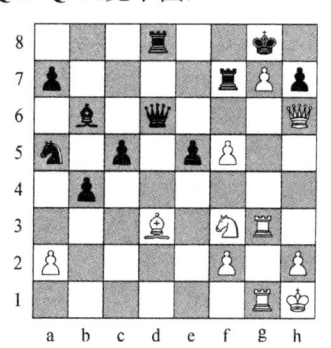

29. Qxh7+

弃后赢得了对局，对方认输。

接下来将是 29. ··· Kxh7　30. f6+，利用冲兵闪将切断黑后增援王翼，当白方 Rh3 将军时不能垫将。30. ··· Kg8　31. Bh7+，弃象引入黑王。31. ··· Kxh7　32. Rh3+ Kg8　33. Rh8#（见后图）

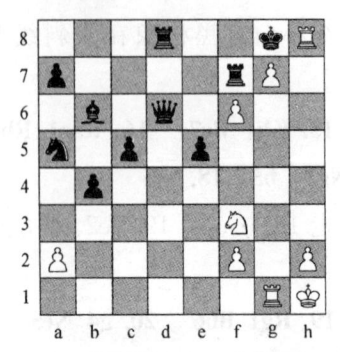

典型的安德森将杀局面。

Gunsberg vs Schallopp(1886)

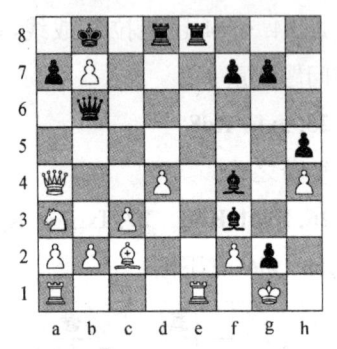

黑方先走

1. …Qf6，一剑封喉，白方认输，接下来如果 2. Rxe8 Bh2＋ 3. Kxh2 Qxh4＋ 4. Kg1 Qh1♯，黑方安德森将杀白方。

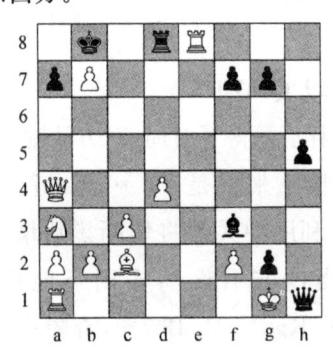

习题

1. Vea vs Jacobsen(2014)

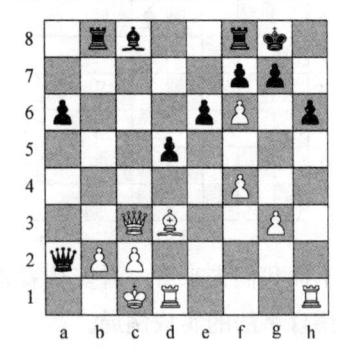

白方先走

2. Capablanca vs Carter(1909)

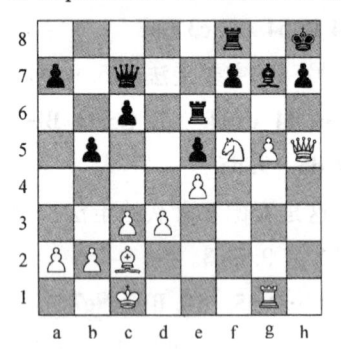

白方先走

3. Adorjan vs Ribli(1979)

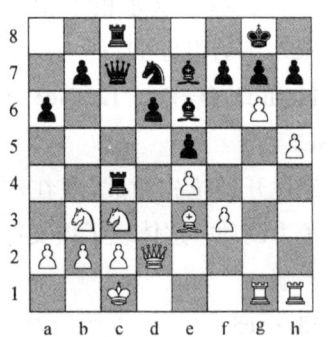

白方先走

第九章　安德森杀法 |

4. Capablanca vs Hadland(1919)

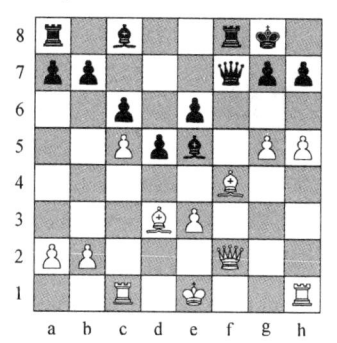

白方先走

习题答案

1. **1. fxg7**，打入兵楔。**1. …Rd8**
2. **Bh7+**，弃象引入黑王。**2. …Kxh7**
3. **Rxh6+**，弃车摧毁兵障。**3. …Kxh6**
4. **Qf6+ Kh7**　**5. Rh1+ Kg8**　**6. Rh8#**，后保护兵与兵支持车进底线将军的安德森杀法。

2. **1. Rh1 h6**　**2. gxh6 Bf6**　**3. Qg4 Rg8**　**4. Qg7+!!**，弃后将军引入黑车。**4. …Rxg7**　**5. hxg7+ Kg8**　**6. Rh8#**，马保护兵与兵支持车杀王的安德森杀法。

3. **1. Bh6**，象送到兵口引入 g 兵再进后叫杀。**1. …Bf6**，如果 1. …gxh6，则 2. Qxh6 fxg6　3. hxg6 hxg6　4. Qh8+ Kf7　5. Rh7#。**2. gxh7+ Kxh7**　**3. Bxg7**，弃象摧毁兵障。**3. …Bxg7**　**4. h6 Bf6**，如果 4. …Bxh6，则 5. Rxh6#。**5. Qg2**，叫杀，黑方认输，接下来 5. …Bg4　6. Qxg4 Qd8　7. Qg7+ Bxg7　8. hxg7+ Qh4　9. Rxh4+ Kg8　10. Rh8#，车保护兵与兵支持另一车进底线的安德森杀法。

4. **1. Bxh7+**，希腊礼物杀法。**1. …Kh8**　**2. Bg6 Qe7**　**3. Bxe5**，弃后。**3. …Rxf2**　**4. h6 Qxg5**　**5. hxg7+**，双将打入兵楔。**5. …Kg8**　**6. Rh8#**，象保护兵与兵支持车进底线将军和另一象控制的安德森杀法。

59

第十章 博登杀法

萨米尤尔·斯坦尼吉·博登（Samuel Standidge Boden，1826－1882年）是英国一名国际象棋职业大师。在《菲利多尔防御》开局中有一变例是根据他与莫菲的对局并以他的名字命名的，莫菲认为博登是当时英国最强的国际象棋棋手。

博登杀法（Boden's Mate）来源于1853年在伦敦他后手迎战舒尔德的一局棋。他仅用了15个回合就将杀对手，从此，"博登杀法"在实战中广泛使用。

在这种杀法中，进攻方双象交叉控制两条斜线，其中一个将军时，王可逃跑的格子又受到己方棋子（通常是一个车和一个兵）的堵塞而无路可逃。这种杀法经常出现在对后翼易位处在c8或c1位置的王将杀，如下图所示。

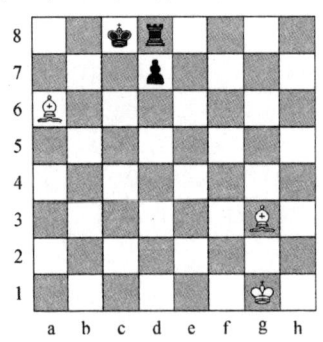

这种杀法有许多变例，如处在e8格的王被处在g6和a3格双象将杀（见下图）。

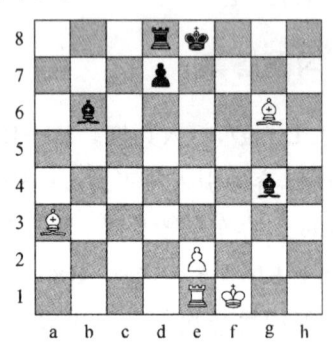

再如处在f1格的王被处在h3和b6格双象将杀（见下图）。博登杀法经常利用弃子为象打开斜线。

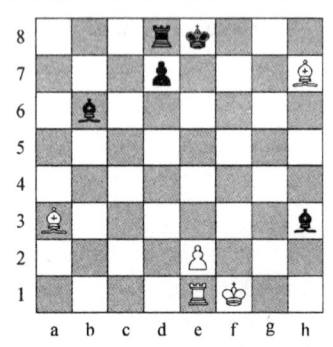

下面我们就来看博登的成名局。

Schulder vs Boden(1853)

1. e4 e5   2. Nf3 d6   3. c3 f5   4. Bc4 Nf6   5. d4 fxe4   6. dxe5 exf3

7. exf6 Qxf6 8. gxf3 Nc6 9. f4 Bd7 10. Be3 O-O-O 11. Nd2 Re8 12. Qf3 Bf5 13. O-O-O(见下图)

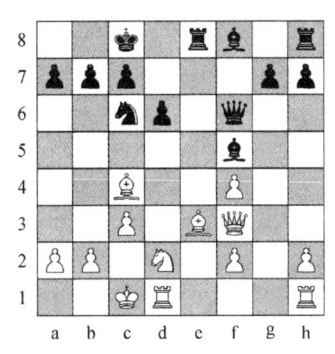

白方以为已经安全无恙了。13. …d5,腾挪攻击对方象,敞开黑格象的斜线。14. Bxd5,走 14. Rde1,不至于速败,但丢象也是输棋。14. …Qxc3+,弃后引离 b 兵。15. bxc3 Ba3♯,双象火力交叉博登杀法。

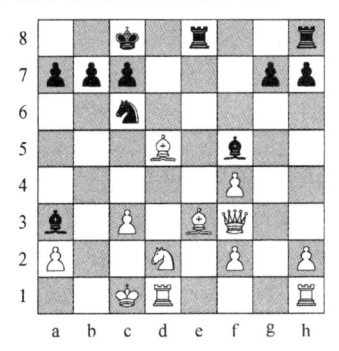

博登将杀后来在许多对局中出现,通常如同博登的棋局,对方王长易位后,在 c3 格或 c6 格弃后为象打开斜线将杀。最著名的例子是出现在称为"秘鲁不朽之局"中。这是 1934 年秘鲁国际象棋大师(后来成为特级大师)卡纳尔在布达佩斯车轮战中弈出的。卡纳尔连弃双车和后,仅用 14 步便实现引人入胜的博登将杀。

Canal vs NN(1934)

1. e4 d5 2. exd5 Qxd5 3. Nc3 Qa5 4. d4 c6 5. Nf3 Bg4 6. Bf4 e6 7. h3 Bxf3 8. Qxf3 Bb4 9. Be2 Nd7 10. a3 O-O-O??（见下图）

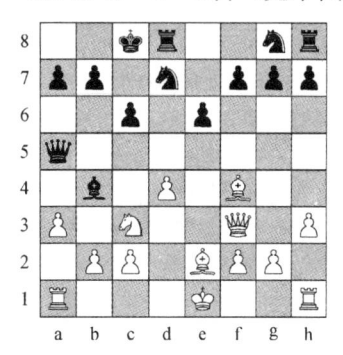

黑方错误地认为白方不会走 11. axb4,但是白方看得更远,依靠极大的占位进攻优势,走出令人大为震惊的续着。有人针对黑方这步棋写道:"警言:考虑时间长一点再走王车长易位。"

11. axb4!! Qxa1+ 12. Kd2! Qxh1

较好的着法是 12. …Ne5 13. Bxe5 Qxh1 14. Qxf7 Rd7 (有趣的是 14. …Ne7 15. Qxe6+! Rd7 16. Bg4 Rhd8 17. Qd6! 胜) 15. Qe8+ Rd8 16. Qxe6+ Rd7 17. Qe8+ Rd8 18. Bg4♯ 将杀。虽免不了一死,但活得长一点。

13. Qxc6+! bxc6 14. Ba6♯,

白方弃双车和后实现博登将杀。

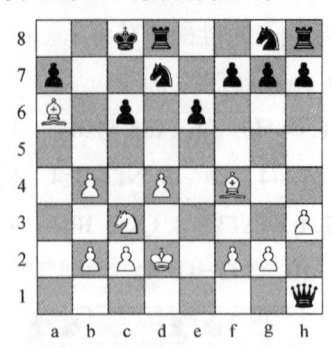

再看一些实战例局。

Fedorowicz vs Brower

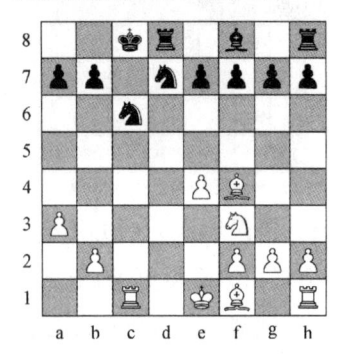

白方先走

1. Rxc6+，弃车引离 b 兵，黑方认输，因为 1. …bxc6　**2. Ba6#**，白方后翼博登杀法。

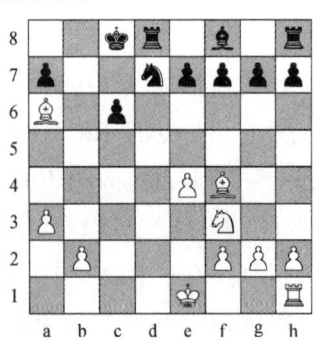

NN vs Rhine(2017)

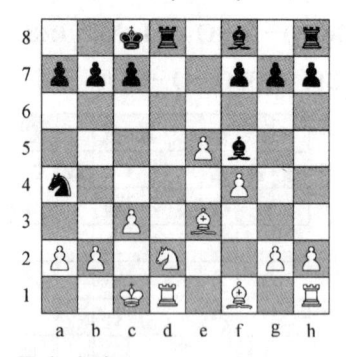

黑方先走

1. … Nxc3，弃马引离。**2. bxc3 Ba3#**，黑方后翼博登杀法。

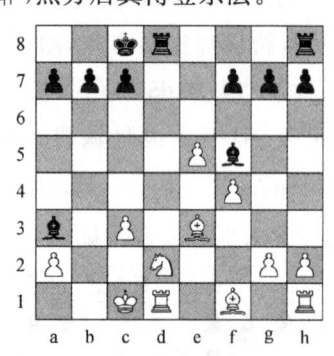

Chotimirsky vs NN(1910)

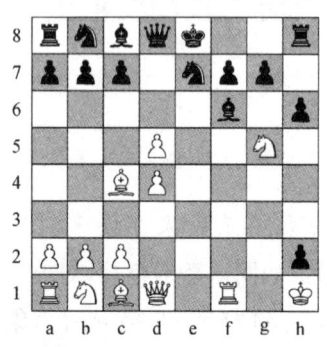

白方先走

1. Nxf7，弃马摧毁兵障并击双后和车，引入黑王。**1. …Kxf7　2. d6+**，闪将。**2. …Kf8　3. Qh5**，叫杀。**3. …**

Qe8 4.Rxf6+,弃车引离。4.…gxf6 5.Qxh6+,弃后引入。5.…Rxh6 6.Bxh6♯,白方王翼博登杀法。

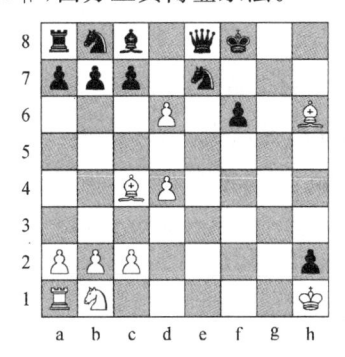

Lokasto vs Marcinkowski(1971)

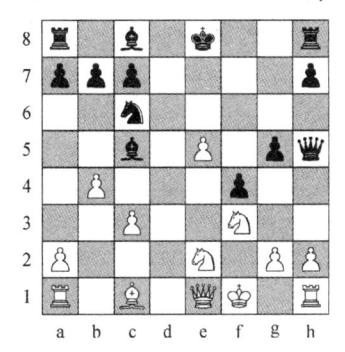

黑方先走

1.…**Qxf3**+,弃后引离 g 兵,白方认输,因为 2.gxf3 Bh3♯,黑方王翼博登杀法。

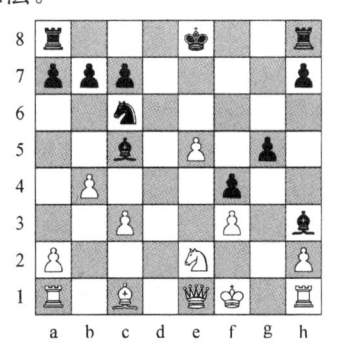

Edward Lasker vs Englund(1913)

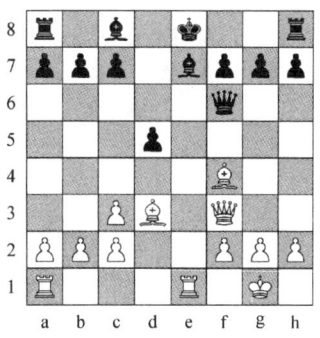

白方先走

黑方以为渡过难关,准备易位了。但白方突然走出妙着。**1. Qxd5!** c6,黑方如果易位,将丢 c7 兵;如果接受弃子,将丢掉一局,例如:1.… Qxf4 2. Bb5+ c6(如果 2.… Kf8 3. Qd8+ Bxd8 4. Re8♯ 歌剧院将杀)3.Bxc6+ bxc6 4.Qxc6+ Kf8 5. Qxa8 Qc7 6. Re3,接着再走 7. Rae1,白方胜势。**2. Qe4 Be6 3. Re3 Bc5 4. Be5 Qh6 5. Rg3 Bf8**,如果 5.… Qd2,则 6.Rf1 威胁 7.Bf4 捉死黑后。**6. Rd1**,最好是走 6. c4 防止黑方走 6.… Bd5。白方在等对方犯错误。**6.… O-O-O??**,大错特错,给对方博登将杀机会。**7.Qxc6+ bxc6 8. Ba6♯**,白方博登将杀黑方。

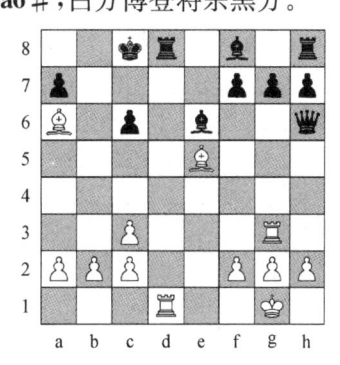

Alekhine vs Vasic(1931)

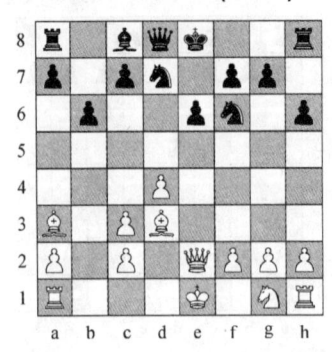

白方先走

1. Qxe6＋，弃后引离 f 兵。1. …fxe6　2. Bg6♯，白象在 g6 对 e8 王将军，王逃跑的格受到 a3 格白象的控制又受到已方 d8 格的后和 d7 格的马阻碍而被博登将杀。

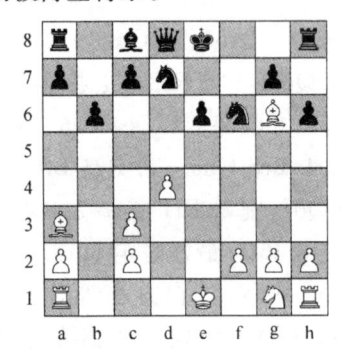

Eliascheff vs NN(1948)

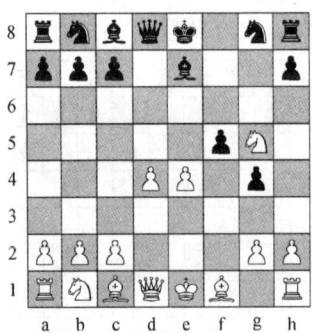

白方先走

1. Nh3!，弃马引离 g 兵。1. …gxh3　2. Qh5＋ Kf8，如果 2. …Kd7，则 3. Qxf5＋ Kc6　4. Qb5＋ Kd6　5. Qd5♯，兵支持后燕尾杀。3. Bc4 Qe8 4. Qh6＋，弃后引入黑马。4. …Nxh6 5. Bxh6♯，白象在 h6 对 f8 王将军，王逃跑的格受到 c4 格白象的控制又受到已方 e8 格的后和 e7 格的象堵塞而被博登将杀。

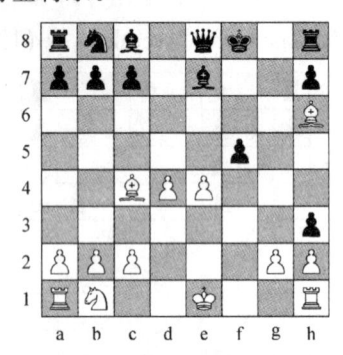

Zukertort vs Anderssen(1865)

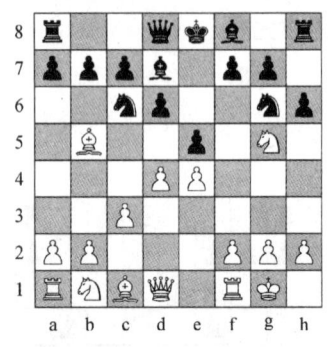

白方先走

1. Nxf7，弃马摧毁兵障。1. …Kxf7　2. Bc4＋ Ke7　3. Qh5，威胁吃马。3. …Qe8，用后保马，却自阻王的退路，但如果走 3. …Nf4，则 4. Qf7

♯，后象配合杀。**4. Qg5＋**，弃后引入 h 兵。**4. …hxg5　5. Bxg5♯**，双象火力交叉博登将杀 e7 王。

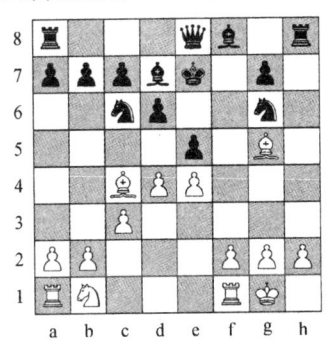

Krauthauser vs Herrmann(1934)

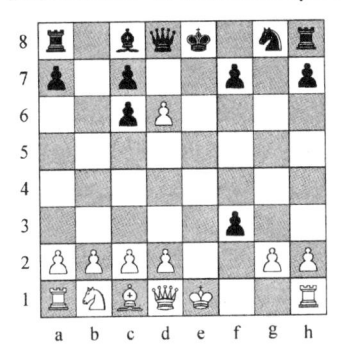

黑方先走

1. …Qh4＋　2. Kf1 fxg2＋　3. Kxg2 Bh3＋　4. Kg1 Qd4♯，后代替象的博登杀法。

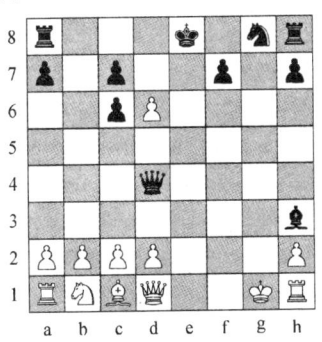

Reshevsky vs Duncan(1921)

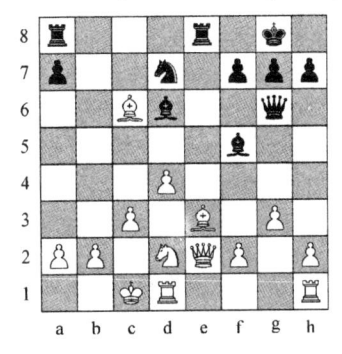

黑方先走

1. …Rac8，置马被吃于不顾，出车捉象。**2. Bxd7??**，败着。**2. …Rxc3＋**，弃车吃兵，引离 b 兵，白方认输，因为 **3. bxc3 Ba3♯**，黑方后翼博登杀法。

Stroud vs Fraser(1961)

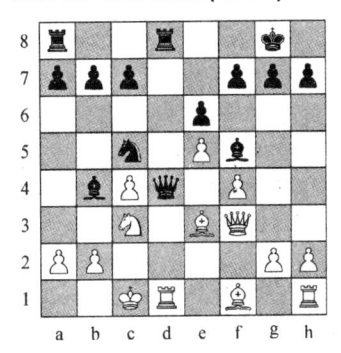

黑方先走

1. …Qxc3＋，弃后引离 b 兵。**2. bxc3 Ba3♯**，黑方一象将军与另一象和车控制的后翼博登杀法。

国际象棋 经典杀法

习题

1. Cardiff vs Bristol(1969)

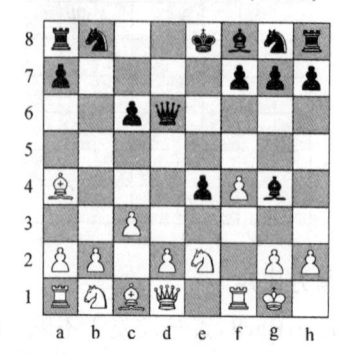

黑方先走

2. Diemer vs Portz(1948)

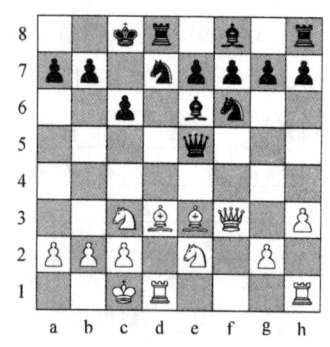

白方先走

3. Ofstad vs Uhlmann(1963)

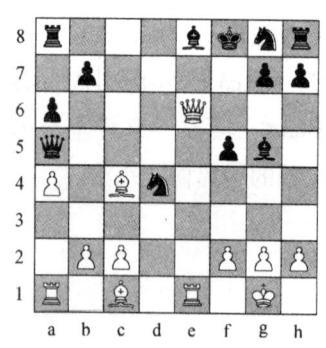

白方先走

4. Janny vs Steiner(1922)

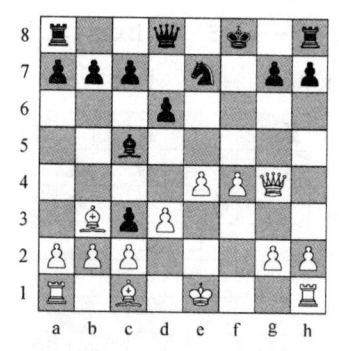

白方先走

5. Morphy vs Thompson(1859)

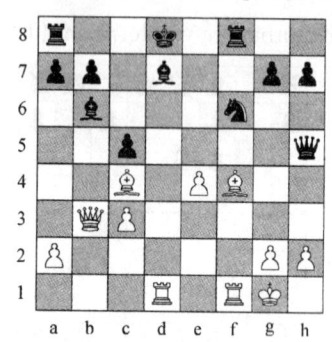

白方先走

6. Balk vs Barnes(1926)

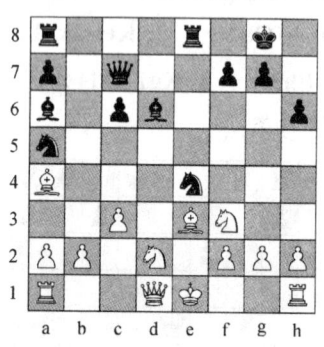

黑方先走

7. Devos vs OKelly(1937)

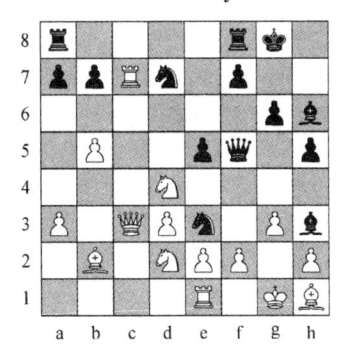

黑方先走

习题答案

1. 1. …Qd3，后象吃马，同时后占据要位。2. Re1 Bc5+　3. Kf1 Qf3+，弃后引离。4. gxf3 Bh3♯，黑方王翼博登杀法。

2. 1. Bf4，象攻击后占据要位。1. …Qh5　2. Qxc6+，弃后引离 b 兵。2. …bxc6　3. Ba6♯，白方后翼博登将杀。

3. 1. Qd6+ Be7　2. Rxe7，弃半子，威胁 3. Rf7♯，双将杀。2. …Nxe7　3. Qf6+，弃后引离 g 兵。3. …gxf6　4. Bh6♯，白方王翼博登将杀。

4. 1. Qe6，叫杀。1. …Qe8　2. f5，腾挪，准备博登将杀。2. …Bd4　3. f6 Bxf6　4. Qxf6+，弃后引离 g 兵。4. …gxf6　5. Bh6♯，白方王翼博登杀法。

5. 1. e5，驱离马对象的保护。1. …Ne8　2. Qa4，后车吃象叫杀。2. …Qg4　3. e6，增加兵力吃象。3. …Nf6　4. Rxd7+ Kc8，如果 4. …Nxd7，则 5. Qxd7♯，兵支持后杀王。5. Qc6+，弃后引离 b 兵。5. …bxc6　6. Ba6♯，一象将军与另一象和车控制的后翼博登杀法。

6. 1. …Nxc3，弃马腾挪。2. bxc3 Rxe3+，弃半子引离 g 兵。3. fxe3 Bg3+，弃象引入。4. hxg3 Qxg3♯，黑方后象配合博登将杀中路王。

7. 1. …Qxf2+，弃后摧毁兵障。2. Kxf2 Ng4+　3. Kf3，如果 3. Kg1 Be3+，黑方王翼博登杀法。3. …e4+　4. Kxe4 Ndf6+　5. Kf3 Ne5+　6. Kf2 Nfg4+　7. Kg1，黑王出去转一圈，又被送回出发点。7. …Be3♯，黑方王翼博登杀法。

第十一章　布莱克本杀法

约瑟夫·亨利·布莱克本（Joseph Henry Blackburne）1841年出生在英国的曼彻斯特，他小时候学会下国际跳棋。他18岁或19岁时，听闻莫菲在欧洲的辉煌战绩就改学下国际象棋。

学会国际象棋不到两年，他就参加了1862年伦敦国际象棋国际联赛，与斯坦尼茨相遇时获得胜利。那次比赛让他失去了在曼彻斯特的工作，他从此就成为专业国际象棋棋手。在1868－1869英国国际象棋赛季，布莱克本获得冠军，从此他被认为是英国最佳棋手，独霸英国棋坛达半个世纪。从1871年至1889年间，他经常是世界五强之一，只有斯坦尼茨、拉斯克、楚克尔托特比他稍强。

他棋艺生涯大部分收入是通过进行蒙目和车轮表演赛获得的，他经常进行1对16的蒙目表演赛，他甚至去澳大利亚和新西兰进行表演。

布莱克本非常喜欢下棋时喝威士忌烈酒，一次下棋时，把对手的一杯威士忌喝了，然后很快对手认输了。布莱克本调侃说："我的对手把一杯威士忌放错位置，我像吃过路兵那样顺便把它吞了。"一次采访中，他曾断言，喝威士忌让他头脑清醒，有利于想出妙招。一次在剑桥大学进行车轮表演赛，学生们以为棋盘边放两瓶威士忌让布莱克本喝他们能占便宜，谁料布莱克本很快获得全胜，表演赛结束前就把两瓶威士忌喝光了。

他黑黑的大胡子和凶猛的进攻棋风让他得一绰号叫"黑死病"，意思是说对手遇到他必输无疑。他残局功夫非常深，战术组合能力非常强，多次获得最佳奖。

布莱克本杀法（Blackburne's Mate）的模式是黑王逃向f8格被己方的车（也可能是象或后）占据，马支持一个象将军并与另一个大斜线象控制王逃跑格，黑王无路可逃而被将杀，如下图所示。

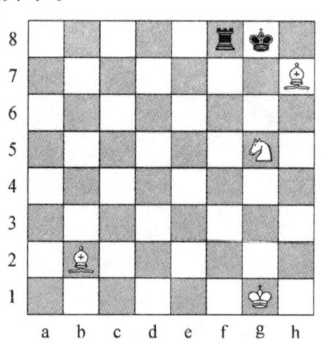

后来把各种形式的双象马配合杀法都叫作布莱克本杀法。也有人把某些双象马杀法叫作莱加尔杀法。我们把双象马杀法区分为布莱克本杀法和莱加尔杀法,其标准是莱加尔的双象马杀法是马不顾牵制弃后进攻形成的杀法,其他的双象马杀法是布莱克本杀法。

还有一种如下图所示的将杀模式,黑王受到己方棋子阻塞,可逃跑的格子受到白象的控制,白方用马在 h6 或 e7 将杀黑王。有人把这种将杀模式也叫作布莱克本杀法,但更有人把这种将杀模式叫作窒息杀法,还有人叫作马象配合杀法。我们在《国际象棋基本杀法》书中有专门讲解,不把此杀法叫作布莱克本杀法。

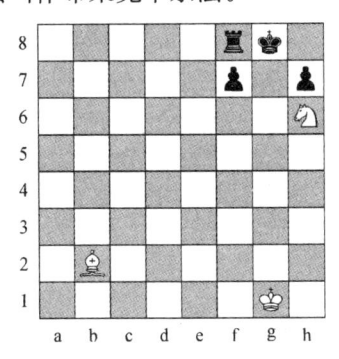

下面先看布莱克本执黑走出的布莱克本杀法。

NN vs Blackburne(1880)

1. e4 e5 2. Nf3 Nc6 3. Bc4 Bc5

白方刚出动了两个子,就要发动强攻。

4. Bxf7+ Kxf7 5. Nxe5+ Nxe5
6. Qh5+ g6

正确着法是 6. … Ke6,布莱克本想利用对手经验不足。

7. Qxe5 d6

黑方可走 7. … Nf6 保车丢象,虽然车的分值高,但象已出动,当前象的价值更高。

8. Qxh8 Qh4

黑方带着先手出子。

9. O-O Nf6   10. c3?

打算接着走 11. … d4 拦截黑象,想法是好的,步调太慢了。如果走 10. Qd8！Bb6   11. e5 dxe5   12. Qd3,比较有利。

10. … Bf5

又一步体现象比车价值高的步法。现在黑方集中火力攻击王城。

11. Qxa8 Ng4   12. h3 Bxf2+
13. Kh1(见下图)

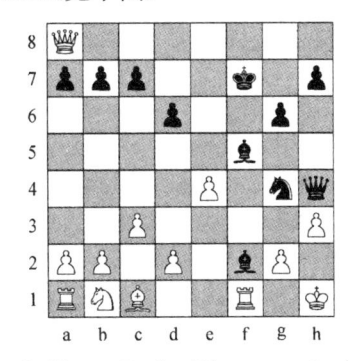

如果 13. Rxf2,则 13. … Qxf2+,再 14. … Qf1# 将杀。

13. … Qxh3+   14. gxh3 Bxe4#

国际象棋 经典杀法

（见下图）

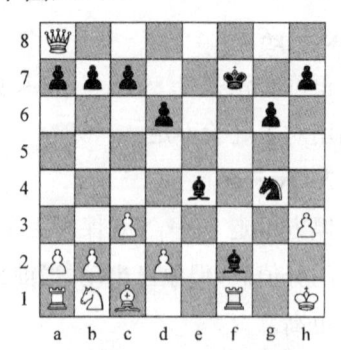

黑方布莱克本将杀白方。

下面请看实战例局。

Nyback vs Herman(2009/2010)

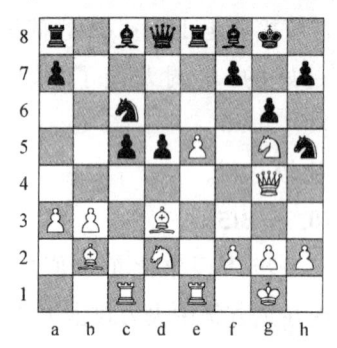

白方先走

1. e6，弃兵腾挪，敞开大斜线。
1. … Rxe6 2. Qxh5，弃后叫杀，引离 g 兵，黑方认输，因为 2. … gxh5 3. Bxh7♯，白方布莱克本杀法。

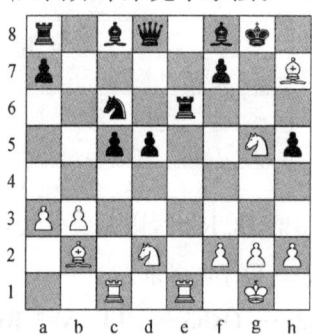

Flohr vs Pitschak(1930)

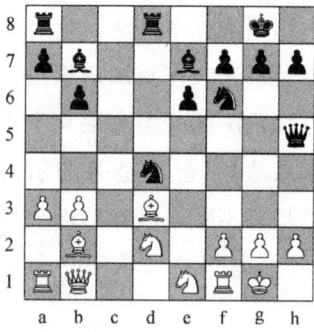

黑方先走

1. … Bd6!，威胁象支持后杀王。**2. g3**，如果 2. h3，则 2. … Qe5 3. g3 Qd5 等。**2. … Ng4**，威胁马支持后杀王。**3. h4 Qxh4**，弃后引离 g 兵，白方认输，因为 4. Nef3 Nxf3＋ 5. Nxf3 Bxf3 6. Bxh7＋ Kf8 7. Bxg7＋ Ke8 8. gxh4 Bh2♯，黑方布莱克本杀法。

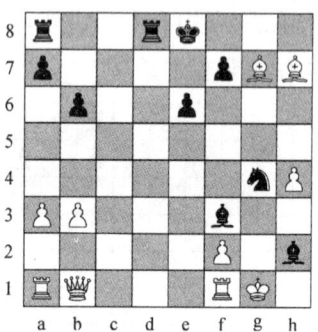

Stevenson vs Mariotti (1868)

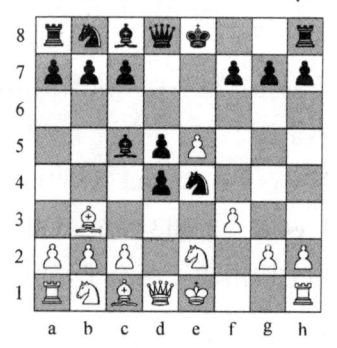

黑方先走

1. …Qh4＋ 2. g3 d3!,弃后腾挪。**3. gxh4?**,临死抓个垫背的。走 2.Qxd3,还可抵抗。**3. …Bf2＋ 4. Kf1 Bh3♯**,黑方一象将军与马保护另一象控制将杀。

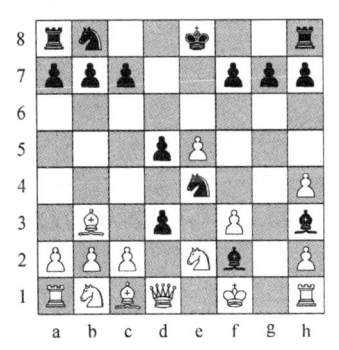

Markus vs Toma(1937)

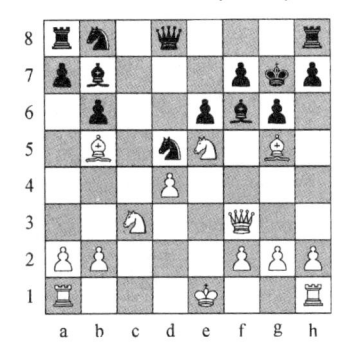

白方先走

1. Bh6＋,弃象引入。**1. …Kg8**,如果 1.…Kxh6,则 2.Nxf7＋,马捉王后车三子。**2. Be8!!**,威胁马在 e5 支持象吃 f7 兵将军与另一象控制的布莱克本杀法,黑方认输,接下来 2.…Qxe8 3.Nxd5 Bxe5 (3.…Bg7 4.Nf6＋ Bxf6 5.Qxf6,后象叫绝杀) 4.Nf6＋ Bxf6 5.Qxf6,后象配合叫绝杀。

NN vs Tarrasch(1932)

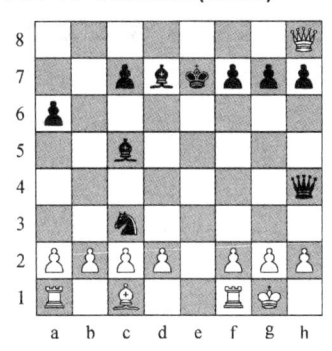

黑方先走

白后吃了两个车待在角落消化,黑方四子有势如破竹的攻势。**1. …Ne2＋ 2. Kh1 Bxf2**,威胁 3.…Ng3♯,后牵制与马将军和象控制将杀。**3. h3**,如果 3.Rxf2,则 3.…Qxf2,叫绝杀。**3. …Qxh3＋**,弃后引离 g 兵。**4. gxh3 Bc6＋ 5. Kh2 Bg3♯**,马在次底线保护象将军并控制与另一象控制将杀。

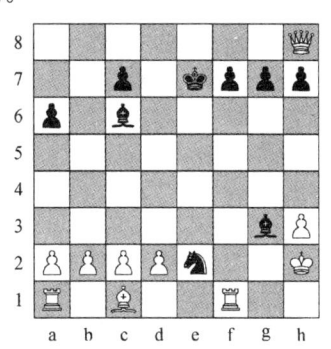

Rudolf vs NN(1912)

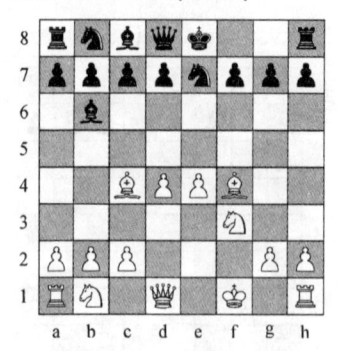

白方先走

1. Ng5 O—O?,钻入圈套。王车易位非但不安全,反而进入险境。应该走 1.…d5,开辟白格象的通路,同时抵消白方 c4 象的威胁。**2. Qh5**,双重威胁:3. Qxh7♯ 和 3. Bxf7＋。**2.…h6 3. Bxf7＋ Kh8**,如果走 3.…Rxf7 4. Qxf7＋,黑方丢子失势,也是输棋。**4. Qxh6＋**,弃后引离。**4.…gxh6 5. Be5♯**,一象将军与另一象和马控制将杀。

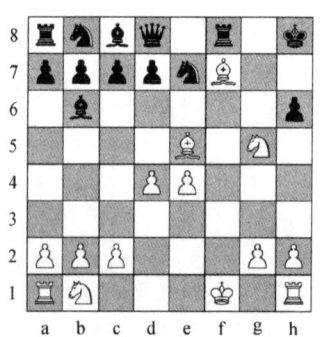

Marshall vs Soldatenkov(1928)

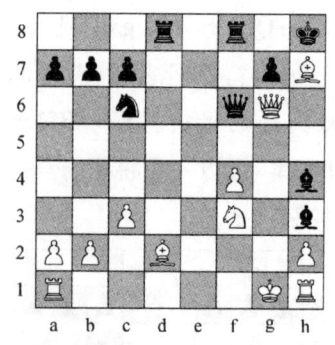

黑方先走

1.…Rxd2,弃半子引离白马。**2. Nxd2 Nd4**,弃马叫杀。**3. Qh5 Qg5＋!**,弃后双引离,白方认输,接下来如果 4. fxg5 Bf2♯,车双象配合杀;如果 4. Qxg5 Ne2♯,马在 e2 将军与双象控制将杀。

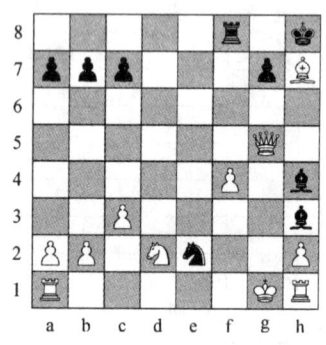

Gorshkov vs Nikolaev(1973)

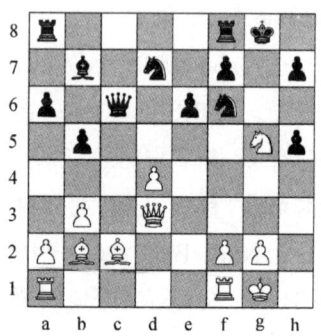

第十一章 布莱克本杀法 |

白方先走

黑方正威胁象支持后吃 g2 兵将杀,白方怎么走? **1. d5**,既阻挡将杀又腾挪开 b2 象的大斜线,黑方认输,接下来 1. …Qxd5 2. Qxh7+(弃后引入)2. …Nxh7 3. Bxh7#,典型的布莱克本杀法。

Helms vs Tenner(1942)

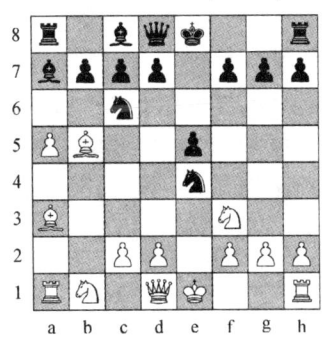

白方先走

黑方刚走马吃 e4 兵,过于贪婪,白方如何惩罚? **1. Qe2 Nxf2 2. Nxe5! Nd4**,黑方以为一切问题都解决了,可是白方却走出出乎意料的棋。**3. Nxd7+!!**,弃后闪将。**3. …Nxe2 4. Nf6#**,马和象双将与另一象控制将杀。

Zaitsev vs Aparts(1963)

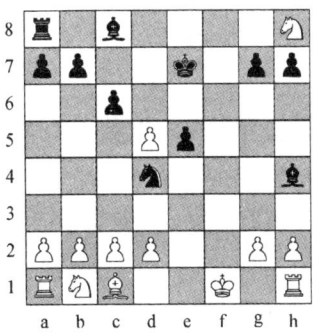

黑方先走

黑方在少一车的情况下如何进攻? **1. …Bh3**,弃象腾挪。**2. Nc3**,如果 2. gxh3 Rf8+ 3. Kg2 Rf2+ 4. Kg1 Ne2#,车象马配合杀。**2. …Rf8+ 3. Kg1 Rf2 4. d3 Rxg2+ 5. Kf1 Rg1+**,弃车双将,引入白王。**6. Kxg1 Nf3#**,马在 f3 将军与双象控制将杀。

Exner vs Englund(1902)

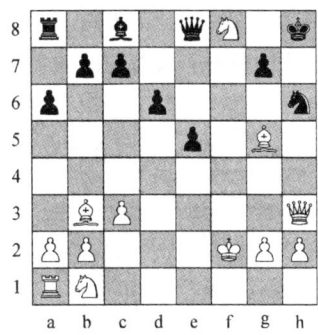

白方先走

白后正受到象的攻击,怎么办? **1. Qxh6+**,弃后引离。**1. …gxh6 2. Bf6#**,一象将军与另一象和马在底线控制将杀。

习题

1. Chernyshov(elder) vs Lesiak

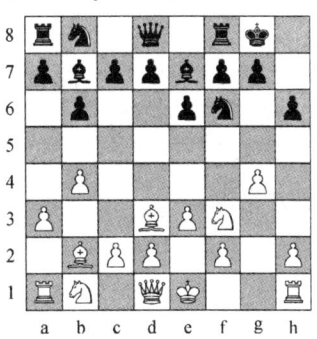

白方先走

2. Korody vs Benko(1951)

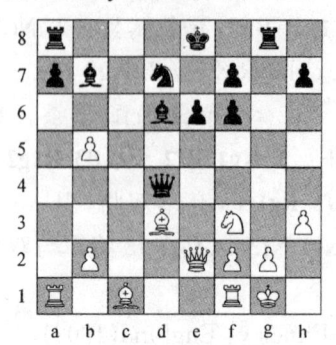

黑方先走

3. Abraham vs Janine(1932)

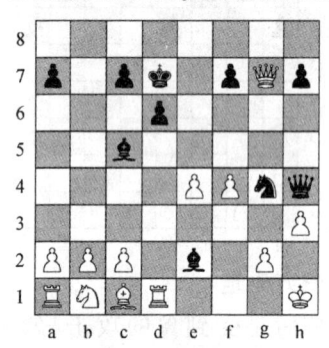

黑方先走

4. Taylor vs Dreyer(1934)

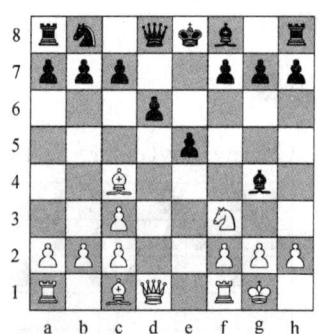

白方先走

5. Oraevsky vs Bubnov(1926)

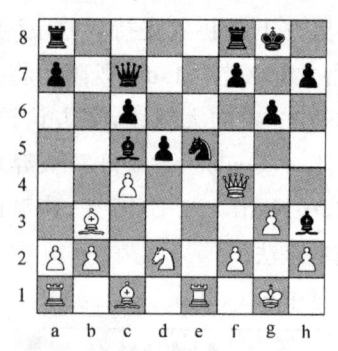

黑方先走

6. Bird vs NN(1880)

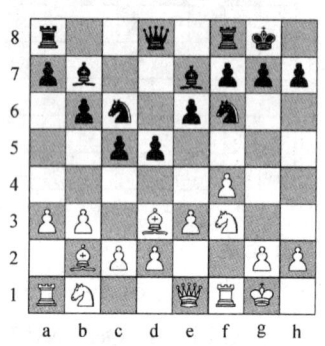

白方先走

习题答案

1. **1. g5 hxg5　2. Nxg5**，弃车进马占据要位。**2. …Bxh1　3. Bxf6**，消除保护。**3. …g6**，如果 3. …Bxf6，则 4. Qh5 Re8　5. Bh7＋ Kh8（5. …Kf8　6. Qxf7♯）　6. Nxf7♯，马将军与后保护象控制将杀；如果 3. …gxf6，则 4. Qh5 Be4　5. Bxe4 Re8　6. Qh7＋ Kf8　7. Qxf7♯，马支持后杀王。**4. Qh5**，弃后叫杀，引离 g 兵，黑方认输，因为 4. …gxh5　5. Bh7♯，白方布莱

第十一章 布莱克本杀法

克本杀法。

2. 白方 f3 马正威胁吃后。**1. ⋯ Ne5**,弃后进马抢攻。**2. Nxd4 Rxg2＋ 3. Kh1 Rh2＋**,弃车引入,白方认输,接下来 4. Kxh2 Ng4＋(双将)5. Kg1 Bh2♯,马在 g4 保护象将军与另一象控制的布莱克本杀法。

3. **1. ⋯Qxh3＋**,弃后引离。**2. gxh3 Bf3♯**,一象将军与另一象和马在 g4 控制将杀。

4. 黑方刚走象到 g4 牵制白方 f3 马,用不受保护的象去牵制对方的马和后经常是危险的。**1. Nxe5!**,弃后叫杀。**1. ⋯Bxd1 2. Bxf7＋ Ke7 3. Bg5♯**,一象将军与另一象在马的保护下和马共同控制将杀。

5. **1. ⋯Nd3**,弃后闪击。**2. Qxc7 Bxf2＋ 3. Kh1 Nxe1 4. cxd5 Bg2♯**,马在底线保护象将军与另一象控制将杀。

6. **1. Qh4**,威胁 2. Bxf6(消除保护)2. ⋯Bxf6 3. Qxh7♯,象支持后杀王。1. ⋯g6?,劣着,削弱王翼阵地。走 1. ⋯ Ne4! 要好得多。**2. Ng5**,威胁 3. Bxf6 消除保护,再 4. Qxh7♯,马支持后杀王。**2. ⋯ h5 3. g4 Nxg4 4. Qxh5**,弃后引离 g 兵。**4. ⋯ gxh5 5. Bh7♯**,白方布莱克本杀法。

第十二章 达米亚诺杀法

佩德罗·达米亚诺（Pedro Damiano）1480 年生于葡萄牙奥德米拉，1544 年去世。他是葡萄牙著名棋手，职业是药剂师。1512 年，他在意大利罗马出版了一本国际象棋书，在 16 世纪发行了八版。达米亚诺在书中描述了国际象棋规则，提出一些战略战术，分析了几种开局方法，提供了一些习题。达米亚诺杀法就是其中习题之一（如下图所示）。

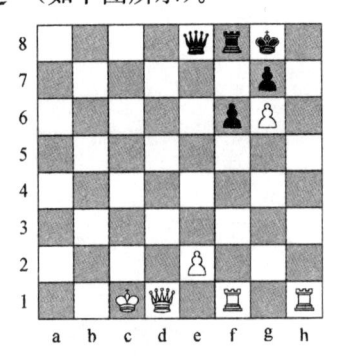

在达米亚诺杀法中，黑方在 g7 格有一兵，在 f8 格有一车，黑王在 g8 格，白方 g6 格有一兵控制着 f7 格和 h7 格，然后在 h 线弃车吸引黑王，让后将军，再进到 h7 格将杀黑王，如下图所示。

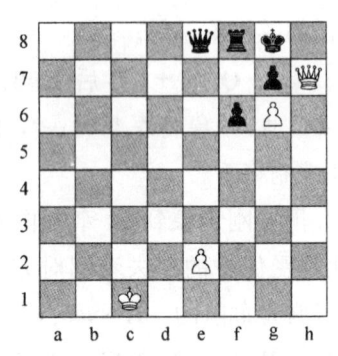

这种将杀也可以出现在中路，如下面两图所示。

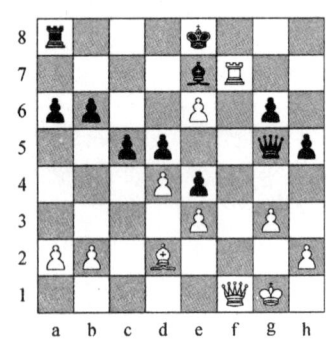

白方先走

1. Rf8＋ Bxf8　2. Qf7＋ Kd8

3. Qd7‡，白方在中路达米亚诺将杀黑王。

第十二章 达米亚诺杀法

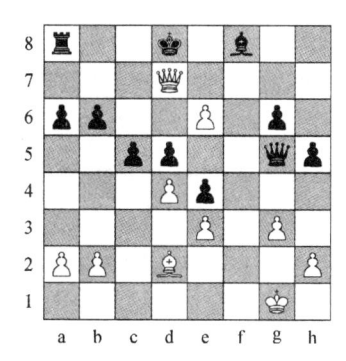

下面请看实战例局。

Mannheim vs Regensberg(1912)

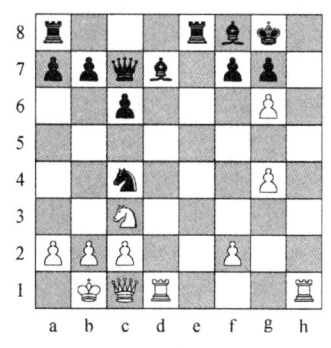

白方先走

白后若能走到 h1 将军，再走到 h7 就可以将杀，因此白方需要腾挪两个车并两次将黑王引入到 h8。**1. Rh8＋ Kxh8　2. Rh1＋ Kg8　3. Rh8＋ Kxh8　4. Qh1＋ Kg8　5. Qh7＃**，达米亚诺将杀，与 500 多年前（1512 年）达米亚诺给出的棋局如出一辙。

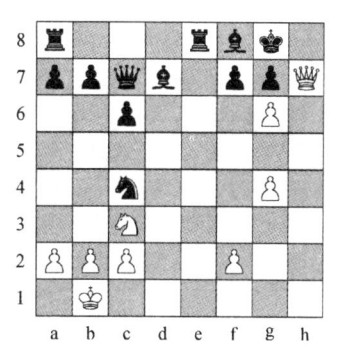

NN vs Mason(1948)

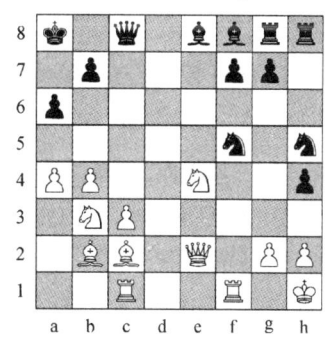

黑方先走

黑后能从 c8 走到 h8 再进到 h2 将杀吗？**1. …Bb5**，开始腾挪。**2. axb5 Nhg3＋**，第二个腾挪。**3. Nxg3 Nxg3＋ 4. hxg3 hxg3＋**，第三个腾挪。**5. Kg1 Rh1＋**，第四个腾挪兼引入。**6. Kxh1 Rh8＋　7. Kg1 Bc5＋**，第五个腾挪。**8. Nxc5 Rh1＋**，第六个腾挪兼引入。**9. Kxh1 Qh8＋　10. Kg1 Qh2＃**，达米亚诺将杀。

Espedal vs Winslow(1977)

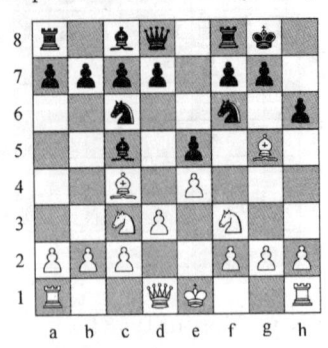

白方先走

1. h4,弃象开线。1. …hxg5 2. hxg5 Nh7 3. g6,打入兵楔。3. …d5 4. Bxd5 Nf6 5. Ng5 Nxd5 6. Rh8+,弃车引入。6. …Kxh8 7. Qh5+,黑方认输,因为 7. …Kg8 8. Qh7#,g6 兵支持后达米亚诺将杀。

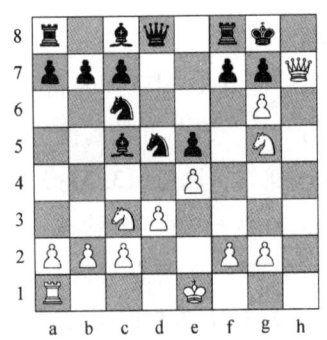

Spassky vs Matanovic(1962)

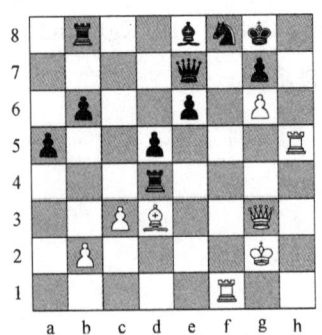

白方先走

1. Rxf8+,弃车引离黑后。1. …Qxf8 2. Rh8+,弃车引入黑王。2. …Kxh8 3. Qh3+ Kg8,若不引离黑后,这时黑方可以走 3. …Rh4 或者 3. …Qh4 垫将。4. Qh7#,达米亚诺将杀。

Blackburne vs Lipschutz(1889)

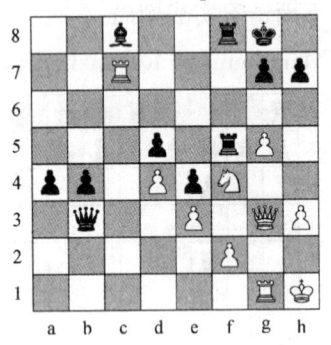

白方先走

这是封棋时的局面,白方封了一步着法。续赛前有人问利普舒茨局势如何。他回答说:"对方有点小小攻势,我有两个通路兵,定胜无疑。"斯坦尼茨也赞同这个看法。重新开赛,黑方打开信封看到白方的着法是 1. g6,仍觉得自己很安全。但白方的下一步棋 2. Rxg7 犹如晴天霹雳,也引起了围观者轰动,斯坦尼茨也是其中之一,他站在棋盘旁看了一会儿,几乎不相信已形成将杀局面。1. g6,打入兵楔。1. …h6! 2. Rxg7+!,弃车摧毁兵障。2. …Kxg7,如果走 2. …Kh8,则 3. Rh7+ Kg8 4. g7 Rg5 5. gxf8=Q+ Kxf8 6. Ne6+ Bxe6 7. Qb8+ Bc8 8. Qxc8#,走廊杀法。3. Nh5

+，腾挪，为后让开斜线。**3. … Rxh5**，不吃马也难逃厄运，例如：3. … Kg8 4. Qc7 R5f7 5. gxf7+ Kh7 6. Nf6+ Kh8 7. Rg8+ Rxg8 8. fxg8=Q#，马支持后杀王。**4. Qc7+**，黑方认输，接下来如果黑方走 4. … Kf6，则 5. Qd6+ Kg7 （5. … Be6 6. Qxf8+ Bf7 7. Qxf7#，后车兵配合杀）6. Qe7+ Rf7 7. Qxf7+ Kh8 8. Qh7#，达米亚诺杀法；如果 4. … Kg8/h8，则 5. Qh7#，达米亚诺杀法。

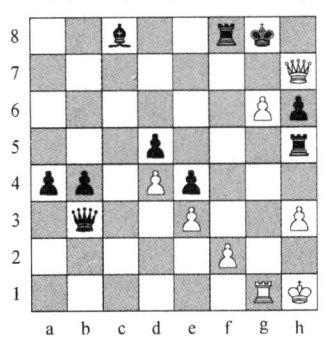

Gilg vs Westermeier(1970)

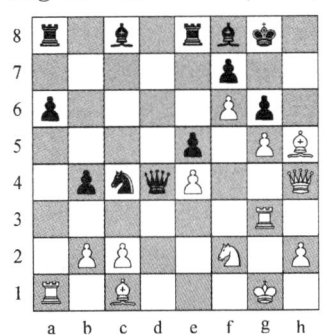

白方先走

1. Bxg6，不给黑方机会，发起总攻。**1. … fxg6**，被逼之着。**2. f7+!!**，非常有力之着。以下白方步步紧逼，直至将杀。**2. … Kxf7 3. Qh7+ Bg7

第十二章 达米亚诺杀法

4. Rf3+ Bf5 5. exf5 e4 6. Qxg6+ Kf8 7. f6 exf3 8. Qxg7#，达米亚诺将杀。

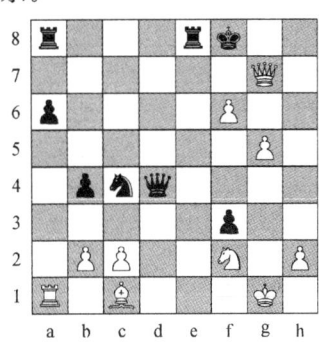

习题

1. Baburin vs Adianto(1993)

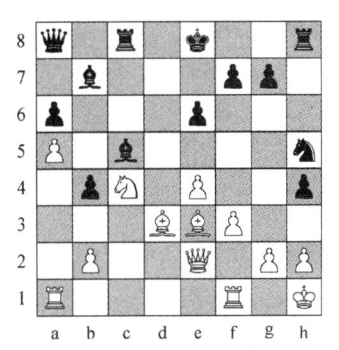

黑方先走

2. Botvinnik vs Keres(1966)

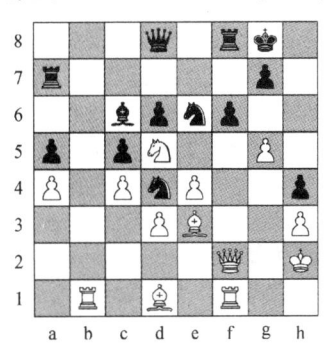

白方先走

3. Pillsbury vs Reggio(1903)

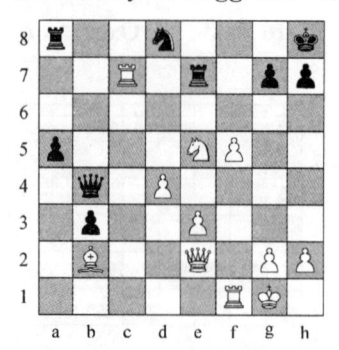

白方先走

4. Ahues vs Khan(1930)

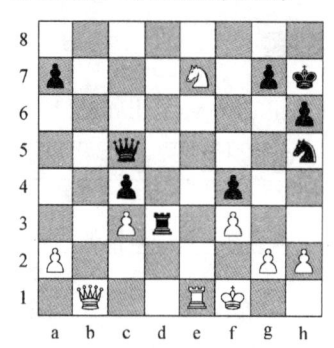

黑方先走

5. Benjamin vs Carter(1982)

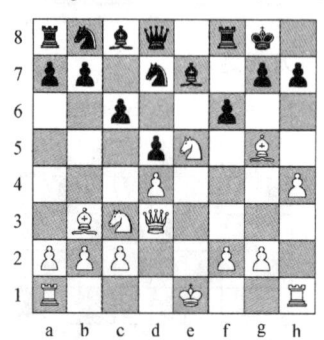

白方先走

6. Dobberdin vs Stark(1962)

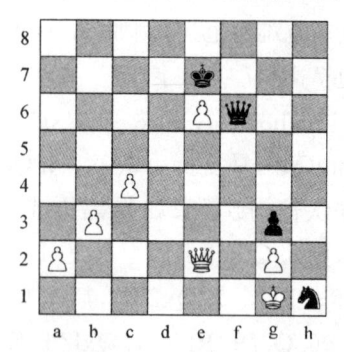

黑方先走

习题答案

1. **1. …Ng3+**，弃马引离h兵。**2. hxg3 hxg3+**，打入兵楔。**3. Kg1 Ke7**，腾挪。**4. Qe1**，如果4. Bxc5+，则4. …Rxc5，白方也无法解套。**4. …Rh1+**，弃车引入白王，白方认输，接下来5. Kxh1 Rh8+　6. Kg1 Rh1+　7. Kxh1 Qh8+　8. Kg1 Qh2#，达米亚诺杀法。

2. **1. g6**，打入兵楔。**1. …f5　2. Rb8**，弃车引离黑后，黑方认输，接下来2. …Qxb8　3. Qxh4 Ng5　4. Bxg5 Nf3+　5. Bxf3 Qb2+　6. Kh1 Qh2+　7. Kxh2 Rb8　8. Qh7+ Kf8　9. Qh8#，后进底线将军与兵和马控制将杀。

3. **1. Ng6+**，弃马既是引离又是引入h兵。**1. …hxg6　2. fxg6**，打入兵楔，黑方认输，接下来2. …Nf7　3. Rxf7 Kg8　4. Rfxe7 Qxe7　5. Qc4+

Kh8 6.Rxe7 Rf8 7.d5 Kg8 8.Rxg7+ Kh8 9.Qh4♯,后车象配合杀。

4.1.…Ng3+!,弃马引入h兵。2.hxg3 fxg3,打入兵楔。3.Qc2 Qh5,白方认输,接下来 4.Ke2 Qh2 5.Rc1 Qxg2+ 6.Ke1 Qg1+ 7.Ke2 Qf2♯,黑方达米亚诺将杀。

5.1.Nxd5,弃马打开斜线。1.…cxd5 2.Bxd5+ Kh8 3.Ng6+,再弃马,为打开h线做准备。3.…hxg6 4.h5,再弃象,争取打开h线。4.…Qa5+ 5.c3 Qxd5 6.hxg6+,弃了两个马和一个象,终于打开了h线,并且兵占据了关键的g6格。6.…Kg8 7.Rh8+,弃车引入。7.…Kxh8 8.Qh3+ Kg8 9.Qh7♯,典型的达米亚诺将杀。

6.这个阵势黑方没有马也可以将杀。1.…Qa1+,引入白后形成堵塞。2.Qf1 Qd4+ 3.Kxh1 Qh4+ 4.Kg1 Qh2♯,达米亚诺将杀。

第十三章　菲利多尔闷将杀法

弗兰西斯·安德里·丹尼肯·菲利多尔（François-André Danican Philidor）是法国作曲家和国际象棋棋手。他出身于法国一个音乐世家，他们的姓氏本来是丹尼肯，由于菲利多尔的祖父双簧管演奏得特别好，使当时的法国国王路易十三联想到意大利双簧管演奏大师菲力多利（Filidori），于是送给他一个昵称"菲利多尔"，后来他们的姓氏就加上了菲利多尔。

菲利多尔的父亲72岁时与19岁的第二任妻子结婚，菲利多尔1726年出生时，他父亲已经79岁了，他四岁时父亲就去世了。

菲利多尔六岁就加入了法国国王路易十五的皇家唱诗班，11岁就尝试谱曲，14岁左右就以演出、教音乐、抄写乐谱独立谋生。在唱诗班时，路易十五几乎每天都要听演唱，歌手们在等候时就以下棋消磨时光，那时，菲利多尔就开始对下国际象棋感兴趣。14岁左右他就经常到当时法国国际象棋的圣地——摄政咖啡馆下棋。

当时法国国际象棋第一高手莱加尔对他进行训练。开始莱加尔让菲利多尔一个车，仅过了三年，师徒二人势均力敌，后来菲利多尔青出于蓝而胜于蓝了。1745年，菲利多尔开始访问英国和荷兰等国。1747年，在英国他让先8胜1负1和大胜斯坦玛。同年，他与当时英国最强棋手亚布拉罕·杨森爵士下了许多盘棋。杨森是除了莱加尔之外他遇到的最强对手。1754年，菲利多尔返回法国。1755年，在对抗赛中战胜师傅莱加尔，从此，长达50年，他被认为是国际象棋世界第一高手。

1749年，菲利多尔出版了著名的《国际象棋弈法分析》一书，1777年印刷了第二版，1790年印刷了第三版。到1871年，这本书印刷了70多版，并被翻译成英语、德语、俄语和意大利语。在这本书里，菲利多尔分析了九种不同类型的开局。大部分开局着重分析如何利用兵建立和加强牢固的防御中心。他是国际象棋历史上第一人认识到兵的重要作用。他有一句名言："兵是国际象棋的灵魂。"

菲利多尔杀法（Philidor's Mate / Legacy）是一种闷杀（Smothered

Mate)，当一方马将军时，被将的王被己方棋子四周堵住（闷在里面）无路可逃而被将杀。最常见的形式，如下图所示，白方 f7 的马对黑方 h8 的王将军，黑王被己方 g8 的车和 g7 兵、h7 兵堵住无路可逃而被闷杀。

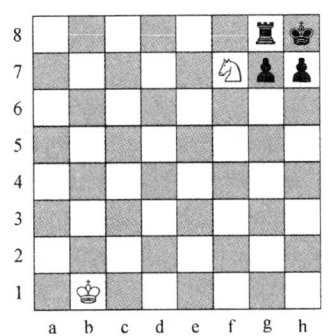

为了实现这种形式的闷杀，通常弃子（往往弃后）迫使对方闷住王。

这种闷杀通常叫作菲利多尔杀法，也叫作菲利多尔遗产。实际这个命名并不准确，早在几百年前 1497 年，西班牙棋手路易·拉米雷斯·卢瑟纳在其出版的国际象棋书中就对这种杀法进行了描述，所以也叫作卢瑟纳杀法（Lucena's Mate）。下图是卢瑟纳一书中所给出的杀法局面。

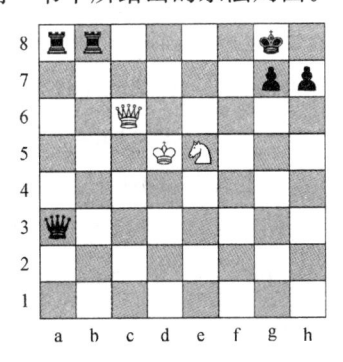

第十三章　菲利多尔闷将杀法

白方先走，五步将杀

1. Qe6＋ Kh8，如果 1. …Kf8，则 2. Qf7♯，马支持后杀王。**2. Nf7＋ Kg8　3. Nh6＋**，双将。**3. …Kh8　4. Qg8＋**，弃后引入黑车形成堵塞。**4. …Rxg8　5. Nf7♯**，单马闷杀角落王。

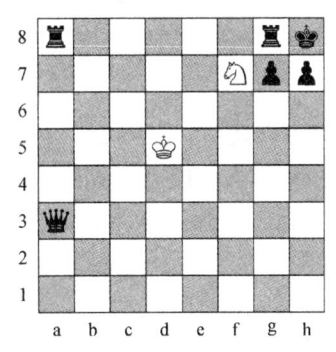

1512 年，达米亚诺在他的国际象棋书中，给出了下图所示的闷杀例子。

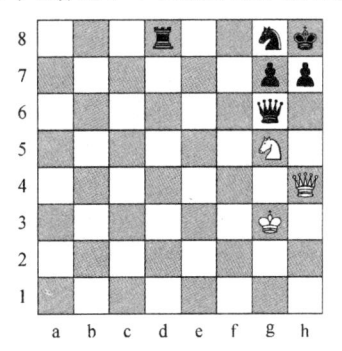

白方先走，两步将杀

1. Qxh7＋ Qxh7　2. Nf7♯，闷杀。

下面请看实战的例子。

83

Thomas vs Gibson

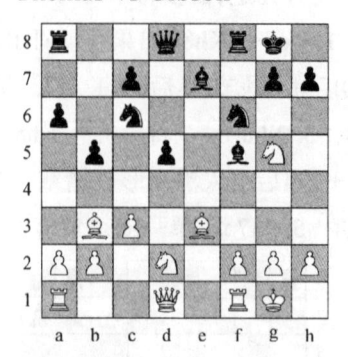

白方先走

1. Nde4 Nxe4 2. Qxd5＋ Kh8，如果 2. ⋯Qxd5，则 3. Bxd5＋ Kh8 4. Nxe4，白方占优。**3. Qg8＋**，弃后引入黑车形成堵塞。**3. ⋯Rxg8 4. Nf7#**，白方单马闷杀角落王。

Smith vs Urwintwari(2018)

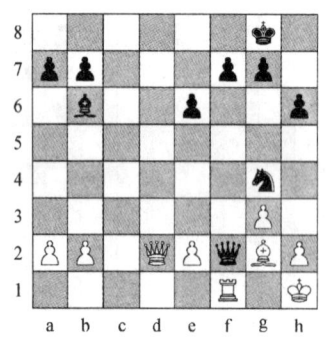

黑方先走

1. ⋯Qg1＋，弃后引入白车。白方认输，2. Rxg1 Nf2#，黑方单马闷杀角落王。

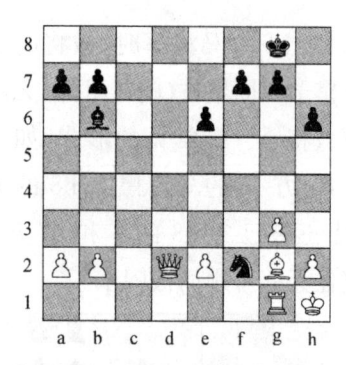

Steinitz vs NN(1861)

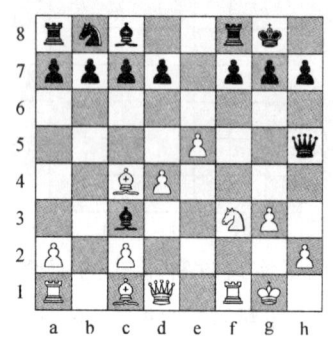

白方先走

黑象正要吃白方 a1 车，白方怎么走？**1. Qd3**，弃后抢攻。**1. ⋯Bxa1 2. Ng5 d5 3. exd6 cxd6 4. Nxf7 Bxd4＋ 5. Qxd4 Nd7 6. Bb2**，后象同占大斜线叫杀。**6. ⋯Nf6 7. Nh6＋**，双将。**7. ⋯Kh8 8. Rxf6 Rxf6 9. Qxf6**，弃后叫杀。**9. ⋯Qc5＋**，如果 9. ⋯gxf6，则 10. Bxf6#，象马配合杀王。**10. Kg2 Qc6＋ 11. Kf2 Qc5＋ 12. Kf3 Qc6＋ 13. Ke3 Qc5＋ 14. Kd2 Qb4＋ 15. Kd1 Bg4＋ 16. Nxg4**，黑方断将。**16. ⋯Rg8 17. Qf7 d5 18. Nh6 Qf8 19. Bxd5 Qd8 20. Qxb7**，腾挪，威胁 21.

Nf7 闷杀。黑方认输，因为 22.… Qxd5＋ 23. Qxd5 Rb8 24. Qg8＋（弃后引入黑车形成堵塞）24.…Rxg8 25. Nf7♯，白方单马闷杀角落王。

Kristiansen vs Jacobsen(1976)

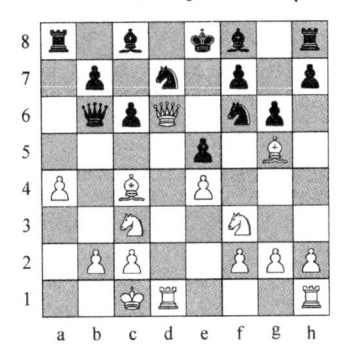

白方先走

1. Bxf7＋，弃象摧毁兵障。**1.…Kxf7 2. Nxe5＋ Kg7**，如果 2.…Nxe5，则 3. Qxf6＋ Kg8 4. Qxe5，白方大占优势。**3. Qe6 Rg8 4. Bxf6＋ Nxf6 5. Qf7＋ Kh8**，如果 5.…Kh6 6. Qxf6 Qc7 7. Nf7＋ Qxf7 8. Qxf7，黑方能多坚持几步。**6. Qxf6＋ Bg7 7. Nf7♯**，白方单马闷杀角落王。

Muller vs Weihacht(1937)

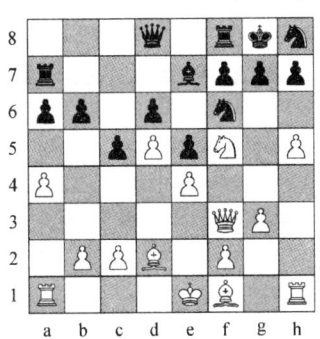

第十三章 菲利多尔闷将杀法

白方先走

黑王受到严重堵塞，白方如何利用这一弱点？**1. h6**，进兵攻击，黑方认输，接下来如果 1.…g6，则 2. Nxe7＋ Qxe7 3. Bg5，黑方丢子；如果 1.…Ne8，则 2. hxg7 Nxg7 3. Nh6♯，白方单马在边线闷杀底线王。

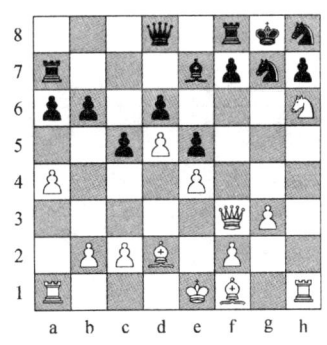

Zhotov vs Glebov(1975)

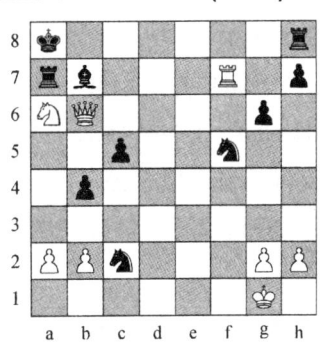

白方先走

1. Qc7，叫杀，黑方认输，接下来如果 1.…Bxa6，则 2. Qxa7♯，车支持后杀王；如果 1.…Rxa6，则 2. Qxb7♯，车支持后杀王；如果 1.…Nd6，则 2. Qb8＋，弃后引入黑车形成堵塞。2.…Rxb8 3. Nc7♯，白方单马在后翼闷杀角落王。

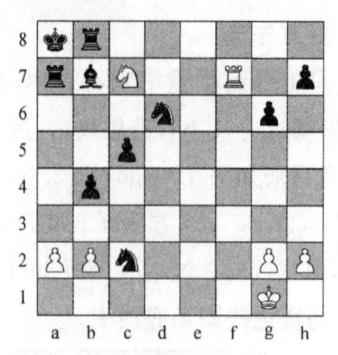

NN vs Greco(1620)

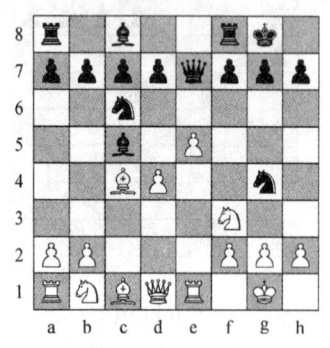

黑方先走

1. …Nxd4，弃马引离白方 f3 马。
2. Nxd4 Qh4　3. Nf3 Qxf2＋　4. Kh1 Qg1＋，弃后引入黑车或马形成堵塞。
5. Nxg1 Nf2♯，黑方单马在次底线闷杀角落王。

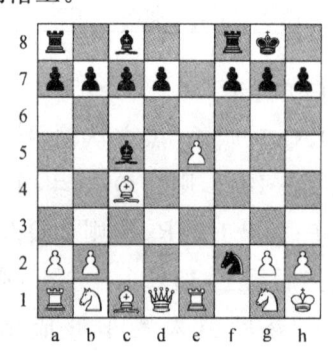

Lyell vs Plat(2011)

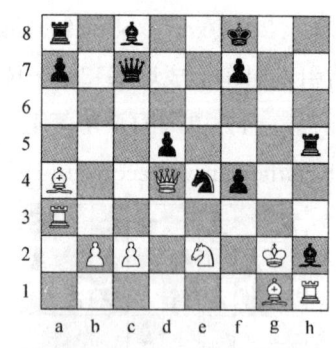

黑方先走

白方正要夺 h2 象，黑方如何走？

1. …Bg4，弃象抢攻。2. Rxh2 f3＋
3. Kh1 Qg3，后送到马口叫杀（4. …Qg2♯）。4. Nf4 Qg2＋，弃后引入白马形成堵塞。5. Nxg2 Ng3♯，黑方单马在 g3 闷杀角落王。

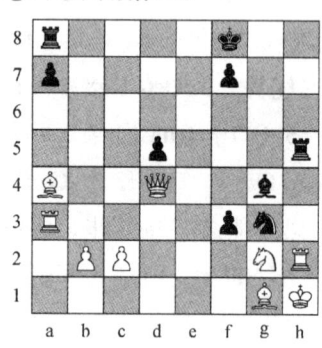

Bird/Dobell vs NN(1886)

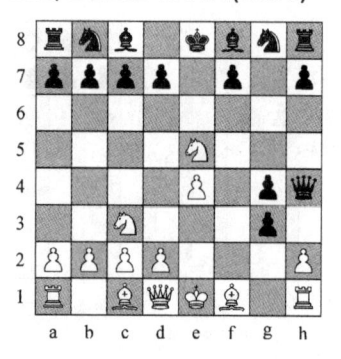

白方先走

黑方正威胁进兵闪将抽车,白方如何走? **1. Qxg4 g2＋ 2. Qxh4 gxh1=Q**,黑方交换占便宜,但后在角落,很难发挥作用。**3. Qh5 Be7**,如果 3.…Nh6 4. d4 d6 5. Bxh6 dxe5 6. Qxe5＋ Be6 7. Qxh8,黑方很难应对。**4. Nxf7 Nf6 5. Nd6＋**,双将。5.…**Kd8 6. Qe8＋**,弃后引入黑车形成堵塞。**6.…Rxe8 7. Nf7♯**,白方单马在次底线闷杀底线王。

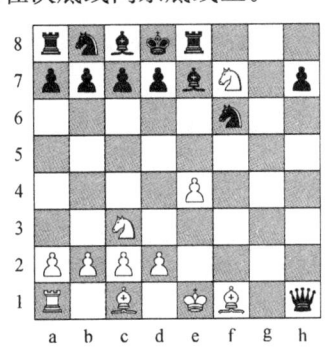

NN vs Greco(1625)

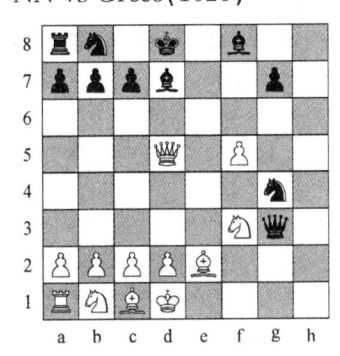

黑方先走

1.…Nf2＋ 2. Ke1 Nd3＋,双将。**3. Kd1 Qe1＋**,弃后引入白马形成堵塞。**4. Nxe1 Nf2♯**,黑方单马在次底

第十三章 菲利多尔闷将杀法

线闷杀底线王。

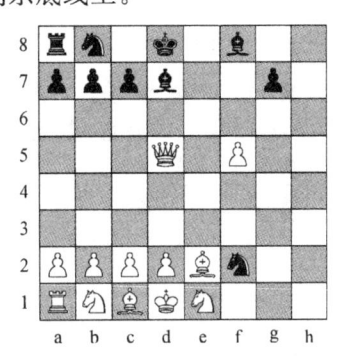

Grossner vs Budrich(1949)

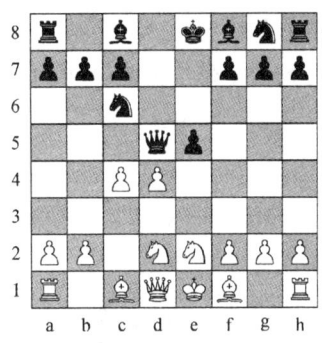

黑方先走

白方正威胁兵吃黑后,但白王被自己子力团团围住,黑方如何走? **1.…Nb4**,弃后叫杀。**2. cxd5**,贪吃不要命。**2.…Nd3♯**,你吃我后,我吃你王,黑方单马在第三横排闷杀底线王。

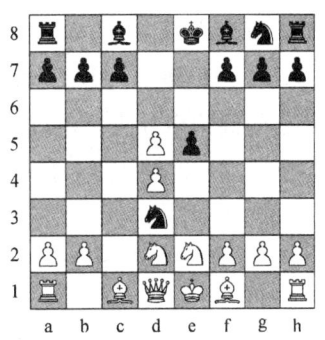

最后看一例马将军并控制王的逃

跑格的单马将杀。

Berger vs Frolich(1888)

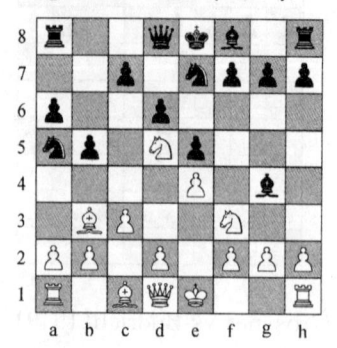

白方先走

1. Nxe5，弃后。**1. ⋯ Bxd1**，如果 1. ⋯ Nxb3　2. Nxg4 Nxa1（2. ⋯ Nxd5　3. axb3，黑方丢一兵）　3. Ndf6+ gxf6　4. Nxf6#，单马将军并控制王的逃跑格将杀。

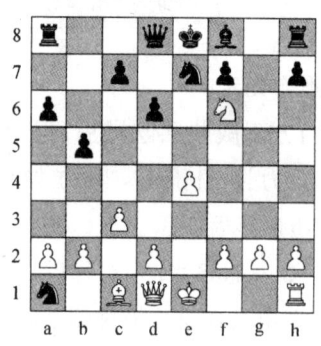

实际对局继续如下：**2. Nf6+**，弃马腾挪。**2. ⋯ gxf6　3. Bxf7#**，白方马控制王的逃跑格并支持象杀王。

下面是后牵制马闷杀的将杀模式。

Horowitz vs Plankart(1958)

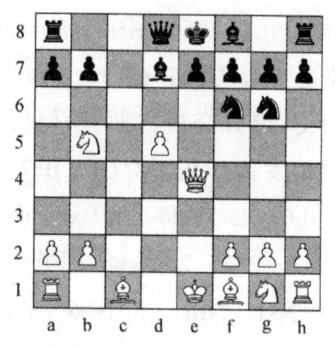

白方先走

1. Nd6#，后牵制马闷杀。

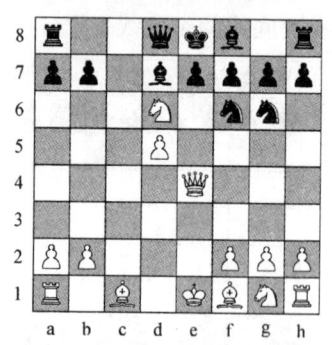

Olszewski vs Kasaja(1989)

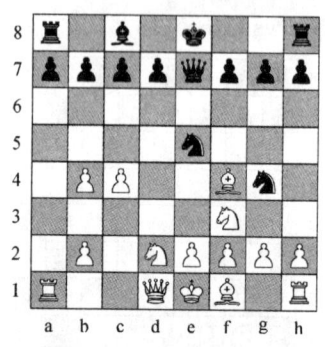

黑方先走

1. ⋯ Nd3#，后牵制马闷杀。

第十三章 菲利多尔闷将杀法

3. Burn vs Owen

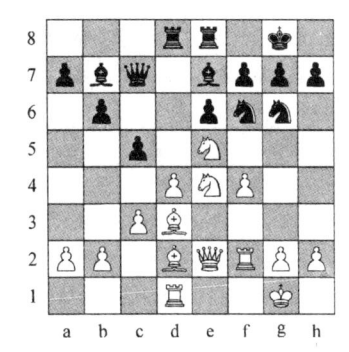

白方先走

习题

1. Kasparov vs Wahls(1992)

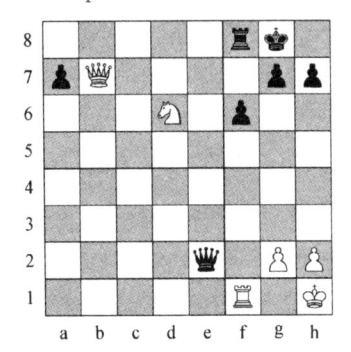

白方先走

4. Alekhine vs Goluvsky(1930)

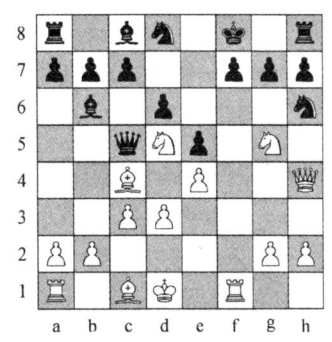

白方先走

2. Benko vs Horowitz(1968)

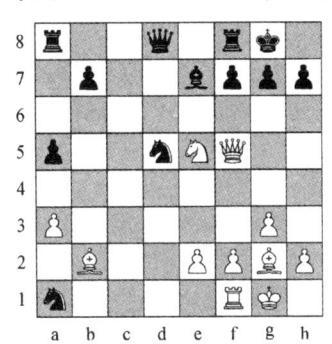

白方先走

5. Bird vs NN(1869)

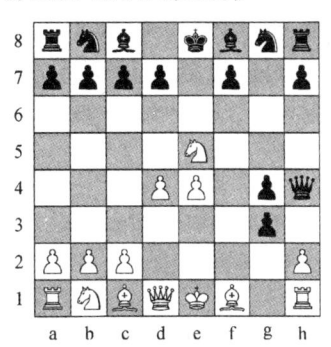

白方先走

89

国际象棋 经典杀法

6. NN vs Canal(1935)

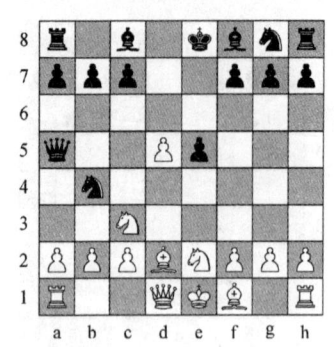

黑方先走

习题答案

1. **1. Qd5＋ Kh8 2. Nf7＋**，黑方认输，接下来如果 2. ⋯Rxf7，则 3. Qd8＋ Qe8 4. Qxe8＋ Rf8 5. Qxf8♯；如果 2. ⋯Kg8，则 3. Nh6＋ Kh8 4. Qg8＋ Rxg8 5. Nf7♯，白方单马在次底线闷杀角落王。

2. **1. Nxf7**，弃马摧毁兵障。**1. ⋯Qc8**，如果 1. ⋯Rxf7，则 2. Bxd5，黑方很难应对。**2. Nh6＋ Kh8 3. Qxd5 Nc2 4. Qg8＋**，黑方认输，因为 4. ⋯Rxg8 5. Nf7♯，白方单马闷杀角

落王。

3. **1. Nxf7**，弃马摧毁兵障。**1. ⋯Kxf7 2. Ng5＋ Kg8 3. Qxe6＋ Kh8 4. Nf7＋**，黑方认输，因为 4. ⋯Kg8 5. Nh6＋ Kh8 6. Qg8＋，弃后引入黑车形成堵塞。6. ⋯Rxg8 7. Nf7♯，白方单马闷杀角落王。

4. **1. Ne6＋**，弃马腾挪。**1. ⋯Nxe6 2. Qe7＋ Kg8 3. Qe8＋ Nf8 4. Ne7♯**，白方马在次底线闷杀底线王。

5. **1. Qxg4 g2＋ 2. Qxh4 gxh1＝Q**，黑方交换占便宜。**3. Nc3**，出动子力，保护 e4 兵，不让黑方角落后发挥作用。**3. ⋯Be7 4. Qh5 Nc6 5. Nxf7 Nf6 6. Nd6＋**，双将。**6. ⋯Kd8 7. Qe8＋**，弃后引入黑车形成堵塞 **7. ⋯Rxe8 8. Nf7♯**，单马在次底线闷杀底线王。

6. **1. ⋯Bf5 2. Rc1 Bxc2**，弃象消除 c2 兵对 d3 格的保护。**3. Rxc2 Nd3♯**，黑方单马在第三横排闷杀原位王。

第十四章　格雷科杀法

吉奥阿奇诺·格雷科（Gioacchino Greco，1600—1634年）出生在意大利一个小乡村。他的家境很贫穷，他却胸怀大志，头脑敏锐，非常喜欢旅游和下国际象棋。当时，意大利南部非常流行下国际象棋，他就以下棋和赌棋为生，所以鲍特维尼克认为他是第一个国际象棋专业棋手。

格雷科是当时最出色的棋手，之前是鲁伊·洛佩兹，之后是菲利多尔。格雷科为浪漫主义时代进攻型传奇人物开辟了道路，这些人物包括安德森、莫菲和菲利多尔等人。

作为"意大利浪漫主义风格"棋手之一，他于1625年出版了一本国际象棋书，1665年去世后，又在伦敦出版，书中他以短对局的形式对意大利开局进行了分析。一共77局，这些对局都没提供对手的姓名，很可能是构拟的，其中有很多非常实用的开局陷阱，直至今日，这些对局仍被认为是早期国际象棋文献的经典，仍是初学者的启蒙读物。

在出版的书中，格雷科还构拟了一些杀王棋局，格雷科杀法（Greco's Mate）就是其中之一。如下图所示，在格雷科杀法中，黑王在h8格，g7格有黑兵堵塞去路，g8格有白象或后控制，白后或车在边线将杀黑王。

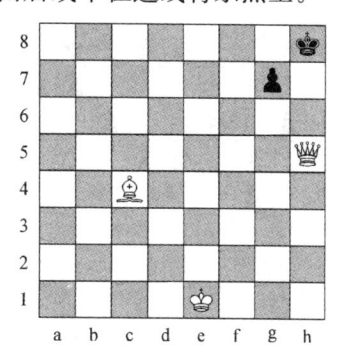

第二种格雷科杀法是象控制王的两个逃跑格，车在边线或底线将杀，如下面两图所示。

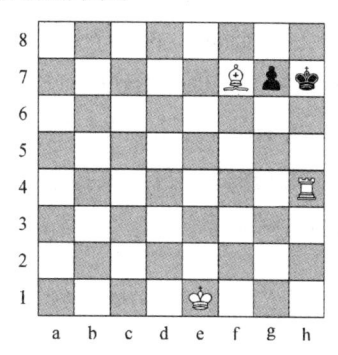

象控制王的两个逃跑格，车在边线将军的格雷科杀法。

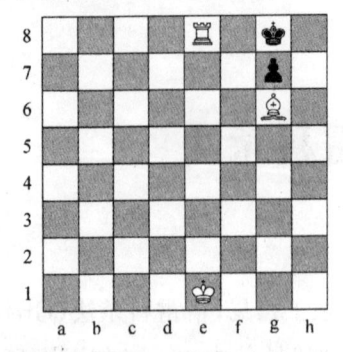

国际象棋 经典杀法

象控制王的两个逃跑格，车在底线将军的格雷科杀法。

下面是格雷科杀法实战例局。

Short vs Sokolov(1995)

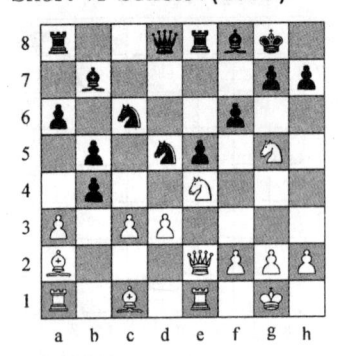

白方先走

1. Qh5，置马被吃于不顾，进后叫杀，拉开了格雷科杀法的序幕。**1. …fxg5 2. Nxg5 h6 3. Qf7＋ Kh8 4. Bxd5 Bc5 5. Qg6 Bxf2＋ 6. Kh1 Qxg5 7. Bxg5**，黑方认输，因为 **7. …hxg5 8. Qh5♯**，白方象控制与后将军的格雷科杀法。

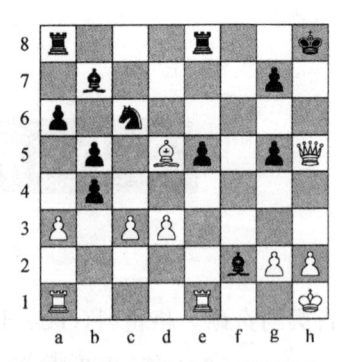

Reichert vs Diemer(1950)

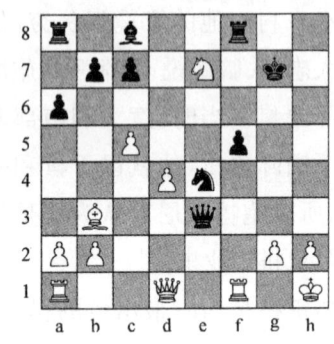

黑方先走

1. …Ng3＋，泰曼诺夫弃马。**2. hxg3 Rh8＋**，白方认输，因为 3. Qh5 Rxh5♯，后控制与车将军的格雷科杀法。

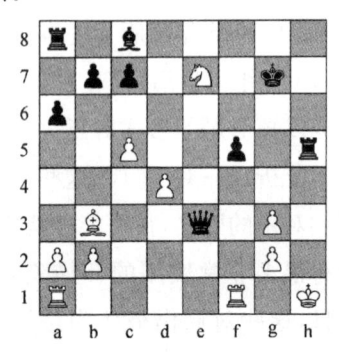

92

NN vs Kahn(1941)

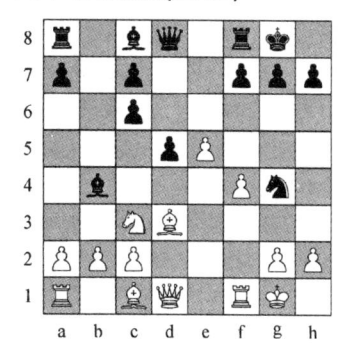

黑方先走

1. ··· **Qh4**,威胁马支持后杀王。
2. **h3 Bc5＋** 3. **Kh1 Qg3**,继续威胁马支持后杀王。4. **hxg4 Qh4♯**,黑方象控制与后将军的格雷科杀法。

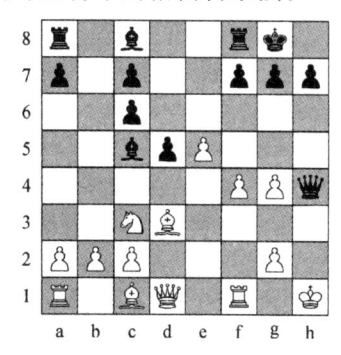

Kiriakov vs Srihari(2019)

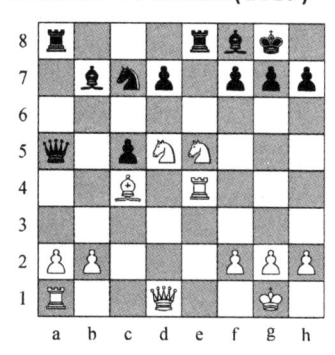

白方先走

1. **Qh5 Bxd5** 2. **Qxf7＋**,弃后摧

第十四章 格雷科杀法 I

毁兵障,穿透战术。2. ··· **Bxf7** 3. **Bxf7＋ Kh8** 4. **Ng6＋**,弃马引离 h 兵。4. ··· **hxg6** 5. **Rh4♯**,白方象控制与车将军的格雷科杀法。

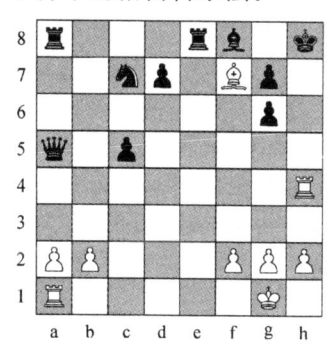

Anderssen vs Finch(1851)

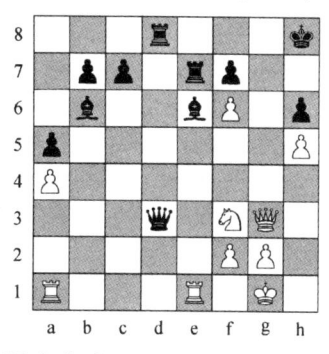

黑方先走

1. ···**Rg8**,既捉后又解杀。2. **fxe7 Rxg3** 3. **e8＝Q＋ Kh7** 4. **Nh4 Qd4**,击双马和 f2 兵。5. **Qe7 Qxf2＋** 6. **Kh1 Qxg2＋**,弃后引入白马形成堵塞。7. **Nxg2 Rh3♯**,黑方象控制与车将军的格雷科杀法。

国际象棋 经典杀法

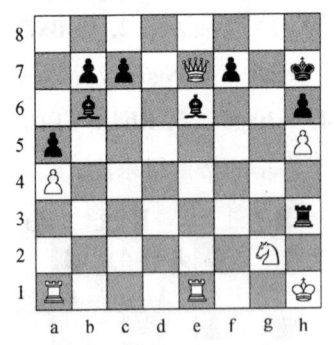

下面是象控制王的两个逃跑格与车进底线将军的格雷科杀法。

Bruntse vs Huert(1973)

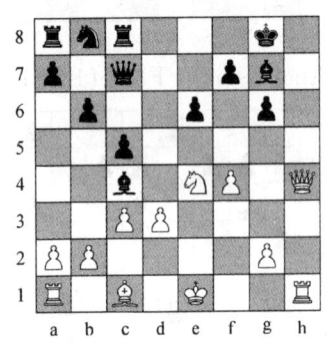

白方先走

白方的黑格象还在家里睡大觉，但醒来就凶猛无比。**1. f5**，不吃象反而弃兵，开通象的线路，**1. …exf5   2. Qh7＋ Kf8   3. Qxg7＋!**，弃后引入黑王，黑方认输，接下来是 3. …Kxg7   4. Bh6＋ Kh8   5. Bg5＋ Kg8   6. Bf6 Kf8   7. Rh8♯，象控制王的两个逃跑格与车进底线将军的格雷科杀法。

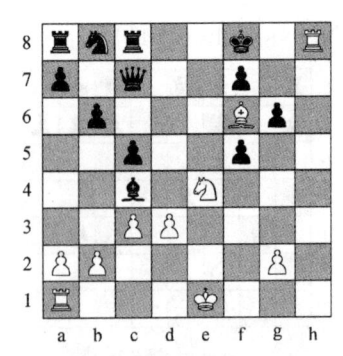

Emms vs Blees(1996)

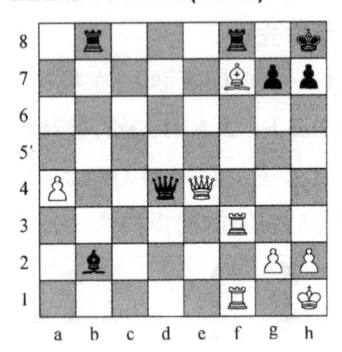

白方先走

1. Qxh7＋，弃后摧毁兵障。黑方认输，因为 1. …Kxh7   2. Rh3＋ Qh4   3. Rxh4♯，象控制王的两个逃跑格与车在边线将军的格雷科杀法。

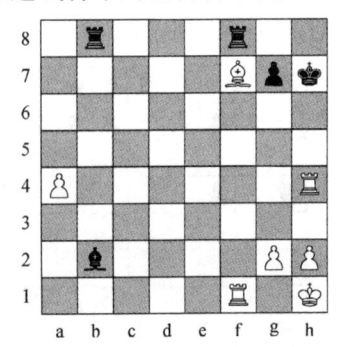

94

Greco vs NN(1620)

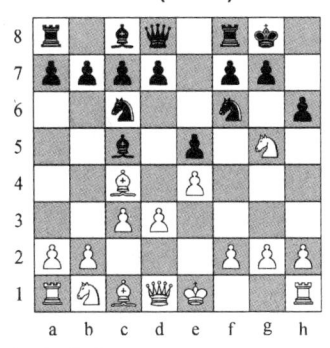

白方先走

1. h4,弃马打开 h 线。1. …hxg5
2. hxg5 Nh7 3. Qh5,威胁车支持后杀王。3. …Re8 4. Qxf7＋ Kh8 5. Rxh7＋,白方打开边线的手段毫不手软,黑方不仅被迫吃车,而且得用王吃。5. … Kxh7 6. Qh5♯,象控制与后将军并控制的格雷科杀法。

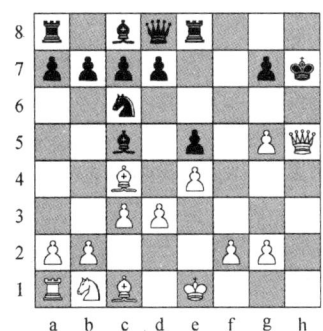

Charousek vs Porges(1896)

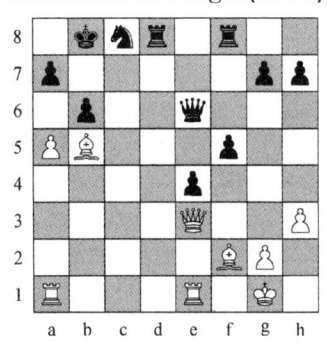

白方先走

1. axb6,敞开 a 线。1. …Nxb6
2. Bg3＋ Ka8 3. Bc7 Rb8 4. Qc5 Rfc8 5. Qc6＋ Qxc6 6. Bxc6＋ Rb7
7. Rxa7＋,弃车摧毁兵障。7. …Kxa7
8. Ra1＋ Na4 9. Rxa4♯,白方后翼格雷科杀法。

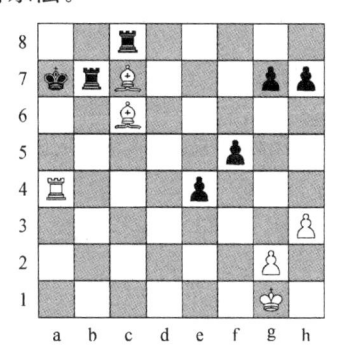

Santasiere vs Edward Lasker(1931)

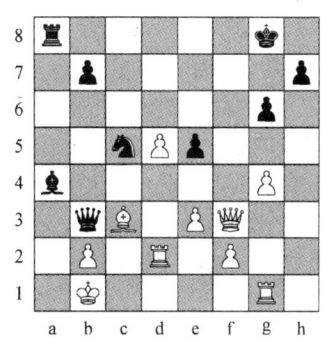

黑方先走

1. …Qa2＋,弃后引入白王。2. Kxa2 Bc2＋ 3. Ba5 Rxa5♯,黑方后翼格雷科杀法。

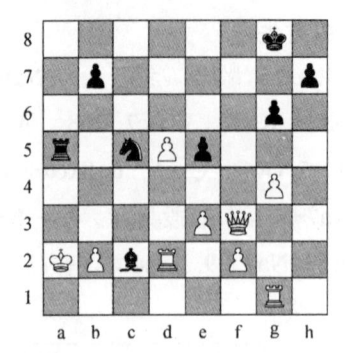

国际象棋 经典杀法

3. Robson vs Finegold(2011)

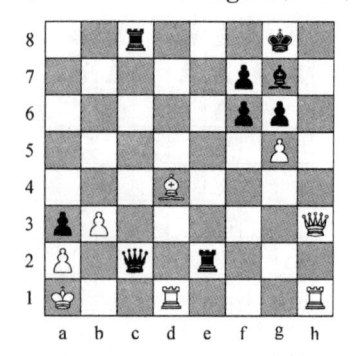

白方先走

习题

1. Nimzowitsch vs Capablanca(1911)

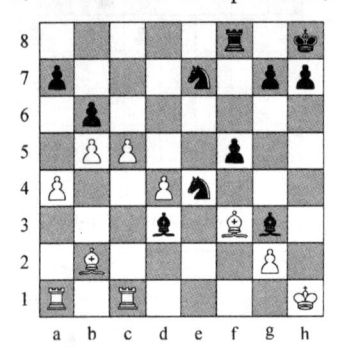

黑方先走

4. Janowski vs Steinitz(1898)

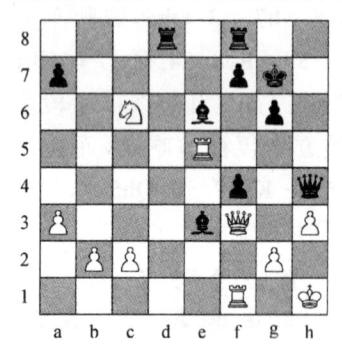

黑方先走

2. Real vs Alvarez(2014)

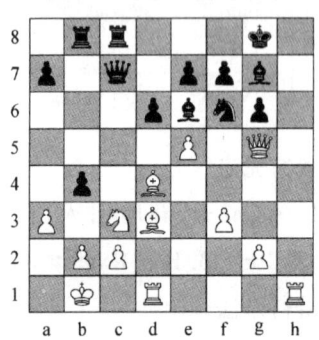

白方先走

5. Leko vs Morozevich(2006)

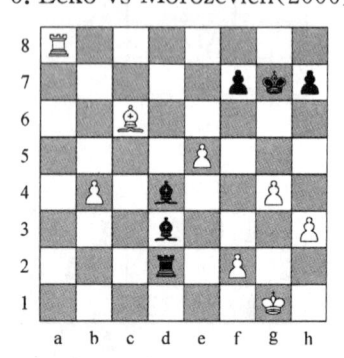

黑方先走

6. Sindarov vs Mithil(2019)

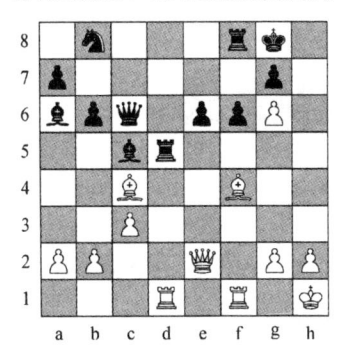

白方先走

习题答案

1. **1. …Rf6**, 提高车杀法。**2. Bxe4 Bf2**, 白方认输, 因为无法解黑方 3. …Rh6♯ 的格雷科杀法。

2. **1. exf6 exf6 2. Qxf6**, 弃后叫杀, 黑方认输, 因为 2. … Bxf6 3. Bxf6 Kf8 4. Rh8♯, 象控制王的两个逃跑格, 车进底线将杀。

3. 黑方正在叫杀, 白方如何利用先行之利抢先将杀？**1. Qh7＋ Kf8 2. Qxg7＋**, 弃后引入黑王。黑方认输, 因为 2. …Kxg7 3. Bxf6＋ Kf8 4. Rh8♯, 象控制王两个逃跑格, 车进底线将杀。

4. **1. …Bg4**, 置车被马吃于不顾, 再弃象攻后。**2. Qxg4 Qxg4**, 引离 h 兵。**3. hxg4 Rh8＋ 4. Rh5 gxh5**, 威胁格雷科将杀, 白方认输。

5. **1. …Rxf2**, 威胁闪将抽子。**2. Rd8 Bb6 3. Rb8 Be3 4. b5 Bf1**, 控制王的逃路。**5. h4 Rf3＋**, 黑方认输, 因为 6. Kh2 Rh3♯, 车双象配合格雷科杀法。

6. **1. Rxd5 Qxd5**, 如果 1. …exd5, 则 2. Qh5 Rd8 3. Re1, 黑方无法解杀。**2. Qxe6＋**, 穿透战术。**2. …Qxe6 3. Bxe6＋ Kh8 4. Rf3**, 提高车去杀王, 黑方认输, 因为无法解白方车到 h3 的格雷科杀法。

第十五章　霍维茨杀法

伯恩哈特·霍维茨（Bernhard Horwitz）1807年出生在德国，1845年定居英国。1851年伦敦国际象棋大赛上，霍维茨击败伯德（Henry Edward Bird），却被斯汤顿（Howard Staunton）淘汰。

霍维茨的真正爱好是排局研究，他与克林（Josef Kling）合作发表经典著作《国际象棋研究》，在1862年第一次排局构拟大赛上力拔头筹。

霍维茨杀法（Horwitz's Mate）也叫作双象并列杀法（The Parallel Bishops Mate），如下图所示。

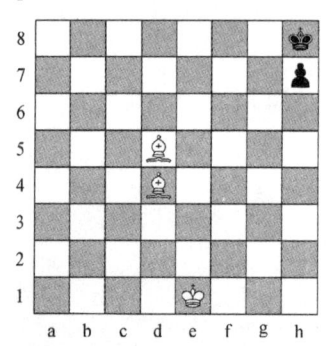

请看下面的例子。

Karosz vs Jaffe(1936)

Benoni Defense：Snail Variation (A43)　1—0

1. d4　c5　2. d5 Na6　3. Nf3 d6
4. e4 Bg4

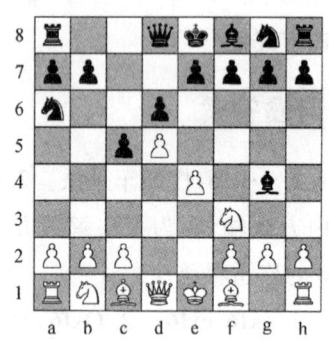

5. Ne5，既弃后又弃马叫杀。

5. …Qa5＋　6. Bd2 dxe5　7. Bxa5 Bxd1　8. Bb5♯，白方双象并列杀原位王。

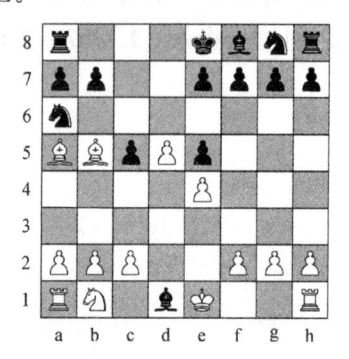

第十五章 霍维茨杀法

Henkin vs Maltsev(1953)

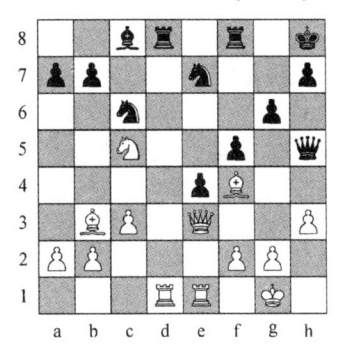

白方先走

白方已经有 b3 象控制王的逃路，只要后或者象进入大斜线将军，就可以形成双象并列杀。可是 d4 格有车和马保护，e5 格有马保护，怎么办？**1. Nd7**，拦截黑车对 d4 格的保护，**1.…Rxd7 2. Rxd7**，消除保护。**2.…Bxd7**，现在黑 c6 马既要保护 d4 格又要保护 e5 格，白方可以利用其负担过重的弱点。**3. Qd4+**，弃后引离。**3.…Nxd4 4. Be5+**，黑方认输，因为 4.…Rf6 5. Bxf6♯，白方双象并列杀王翼王。

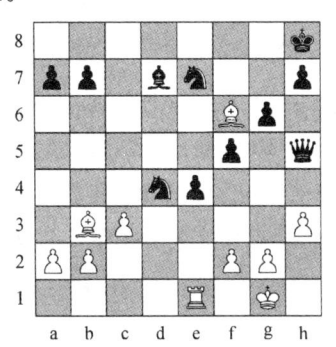

Kahn vs Hartlaub(1916)

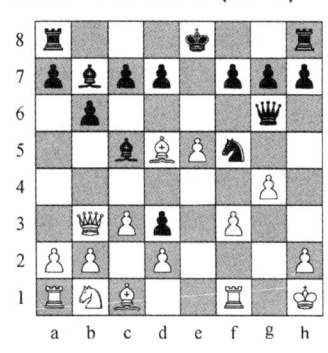

黑方先走

1.…Qh6，牵制 h 兵，威胁马进 g3 将杀。**2. gxf5 Qh3**，威胁吃底车将杀。**3. Rd1 Qxf3+**，弃后将军，穿透战术。**4. Bxf3 Bxf3♯**，黑方双象并列杀王翼王。

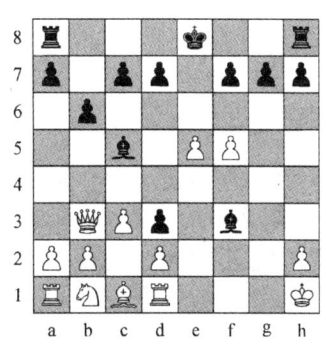

Sechaba vs Hafizon(2018)

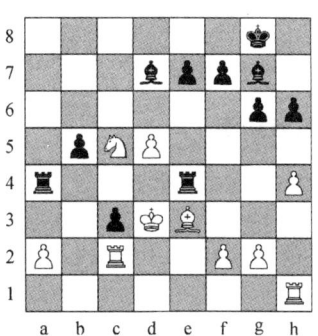

黑方先走

1. … **Bf5**，威胁闪将。2. **Rcc1 Rxe3**+，弃半子消除保护。3. **Kxe3 Bd4**+，双击抽马。4. **Kf3 Bxc5** 5. **Rxc3 Be4**+ 6. **Kg3 Bd6**+，双象交替将军把王赶到边线。7. **Kh3 Bf5**+，黑方双象并列杀边线王。

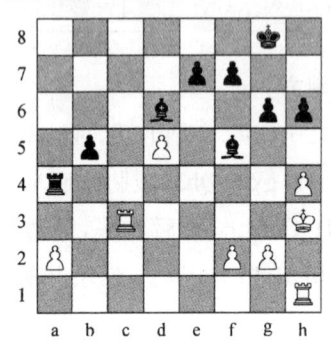

习题

1. Kostopoulos vs Kerimov（2001）

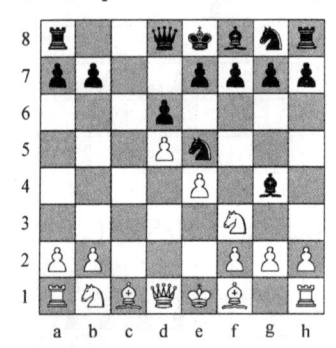

白方先走

2. Ranneforth vs Dobell（1903）

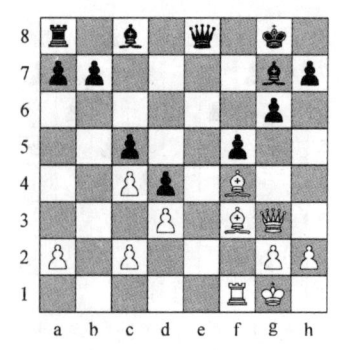

白方先走

3. NN vs Siegbert Tarrasch（1915）

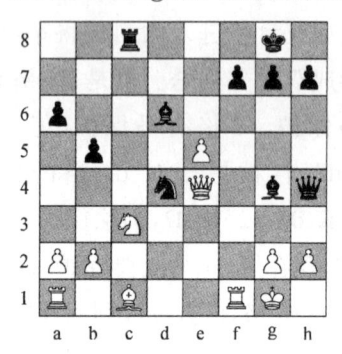

黑方先走

习题答案

1. 1. **Nxe5**，弃后叫杀。1. … **Qa5**+ 2. **Bd2 Bxd1** 3. **Bxa5 dxe5** 4. **Bb5**♯，白方双象并列杀原位王。

2. 1. **Re1**，抢占开放线。1. … **Qd7** 2. **Bd5**+ **Kh8** 3. **Bd6**，准备支持车进 e7 捉后和捉象。3. … **Bf6** 4. **Re7**，引离象离开大斜线。4. … **Qd8** 5. **Qe5**，弃后引入黑象。5. … **Bxe5** 6. **Bxe5**♯，白方王翼双象并列杀法。

3. 1. … **Rxc3**！，弃半子消除马对

e2 点的保护,威胁得后。**2. Rf4**,如果 2. bxc3 Ne2+,白方后吃马,黑方象吃后,白方不吃马,则 3. Kh1 Ng3+,将王抽后;如果 2. Qxd4 Bc5,牵制捉死后。**2. ···Ne2+ 3. Qxe2**,如果 3. Kf1 Ng3+ 4. hxg3 Qh1+ 5. Kf2 Bc5+ 6. Be3 Bxe3+ 7. Qxe3 Rc2+ 8. Qd2 9. Rxd2,后车象配合去杀王。**3. ···Bc5+ 4. Kh1**,如果 4. Be3 Rxe3 5. Qf2 Rxe5 6. Rd4 Bxd4 7. Qxd4 Re1+ 8. Rxe1 Qxe1♯,后王对面杀。**4. ···Rh3**,弃车叫杀引离 g 兵。**5. gxh3 Bxe2**,弃后闪击。**6. Rxh4 Bf3**♯,黑方双象并列杀王翼王。

第十六章　科尔奇诺依牵制杀法

维克托·科尔奇诺依（Viktor Korchnoi）1932年出生于苏联的列宁格勒。7岁时，他父亲教会他下国际象棋。他四次获得苏联全国冠军，八次进入世界冠军挑战者候选人赛。1974年他与卡尔波夫决赛争夺世界冠军挑战者，他输了，卡尔波夫获得了对世界冠军菲舍尔的挑战权。菲舍尔因国际棋联未满足他提出的条件而拒绝参加决赛，卡尔波夫不战而成为世界冠军。1978年和1981年科尔奇诺依两次获得对世界冠军卡尔波夫的挑战权，两次不敌卡尔波夫。后来在世界冠军挑战者候选人赛中不敌卡斯帕罗夫而无缘世界冠军。他于1976年离开苏联去瑞士定居，多次代表瑞士参加国际象棋奥林匹克团体赛。2006年，科尔奇诺依以11局获9分的成绩获得国际象棋老年组世界冠军。2007年，75岁高龄时，他的国际象棋国际棋联等级分排在世界前100名之内，这是国际象棋历史上最高年龄获得如此之高的位置。

科尔奇诺依牵制杀法（Korchnoi's Manoeuvre）来源于1978年他与塔泰的对局，仅用了14回合就把对手打败，从此，这一杀法也就以他的名字命名了。下面就来欣赏这一对局。

Tatai vs Korchnoi(1978)

1. e4 e6　2. d4 d5　3. exd5 exd5
4. Bd3　c5　5. Nf3 Nc6　6. Qe2＋
Be7　7. dxc5 Nf6　8. h3 O—O　9.
O—O Bxc5　10. c3 Re8　11. Qc2 Qd6
12. Nbd2 Qg3（见下图）

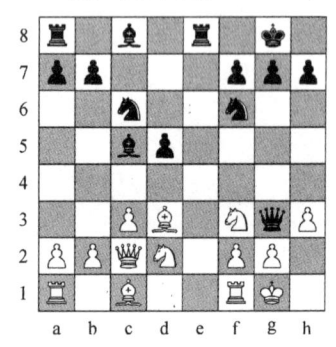

白方的f2兵被黑方c5象牵制而动弹不得，这就是科尔奇诺依牵制，黑方下一步威胁着走13. … Bxh3。

13. Bf5 Re2　14. Nd4 Nxd4
白方认输。

Anand vs Nakamura(2018)

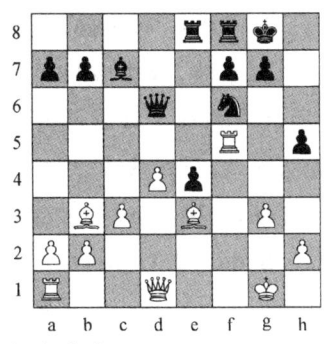

白方先走

1. Bf4，驱离后。1. … Qd7 2. Rxf6，弃半子消除保护并引离 g 兵。2. … gxf6 3. Bxc7 Qxc7 4. Qxh5 e3 5. Qg6+，利用科尔奇诺依牵制杀法将军，先手吃掉 f6 兵。5. … Kh8 6. Qxf6+ Kg8 7. Qg6+，再利用科尔奇诺依牵制杀法将军，抢先占位。7. … Kh8 8. Qh6+ Kg8 9. Bc2，威胁象支持后杀王。9. … f5 10. Bb3+ Rf7 11. Re1 Qe7 12. Qg6+ Kf8 13. Qxf7+ Qxf7 14. Bxf7 Kxf7 15. Kg2，黑方认输，因为 e 兵将被吃掉，白方多三个兵。

习题

1. Arkhipkin vs Prodanov(1977)

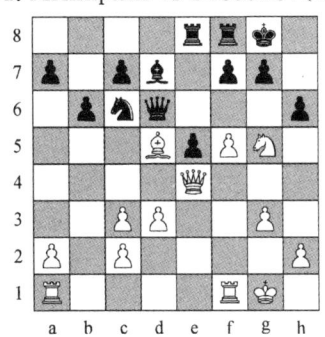

2. Bareev vs Kasparov(1991)

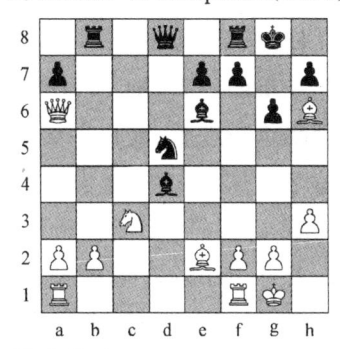

白方先走

3. Brychta vs Botur(1951)

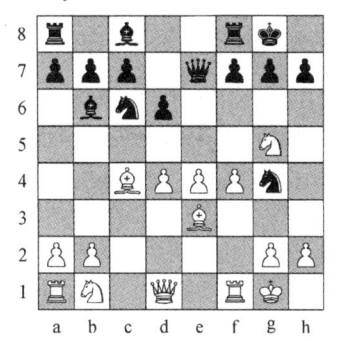

黑方先走

4. Nakamura vs Muzychuk(2016)

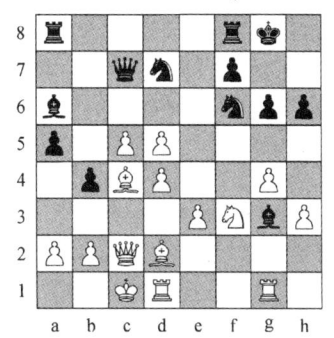

白方先走

习题答案

1. **1. f6**,置马被兵吃不顾,打入兵楔。**1. …hxg5　2. Qg6**,利用科尔奇诺依牵制杀法进后,威胁兵支持后吃 g7 兵杀王,黑方认输,因为要想解杀就得丢后。

2. **1. …Rxb2**,置车被象吃于不顾,抢攻。**2. Nxd5 Qxd5　3. Bxf8 Kxf8　4. a4 Rb3**,闪击。**5. Rad1 Rg3**,利用科尔奇诺依牵制杀法威胁车支持后吃 g2 兵杀王,白方认输,因为 6. Bf3 Qxf3,白方无法解杀。

3. **1. f5**,置象被马吃于不顾,向前冲兵。**1. …Nxe3　2. Qh5**,威胁马支持后吃 h7 兵杀王。**2. …h6　3. f6**,打入兵楔。**3. …Bg4　4. Qg6**,利用科尔奇诺依牵制杀法,双重威胁兵支持后吃 g7 兵杀王和马支持后进 h7 杀王,黑方无法解杀,只得认输。

4. **1. d6**,腾挪,形成科尔奇诺依牵制。**1. …Bxd6　2. Qxg6＋**,利用科尔奇诺依牵制吃兵将军。**2. …Kh8　3. Qxh6＋ Nh7　4. Ng5 Nf6　5. Rdf1**,威胁车吃 f6 马,消除保护,黑方认输,接下来如果 5. …Bxc4,则 6. Rxf6 Bd3 7. e4 Bxe4　8. Nxe4 Rg8(8. …Be7 9. Ng5 Bxf6　10. Qxh7♯)　9. Nxd6,白方多子多兵,攻势猛烈。

第十七章　拉斯克弃双象杀法

埃曼纽尔·拉斯克（Emanuel Lasker）于1894年战胜第一位世界冠军斯坦尼茨成为第二位世界冠军之后，保持世界棋王的冠冕长达27年之久。

拉斯克出生于普鲁士的小柏林城（现在波兰的巴尔利内克），12岁时，到柏林上学，跟他哥哥学会了下国际象棋。他哥哥被认为是19世纪90年代初世界国际象棋十大高手之一。

1894年，拉斯克与斯坦尼茨在纽约、费城和蒙特利尔进行先胜十局获胜的对抗赛。拉斯克以胜10、负5、和4的成绩胜出，成为世界冠军。在1896-1897年的回敬赛中，以胜10、负2、和5的佳绩更令人信服地卫冕。当时，部分棋手和新闻记者对此不以为然，认为拉斯克之所以能获胜是因为斯坦尼茨岁数太大了（1894年58岁）。

拉斯克以一个又一个的胜利让世界承认自己霸主的地位。1907年与马歇尔争夺世界冠军，尽管马歇尔积极进攻，却未能获胜一局，以负8、和7的11∶3的悬殊比分败北。1908年，拉斯克与高傲的塔拉什争夺世界冠军。塔拉什认为拉斯克只不过是咖啡馆里的小棋手，获胜纯属靠耍一些不靠谱的小伎俩。拉斯克也反唇相讥说塔拉什的光亮在沙龙中还有点儿，到了棋盘边就不见了。在开幕式上，塔拉什拒绝与拉斯克交谈，只对拉斯克说了句："拉斯克先生，我只有三个字对你说：将！死了！"拉斯克在棋盘上做出了漂亮的回答。以胜8、和5、负3的成绩使塔拉什威严扫地。塔拉什只好找借口说，他未获胜是因为天气潮湿。1916年，他们在柏林再度进行六局对抗赛，塔拉什只获得一盘和棋。

1921年，拉斯克在与卡帕布兰卡世界冠军对抗赛中失利而退位。然而，在著名的纽约国际比赛中，永远是斗士的拉斯克又夺得冠军，比世界冠军卡帕布兰卡多得半分，领先第三名阿廖欣4分，而此时拉斯克已经56岁了。1935年，在莫斯科锦标赛中获得第三名，排在卡帕布兰卡之前，而此时拉斯克已经67岁了，被认为是"一个生物学的奇迹"。

拉斯克不仅是国际象棋的世界冠军，在其他方面也表现突出。他在大学学习过数学和哲学。1902年，在厄兰根大学获得数学博士学位。他1905年发表的文章提出的数学定理现在被认为是对现代代数和代数几何具有奠基的重要性。他还发表了其他一些有关数学和哲学的文章和著作，爱因斯坦对此给予了极高的评价。1906年，他发表了一本题为《斗争》的小册子，试图创立包括国际象棋、商务活动和战争在内所有竞技活动的普遍理论。他还写了一部剧本，1925年在柏林上演。

有人认为，拉斯克下棋使用"心理战"，不仅考虑盘面的客观因素，还考虑对手的主观素质。认为他有时故意走劣着，使对手心理不安而取胜。拉斯克本人否认这一点，现代大多数人也同意拉斯克的观点，认为拉斯克当时走出的令同代人迷惑不解的着法在现代比赛中经常运用。只不过是当时的棋手受斯坦尼茨理论的束缚，对拉斯克在战略优势和战术优势之间的灵活转变感到离奇。

他创办了国际象棋杂志，出版了五本国际象棋书。拉斯克对其他游戏也作出了贡献。他是一流的桥牌手，曾代表德国国家队参加世界比赛，出版了介绍如何打桥牌的书，还出版了有关其他游戏的书，其中包括围棋和他自己发明的叫作"拉斯卡"的游戏。

1941年1月11日拉斯克逝世于纽约。

1889年，在阿姆斯特丹拉斯克与鲍尔的对局被认为是弃双象杀法（The Double Bishop Sacrifice）的经典对局，尽管在这之前德维尔和欧文也下过类似对局，但不是在重要的比赛场合，拉斯克也可能没见过。

下面，我们就来欣赏一下这个对局。

Lasker vs Bauer(1889)

1. f4 d5 2. e3 Nf6 3. b3 e6
4. Bb2 Be7 5. Bd3 b6 6. Nc3 Bb7
7. Nf3 Nbd7 8. O-O O-O 9. Ne2 c5 10. Ng3 Qc7 11. Ne5 Nxe5 12. Bxe5 Qc6 13. Qe2 a6 14. Nh5 Nxh5

形成如下图所示的局面，现在轮到执白棋的拉斯克走棋。如果走15.Qxh5，吃掉黑马，可以威胁16.Qxh7#将杀，但是黑方可以走15.…f5予以化解，对此，白方似乎没有什么后续的好办法。此时，拉斯克表演了精彩的弃双象战术组合，强行突破，取得子力优势并且赢得了这盘棋！

第十七章 拉斯克弃双象杀法

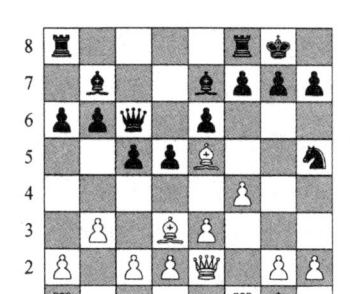

15. Bxh7+

送上希腊礼物。此着抓住了黑方王翼子力单薄的弱点,果断弃象,发动了精彩的弃双象的连珠妙招!

**15. … Kxh7　16. Qh5+ Kg8
17. Bxg7 Kxg7**

如下图所示,弃了一象,用后将军,接着再弃象,黑王前沿的护卫被彻底摧毁。

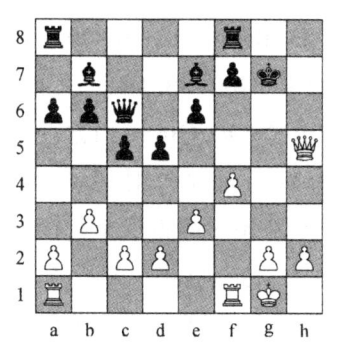

此时黑方不想吃象,也没有什么好办法。如走 17. … f5,则 18. Be5 Rf6　19. Rf3,接着准备以 20. Rg3+ 杀王;如走 17. … f6,则 18. Bh6,接下来再 19. Qg6+ 杀王。

18. Qg4+ Kh7　19. Rf3 e5　20. Rh3+ Qh6　21. Rxh6+ Kxh6　22. Qd7 Bf6　23. Qxb7

如下图所示,拉斯克通过弃双象获得了子力优势,现在他还要把这个优势转化为胜势和最终的胜利。

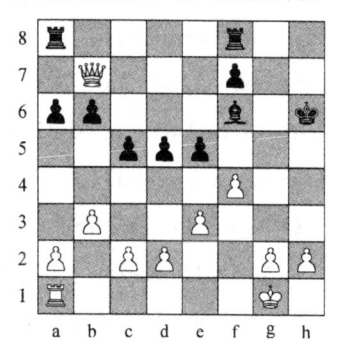

23. … Kg7　24. Rf1 Rab8　25. Qd7 Rfd8　26. Qg4+ Kf8　27. fxe5 Bg7　28. e6 Rb7　29. Qg6 f6　30. Rxf6+ Bxf6　31. Qxf6+ Ke8　32. Qh8+ Ke7　33. Qg7+ Kxe6　34. Qxb7 Rd6　35. Qxa6 d4　36. exd4 cxd4　37. h4 d3　38. Qxd3,黑方认输。

有人对这种杀法命名为"拉斯克弃双象杀法"不满,因为在这之前 1867 年和 1884 年在英国的比赛中已出现过,由国际象棋大师德维尔和欧文在对局中运用过,为什么不命名为"德维尔弃双象杀法"或"欧文弃双象杀法"? 有人反驳说,德维尔和欧文的弃双象很少有人知道,不是在重要的比赛中出现并且欧文弃双象还输了那盘棋,拉斯克与鲍尔的对局是在国际联赛中弈出的,第一个在重要比赛中

国际象棋 经典杀法

弈出奇思妙想着法的棋手应该以他的名字命名,这在国际象棋中的例子中不是罕见的。下面是欧文的弃双象对局。

Burn vs Owen(1884)

1. Nf3 e6 2. d4 b6 3. e3 Bb7
4. b3 Nf6 5. Bb2 d5 6. Nbd2 Bd6
7. Bd3 O—O 8. c4 Nbd7 9. Rc1 Qe7
10. O—O Ne4 11. Qc2 f5 12. Ne5 Nxd2 13. Qxd2 Rad8 14. Nxd5 Rxd7 15. Qc2 dxc4 16. bxc4(见下图)

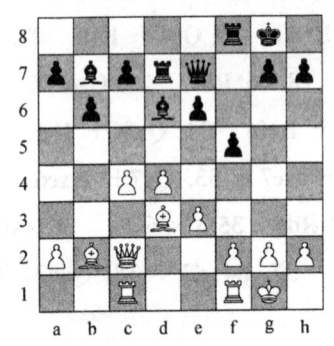

黑方开始了弃双象。

16. … Bxh2＋ 17. Kxh2 Qh4＋
18. Kg1 Bxg2(见下图)

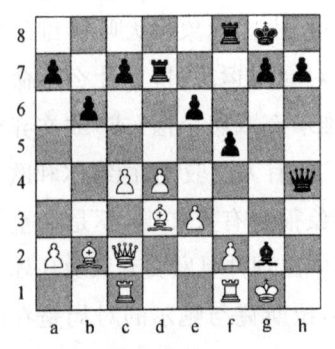

后来分析认为黑方走 18. … Bf3 可以获胜。101 年后,迈尔斯在与迪兹达雷维奇的对局中走出了这一正确的着法,参见后面的对局。黑方走 18. … Bf3,白方若吃黑象,黑方将很快取胜,19. … Qg5＋将军,然后走 20. … Rf6;若不吃象,走 19. Rd1,黑方仍走 19. … Rf6;如走 19. Be2,则 19. … Bxg2,这时,白方再走 20. f3,则黑方可走 20. … Qg3 21. Rf2 Bh3＋ 22. Kh1 Qxf2,黑方胜势。

19. f3 Bxf1 20. Bxf1 Rf6 21. Bg2 Rh6 22. d5 exd5 23. Qxf5 Qe7 24. Bd4 c5 25. Be5 dxc4 26. Rxc4 Qd8 27. Rg4 Rf7 28. Qc2 Rh5 29. f4 Kf8 30. Bf1 Rd7 31. Qc3 g6 32. Bf6 Qc8 33. Bg5 Rg7 34. Rg2 Qd7 35. Bc4 b5 36. Qf6＋ Ke8 37. Qe5＋ Kf8 38. Qb8＋ Qe8 39. Qd6＋ Re7 40. Qf6＋,白方胜。

拉斯克弃双象对局 25 年后的 1914 年,在圣·彼得堡举行国际象棋超级联赛,拉斯克获得第一名,塔拉什获得第四名。塔拉什得以安慰的是他的弃双象对局获得精彩对局奖,但是是二等奖,因为好像缺少点什么,塔拉什对此不满。在结束晚宴上,他希望得到拉斯克的支持投诉裁判的决定。他对拉斯克说:"博士,我胜尼姆佐维奇那盘棋难道不是一个真正的艺术创作吗?"拉斯克回答说:"啊,是的,毫无

第十七章 拉斯克弃双象杀法 |

疑问,类似的棋局只能是 25 年出现一回。"下面,我们来看一看塔拉什的弃双象。

Nimzowitsch vs Tarrasch(1914)

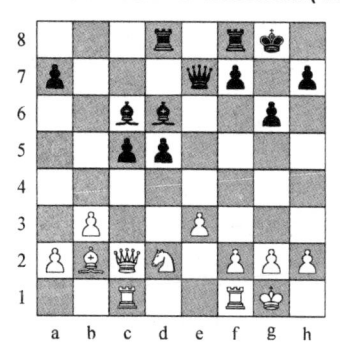

黑方先走

如上图所示,白马离开防守岗位,希望接走 **1. Qc3** 威胁将杀。**1.···d4！**,先拦截白方的威胁。**2. exd4**,走 2. Rfe1! 好一些。接下来黑方开始弃双象。**2.···Bxh2＋**,送上希腊礼物。**3. Kxh2 Qh4＋ 4. Kg1 Bxg2**,弃第二个象。**5. f3**,白方没敢接受黑方弃的第二个象,如果接受走 5. Kxg2,则 5.··· Qg4＋ 6. Kh2 Rd5,提高车杀法,成标准的弃双象杀局面。**5.···Rfe8 6. Ne4 Qh1＋ 7. Kf2 Bxf1 8. d5**,如走 8. Rxf1,则 8.··· Qh2＋,如走 8. Nf6＋,则 8.··· Kf8 9. Nxe8 Qg2＋,将形成猎王杀。**8.··· f5 9. Qc3 Qg2＋ 10. Ke3 Rxe4＋ 11. fxe4 f4＋**,走 11.··· Qg3＋! 更有力。**12. Kxf4 Rf8＋ 13. Ke5 Qh2＋ 14. Ke6 Re8＋ 15. Kd7 Bb5 ♯**,后车象猎王杀。

Junge vs Kottnauer(1942)

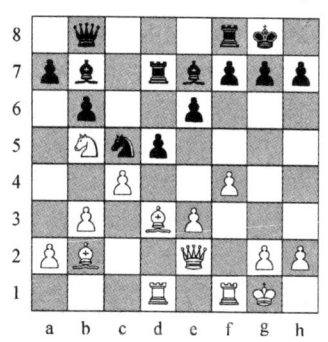

白方先走

1. Bxh7＋,先弃一象,摧毁兵障。**1.···Kxh7 2. Qh5＋ Kg8 3. Bxg7**,再弃一象,摧毁兵障。**3.··· f5**,如果 3.···Kxg7,则 4. Qg4＋ Kh7 5. Rf3(提高车杀法)5.··· Qd8 6. Rh3＋ Bh4 7. Rxh4＋ Qxh4 8. Qxh4＋,白方取得物质优势,并有攻势。**4. Be5**,腾挪,攻击黑后,并威胁 5. Qg6 ♯,后象配合杀。**4.···Bf6 5. Bxb8**,白方得后,胜局已定。

Koltanowski vs Defosse(1936)

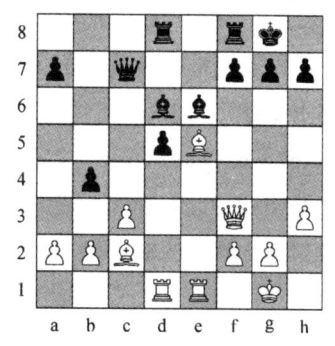

白方先走

1. Bxh7＋,送上希腊礼物。**1.···**

Kxh7　2. Qh5+ Kg8　3. Bxg7,弃第二个象。3. …Kxg7,如果走 3. … f6,则 4. Qh8+ Kf7　5. Bxf8 Rxf8　6. Qh7+ Ke8　7. Rxe6+,白方胜势。

4. Qg5+ Kh7　5. Rd4,提高车杀法。

5. …Bh2+,如果走 5. … Bf4,则 6. Rxf4 Qxf4　7. Qxf4,再走 8. Re5,提高车杀法,黑方难以解杀。6. Kh1 Qf4　7. Rxf4 Bxf4　8. Qxf4 Rg8　9. Re5,提高车杀法,黑方认输。

Taimanov vs Shashin(1978)

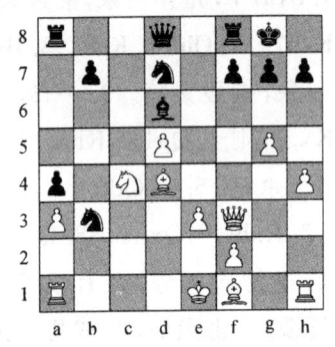

白方先走

1. Bd3,白方置车被马吃于不顾,毅然出象占位,准备弃双象杀。1. …Bc5　2. Bc3　b5　3. Bxh7+,置马被兵吃不顾,送上希腊礼物。3. …Kxh7　4. Qh5+ Kg8　5. Bxg7,弃第二个象。5. …Kxg7　6. Qh6+ Kg8　7. g6 Nf6　8. Rg1 Qxd5　9. g7,后车兵配合,威胁安德森杀法,黑方认输。

Koneru vs Nemeth(2005)

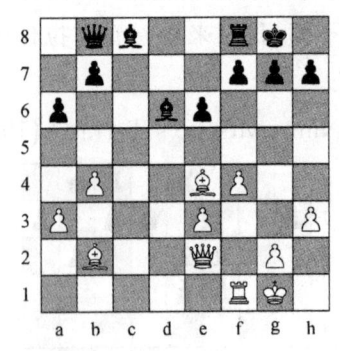

白方先走

黑方短易位,使白方有了弃双象杀王的机会。1. Bxh7+,送上希腊礼物。1. …Kxh7　2. Qh5+ Kg8　3. Bxg7,弃第二个象。3. …Kxg7　4. Qg5+ Kh7　5. Rf3,提高车杀法。5. …Rg8　6. Qh4+ Kg6　7. Rg3+ Kf5　8. Qh7+ Kf6　9. Rxg8 Qa7　10. Qh4+ Kf5　11. Qg4+ Ke4　12. Qf3+ Kd3　13. Qd1+ Kxe3　14. Qxd6 Bd7　15. Qxd7,黑方认输。

上面都是在 h7(h2)弃一象,接着后在 h 线将军,再在 g7(g2)弃一象的典型的弃双象杀法。拉斯克弃双象杀法还有一些变例。

首先一种就是弃了一象之后,不是后在 h 线将军,而是其他着法,接着在 g7(g2)弃象。

下面是卡斯帕罗夫表演的弃双象杀法,卡斯帕罗夫本人认为,这是他的最佳对局之一。

第十七章 拉斯克弃双象杀法

Kasparov vs Portisch(1983)

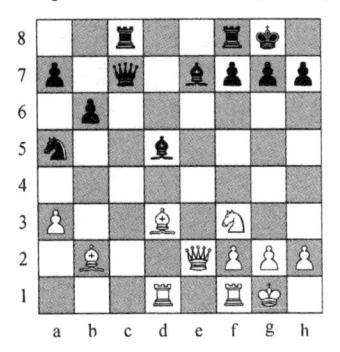

白方先走

1. Bxh7+,送上希腊礼物。1. ⋯ Kxh7 2. Rxd5,这里不是后将军的典型着法。2. ⋯ Kg8 3. Bxg7,弃第二个象。3. ⋯ Kxg7 4. Ne5 Rfd8 5. Qg4+ Kf8 6. Qf5 f6 7. Nd7+ Rxd7 8. Rxd7 Qc5 9. Qh7 Rc7 10. Qh8+ Kf7 11. Rd3 Nc4 12. Rfd1 Ne5 13. Qh7+ Ke6 14. Qg8+ Kf5 15. g4+ Kf4 16. Rd4+ Kf3 17. Qb3+ Ke2 18. R4d2♯,六步连将杀。

Nykopp, J vs Jacobs(1981)

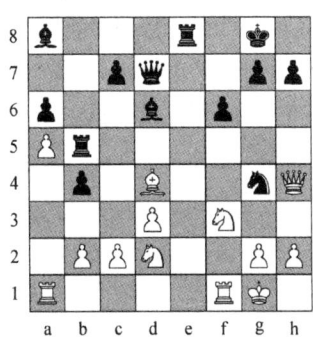

黑方先走

1. ⋯Bxh2+,送上希腊礼物。2. Nxh2 Qxd4+,后在 d 线将军。3. Kh1 Bxg2+,弃第二个象。4. Kxg2 Re2+ 5. Kg3 Rxh2 6. Nf3,如果 6. Qxg4,则 6. ⋯Rg2+(引离)7. Kxg2 Qxg4+,黑方得子得势。6. ⋯Qd6+ 7. Kxg4 h5+,白方认输,因为 8. Qxh5 Rg2+ 9. Kh4 Qg3♯,后车配合杀。

再一种拉斯克弃双象杀法变例是连续弃双象,中间不隔其他着法。

Surdej vs Cvachouchek(1974)

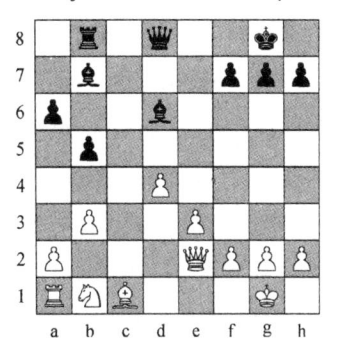

黑方先走

1. ⋯Bxh2+,弃第一个象。2. Kf1 Bxg2+,紧接着弃第二个象。3. Ke1,如果 3. Kxg2,则 3. ⋯Qg5+ 4. Kxh2 Rb6 5. Qf3 Rh6+ 6. Qh3 Rxh3+ 7. Kxh3 Qg1 8. Nc3 Qxf2 9. Rb1 h5,白方难以阻挡黑方走 g7－g5－g4♯,大卫－歌利亚杀法。3. ⋯Rc8 4. Bb2 Qh4 5. Nc3 f5 6. Kd2 f4 7. e4 f3 8. Qe1 g5 9. Nd5 g4 10. Ne3 g3 11. Nf5 gxf2 12. Nxh4 fxe1=Q+ 13. Rxe1 Rf8 14. Ba3 Rf4 15. Nxf3 Rxf3,黑方多子并

有攻势，白方认输。

Braun vs Weber(1992)

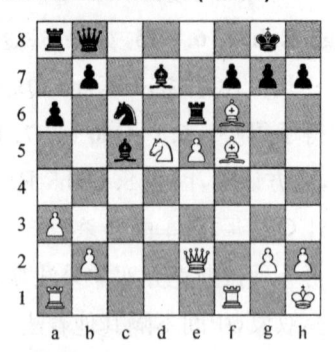

白方先走

1. Bxh7+，送上希腊礼物。**1. ⋯ Kf8**，如果1. ⋯Kxh7，则2. Qh5+ Kg8 3. Bxg7（典型的拉斯克弃双象杀法）3. ⋯Kxg7　4. Rxf7+ Kg8　5. Qh7♯，铁路杀法。**2. Bxg7+**，紧接着弃第二个象。**2. ⋯Kxg7**，如果2. ⋯Ke8，则3. Nf6+ Rxf6　4. Rxf6 Qxe5　5. Qxe5+ Nxe5　6. Re1，白方得子得势。**3. Qg4+ Rg6　4. Rxf7+**，黑方认输，接下来4. ⋯Kh8　5. Bxg6 Bxg4 6. Rh7+ Kg8　7. Nf6+ Kf8　8. Rf7♯，车马象配合武科维奇杀法。

下面是弃双象之间相隔多于一步着法的变例。

Gruber vs Euwe(1921)

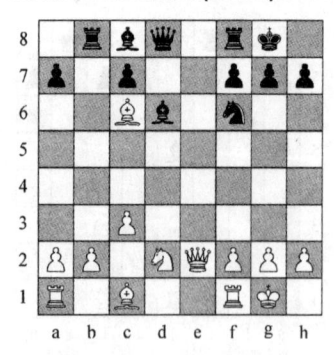

黑方先走

1. ⋯ Bxh2+，弃第一个象。**2. Kxh2 Qd6+　3. Kg1 Qxc6　4. Qf3 Qa6　5. Ne4 Nxe4　6. Qxe4 Rb6**，提高车杀法。**7. b3 Bb7　8. Qf4 Bxg2**，弃第二个象，中间间隔6步。**9. Re1**，如果9. Kxg2，则9. ⋯Rg6+　10. Kh2 Qxf1　11. Qf3 Qg1+　12. Kh3 Rh6+　13. Qh5 Rxh5♯，后车配合走廊杀法。**9. ⋯Rg6　10. c4 Be4+**，白方认输，接下来11. Kf1 Bd3+　12. Re2 Qc6　13. Ke1 Rg1+　14. Kd2 Bxe2　15. Kxe2 Qd7　16. Kf3 Qd1+ 17. Ke4 Re8+　18. Qe5 f5+　19. Kf4 Rg4+　20. Kxf5 Qd7+　21. Qe6+ Qxe6♯，后双车猎王杀。

Broune vs Howell(1932)

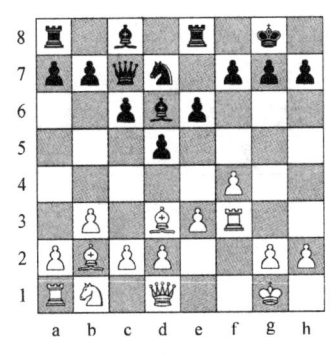

白方先走

1. Bxh7+，弃第一个象。1. …Kxh7，如果1. …Kf8，则2. Bxg7+，紧接着弃第二个象；或者简单走2. Rg3 g6 3. Bxg6，继续弃象摧毁兵障。**2. Rh3+ Kg8 3. Qh5 Kf8 4. Bxg7+**，弃第二个象，中间间隔两步着法。4. …Ke7 5. Qg5+ f6 6. Bxf6+ Nxf6 7. Rh7+，黑方认输，因为7. …Kd8 8. Rxc7 Kxc7 9. Qxf6，白方多子多兵并有攻势。

Siaperas vs Czerniak(1969)

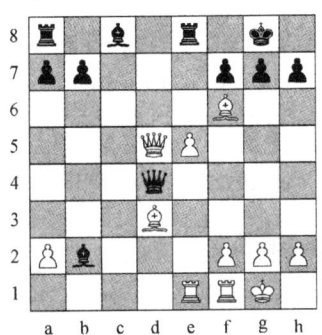

白方先走

1. Bxh7+，弃第一个象。1. …Kxh7 2. Qxf7 Qd7 3. Qh5+ Kg8

第十七章 拉斯克弃双象杀法

4. e6 Rxe6 5. Bxb2，白方得回象，多一兵，并且局面领先。5. …Qf7 6. Qa5，如果兑后，白方多一兵，但异色格象，黑方有机会和棋。6. …Rg6 7. Qd8+ Kh7 8. Re3，提高车杀法。8. …Qxa2 9. Qh4+ Rh6 10. Qe4+ Rg6 11. Rg3 Qf7 12. Qh4+ Kg8 13. Qd8+ Kh7 14. Re1 Rxg3 15. hxg3 Qg6 16. Bxg7，至此才弃第二个象，中间间隔了14步着法。16. …Qc6 17. Qh8+ Kg6 18. Bf8，黑方认输，接下来如果18. …Qf6，则19. Qg8+ Kh5 20. Re4 Be6 21. g4+ Kh4 22. Qh7+ Kg5 23. Qh5#，后车兵配合杀。

Brink vs Kouwenhoven(1995)

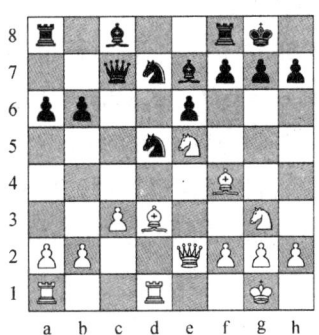

白方先走

1. Bxh7+，弃第一个象。1. …Kxh7 2. Rxd5，弃半子消除保护。2. …Nxe5，如果2. …exd5，则3. Ng6 Qd8 4. Qh5+ Kg8 5. Qh8#，后马配合底线杀。**3. Bxe5 Qc6 4. Qh5+ Kg8 5. Bxg7**，弃第二个象，中间间隔3步着法。5. …Kxg7 6. Qg4+ Bg5

113

7. Qxg5＋,黑方认输,接下来 7.…**Kh7 8. Qh5＋ Kg7 9. Qg4＋ Kh8 10. Rh5#**,后车配合走廊杀法。

下面是拉斯克弃双象杀法的复合变例,所谓复合就是弃双象的中间着法包含着杀法,通常是阿廖欣堵塞杀法(Alekhine's Block)。

Kudrin vs Machado Jr(1988)

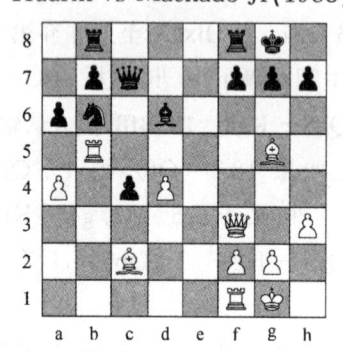

白方先走

1. Bxh7＋,送上希腊礼物,先弃一象。**1.…Kxh7 2. Qh5＋ Kg8 3. Bf6**,这是阿廖欣堵塞杀法。置车被兵吃不顾,再把象送到兵口。**3.…Bh2＋ 4. Kh1 Qd6**,如果 4.…gxf6,则 5. Qg4＋ Kh8 6. Rh5#,后车配合走廊杀;如果 4.…axb5,则 5. Qg5 g6 6. Qh6 Bf4 7. Qg7#,象支持后杀王。**5. Bxg7**,再弃一象。**5.…Kxg7 6. Rg5＋ Kf6 7. Re1**,控制王的逃路。**7.…Qe6**,只得舍后。**8. Rxe6＋ fxe6 9. Rg6＋ Ke7 10. Rg7＋**,黑方认输,因为 10.…Kd8(10.…Kd6 11. Qc5#,兵支持后杀王。) 11. Qg5＋ Rf6 12. Qxf6＋ Ke8 13. Qe7#,车支持后杀王。

Dizdarevic vs Miles(1985)

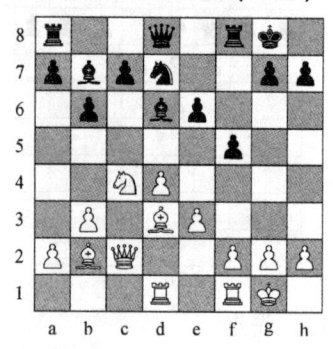

黑方先走

1.…Bxh2＋,送上希腊礼物。**2. Kxh2 Qh4＋ 3. Kg1 Bf3**,这是阿廖欣堵塞杀法。黑方为什么不直接走 3.…Bxg2?为什么要等一步?这是因为白方可以走 4. f4 Qh1＋ 5. Kf2 Bxf1 6. Rxf1,白王可以逃跑。**4. Nd2**,白方不能接受第二个弃象走 4. gxf3,黑方可以接走 4.…Rf6 5. Ne5 Rh6,再将杀。**4.…Bxg2**,弃第二个象。**5. f3 Rf6 6. Nc4 Bh3**,白方认输,接下来 7. Rd2 Rg6＋ 8. Rg2 Bxg2 9. Qxg2 Kf7,黑方胜势。

Day vs Stopa(1988)

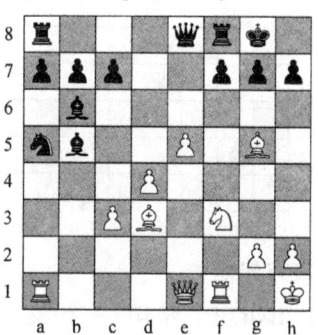

白方先走

1. Bxh7+,弃第一个象。**1. … Kxh7 2. Qh4+ Kg8 3. Bf6**,阿廖欣堵塞杀法。**3. … Bd3**,急速增援王翼。如果 3. …gxf6,则 4. Qg4+ Kh7 5. exf6 Rg8 6. Qh5#,后兵配合洛利杀法。**4. Qg5 Bg6 5. Nh4 Qe6 6. Bxg7**,弃第二个象。**6. … Kxg7 7. Rf6**,抢占要位,继续形成堵塞。**7. … Qe8 8. Nf5+ Kg8 9. Rf1 Nc4 10. Qh6 Bxf5 11. R1xf5 Nxe5 12. Rh5**,黑方无法解杀,只得认输。

Cordier vs Schwartzmann(1991)

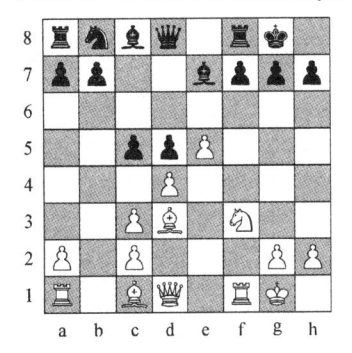

白方先走

1. Bxh7+,弃第一个象。**1. … Kxh7 2. Ng5+**,弃马腾挪。**2. … Bxg5 3. Qh5+ Bh6 4. Rf6**,阿廖欣堵塞杀法。**4. … Kg8 5. Bxh6 gxf6 6. Rf1 Qd7 7. Bg7**,弃第二个象,黑方认输,因为 7. …Kxg7 8. exf6+ Kg8 9. Qg5+ Kh7 20. Qg7#,兵支持后杀王。

最后我们来看拉斯克弃双象杀法的颠倒顺序变例。在这个变例中,第一个弃象不是在 h7(h2),而是在 g7(g2),第二个弃象在 h7(h2)。

Honlinger vs Palda(1933)

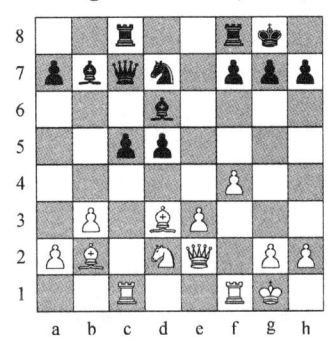

黑方先走

1. Bxg7,白方在 g7 弃第一个象,黑方认输,接下来 1. … Kxg7 2. Qg4+ Kh8,如果 2. …Kf6 3. Qg5+ Ke6 4. Bf5#,后象兵配合杀。3. Qf5 Nf6 4. Qxf6+ Kg8 5. Bxh7+,在 h7 弃第二个象。5. …Kxh7 6. Rf3,提高车杀法。6. …Qd7 7. f5,拦截,黑方无法解杀。白方也可以走典型的拉斯克弃双象杀法:1. Bxh7+ Kxh7 2. Qh5+ Kg8 3. Bxg7 Kxg7 4. Qg5+ Kh8 5. Rf3,提高车杀法,黑方无法解杀。

Alekhine vs Gutkevich(1910)

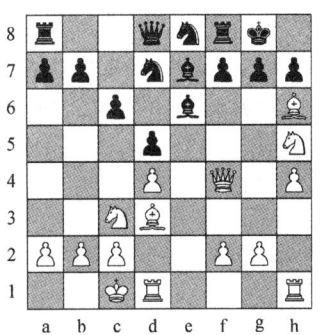

国际象棋 经典杀法

白方先走

1. Bxg7，白方在 g7 弃第一个象。

1. …**Bg5**   2. **hxg5 Nxg7**   3. **Bxh7+**，在 h7 弃第二个象，黑方认输，接下来 3. …Kh8   4. Be4 Nxh5   5. Rxh5+ Kg8   6. Rh8+（弃车引入）6. …Kxh8   7. Qh4+ Kg8   8. Qh7#，后象配合杀。

Baturinsky vs Alexeev(1936)

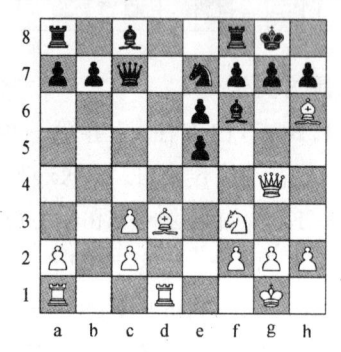

白方先走

1. Bxg7，白方在 g7 弃第一个象。

1. …**Bxg7**   2. **Bxh7+**，紧接着在 h7 弃第二个象。2. …**Kxh7**   3. **Ng5+**，马参与战斗，发挥决定性作用。3. …Kg8   4. Qh5 Rd8   5. Qxf7+ Kh8   6. Qh5+ Kg8   7. Qf7+ Kh8   8. Rd3，提高车杀法，黑方认输，接下来 8. …Rxd3   9. Qh5+ Kg8   10. Qe8+ Bf8   11. Qf7+ Kh8   12. Qh7#，马支持后杀王。

习题

1. Miles vs Browne(1982)

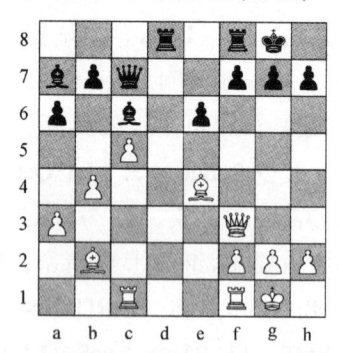

白方先走

2. Gelfand vs Kramnik(1994)

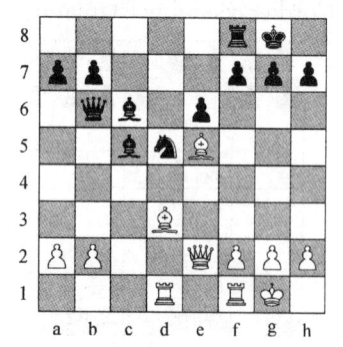

白方先走

3. Alekhine vs Drewitt(1923)

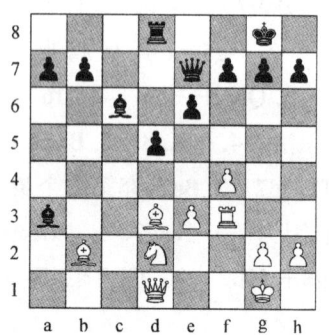

白方先走

4. Hausner vs Littlewood(1980)

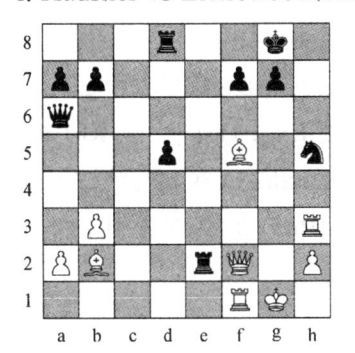

白方先走

5. Lehr vs Duras(1906)

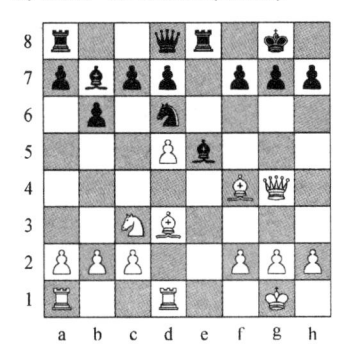

白方先走

6. Knutter vs Rodewald(1962)

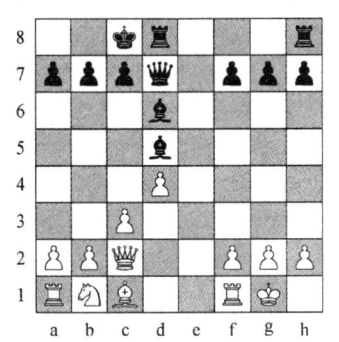

黑方先走

习题答案

1. **1. Bxh7＋**，送上希腊礼物。

1.…Kxh7　2. Qh5＋ Kg8　3. Bxg7，弃第二个象。3.… Kxg7　4. Qg5＋ Kh8　5. Qf6＋ Kg8　6. Rc4，提高车杀法，黑方无法解杀。

2. **1. Bxh7＋**，送上希腊礼物。

1.…Kxh7　2. Qh5＋ Kg8　3. Bxg7，弃第二个象。3.… Kxg7　4. Qg5＋ Kh7　5. Rd3，提高车杀法。5.…Ne3　6. fxe3 Be4　7. Qh4＋，黑方认输。

3. **1. Bxh7＋**，送上希腊礼物。

1.…Kxh7　2. Rh3＋ Kg8　3. Bxg7，阿廖欣弃第二个象，对方就认输了，接下来黑方不能走 3.… Kxg7，否则 4. Qg4＋ Kf8(4.…Kf6　5. Rh6♯)　5. Rh8♯，后车配合杀；如黑方走 3.… f6 或 f5，则 4. Bh6(不能走 4. Qh5)4. Qh7　5. Qh5 Bf8　6. Qg4＋ Kf7　7. Bxf8，白方胜。

4. **1. Bh7＋**，弃第一个象。1.… Kh8　2. Bxg7＋，紧接着弃第二个象。2.…Kxg7，如果 2.…Nxg7，则 3. Bd3＋ Nh5　4. Rxh5＋ Kg8　5. Qxf7♯，重子错杀法。3. Qxf7＋ Kh8　4. Rxh5，黑方无法解杀，只得认输。

5. **1. Bxh7＋**，弃第一个象。1.… Kxh7　2. Qh5＋ Kg8　3. Bxe5 Nc8　4. Rd3，提高车杀法。4.… d6，如果 4.… Ne7，则 5. Rh3 Ng6　6. Qh7＋ Kf8　7. Qxg7＋ Ke7　8. Qf6＋ Kf8　9. Rh8＋(弃车引离黑马)9.…Nxh8

117

10. Qh6+ Ke7 11. d6+ cxd6 12. Bxd6♯,象将军与后控制将杀。5. Bxg7,弃第二个象,弃两个象之间相隔三步。5. …Kxg7 6. Rg3+ Kf8 7. Qh6+ Ke7 8. Re1+ Kd7 9. Qh3+ Re6 10. Rxe6 Bxd5,如果10. …fxe6,则11. Qxe6♯,后兵配合杀。11. Re8+,闪将。11. …Kxe8 12. Rg8+ Ke7 13. Nxd5♯,马将军并控制与后和车控制将杀。

6. 1. …Bxg2,黑方在 g2 弃第一个象。2. Kxg2 Qg4+ 3. Kh1 Qf3+ 4. Kg1 Bxh2+,在 h2 弃第二个象。5. Kxh2 Rd5,提高车杀法,白方无法解杀。

第十八章　莱加尔杀法

莱加尔(Kermur de Legall)1702年出生于法国的凡尔赛，1792年逝世于巴黎。他是法国国际象棋棋手，在当时著名的巴黎摄政咖啡馆下棋。1730年直至1755年，他被自己的学生菲利多尔在对抗赛中战胜，他被认为是当时最强的棋手。他是菲利多尔的国际象棋老师，从开始让车，再让其他子，到可以抗衡，菲利多尔用了三年。当时英国的最强棋手詹森与他交手，胜率仅有25%。他被自己的学生战胜后，一直至80多岁高龄被认为是法国第二高手。

以他的名字命名的莱加尔杀法(Legall's Mate)来源于1750年在巴黎他与布里的对局。

下图所示是莱加尔杀法的基本模式。

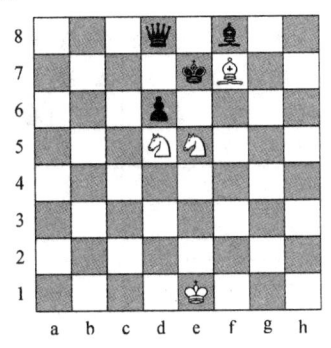

在这个杀法模式中一马将军并控制与另一马保护象共同控制将杀。后来有人把各种双马象杀法都叫作莱加尔杀法。莱加尔杀法有两个主要变例。一个是象将军时，王前后左右有己方棋子堵塞，唯一一个逃跑格受马控制而被将杀，如下图所示。

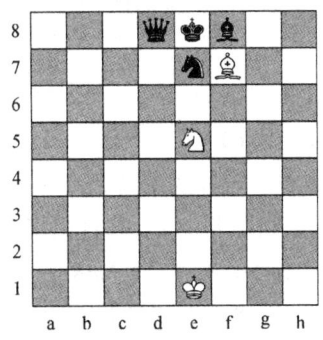

另一个是双象马的将杀模式，一象将军与马保护另一象共同控制，王的其他逃跑格受堵塞而被将杀，如下图所示。

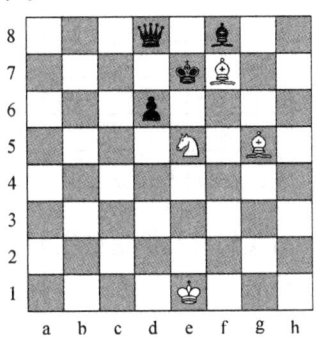

国际象棋 经典杀法

下面我们来看莱加尔杀法的成名局。

Legal vs Brie(1750)

1. e4 e5   2. Nf3 d6   3. Bc4 Bg4

这步棋看似有力,但一般在开局初始不要牵制对方王翼马。

4. Nc3 g6?   5. Nxe5!

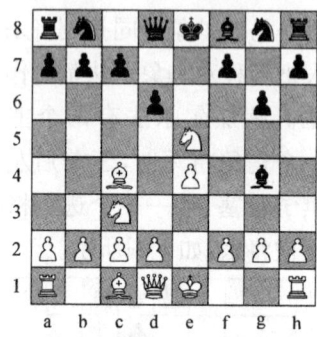

这步妙棋是莱加尔发现的。

5. …Bxd1??

错着。较好的着法是5. … dxe5 6. Qxg4,白方得一兵,并且出子占优。

6. Bxf7+ Ke7   7. Nd5#

如下图所示,是莱加尔杀法的主要形式,弃后,再双马一象杀。

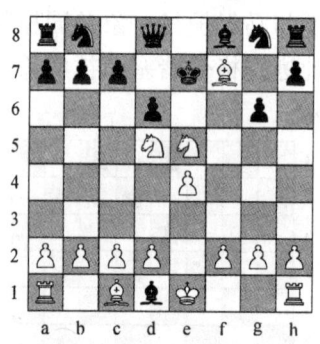

下面我们看几例这种主要形式的莱加尔杀法。

NN vs Krueger(1920)

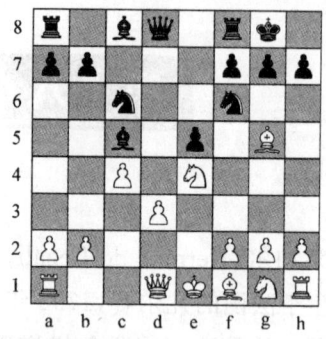

黑方先走

白方以为黑f6马被牵制不敢吃白马,却不知钻入对方圈套。**1. … Nxe4!**,弃后叫杀。**2. Bxd8**,万劫不复。如果走2. dxe4,则2. … Qxg5得子。**2. … Bxf2+   3. Ke2 Nd4#**,黑方的一马将军并控制与另一马保护象共同控制的莱加尔杀法。

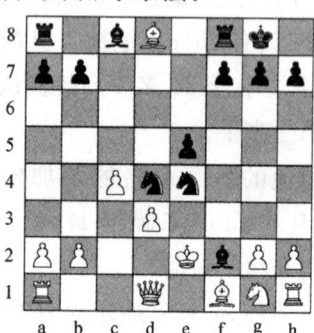

Knauer vs Boehm(1995)

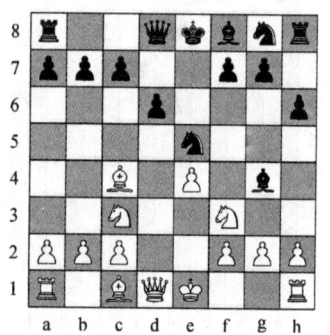

白方先走

1. Nxe5，弃后进攻。**1. ⋯ Bxd1**
2. Bxf7+，黑方认输，因为 2. ⋯ Ke7
3. Nd5♯，一马将军并控制与另一马保护象共同控制的莱加尔杀法。

Essery vs Warren(1912)

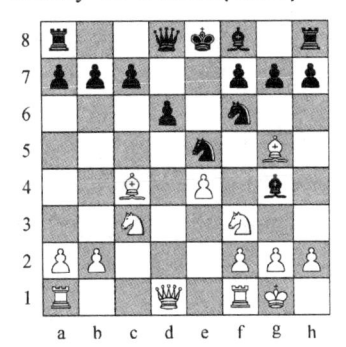

白方先走

1. Nxe5!，弃后进攻。**1. ⋯ Bxd1??** **2. Bxf7+ Ke7 3. Nd5♯**，一马利用象牵制将军与另一马保护象共同控制的莱加尔杀法。

Cheron vs Jeanloz(1929)

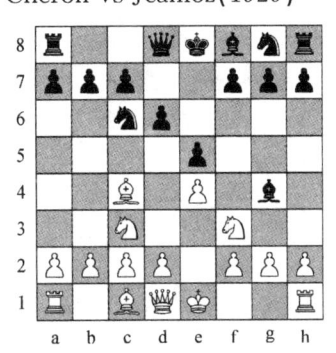

白方先走

1. h3，不能直接走 1. Nxe5，否则黑方走 1. ⋯ Nxe5，白方丢马。**1. ⋯ Bh5?**，应该走 1. ⋯ Bxf3 或者 1. ⋯

Be6。**2. Nxe5**，弃后。**2. ⋯ Bxd1??**，走 2. ⋯ Nxe5 3. Qxh5 Nxc4 4. Qb5+，击双抽马，白方多得一兵。**3. Bxf7+ Ke7 4. Nd5♯**，一马将军并控制与另一马保护象共同控制的莱加尔杀法。

下面我们来看弃后一马一象莱加尔杀法。

Berger vs Frolich(1888)

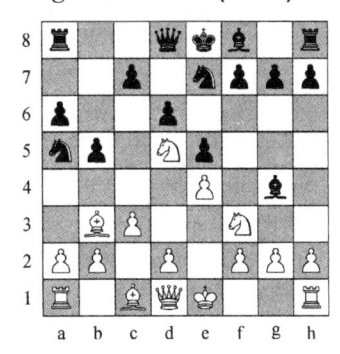

黑方先走

1. Nxe5! Bxd1?，如果 1. ⋯ Nxb3，则 2. Nxg4 Nxa1 3. Nf6+! gxf6 4. Nxf6♯，马将军并控制将杀；如果 1. ⋯ Nxb3 2. Nxg4 Nxd5 3. axb3，黑方多丢一兵。**2. Nf6+**，弃马腾挪。**2. ⋯ gxf6 3. Bxf7♯**，马保护象将军并控制的莱加尔杀法。

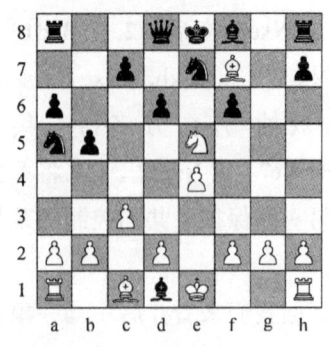

下面请看弃后双象马的莱加尔杀法。

Taylor vs NN

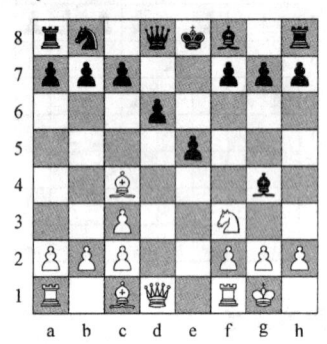

白方先走

1. Nxe5，弃后进马抢攻。**1. …Bxd1**? **2. Bxf7+ Ke7 3. Bg5#**，一象将军与马保护另一象共同控制的莱加尔杀法。

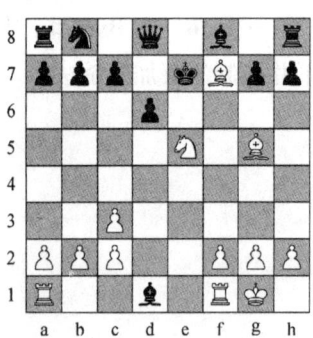

Pollock vs Hall(1890)

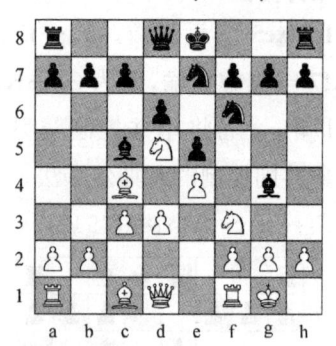

白方先走

1. Nxe5！，弃后摆脱牵制，摧毁兵障。**1. …Bxd1**，这里黑方最好的着法是走 1. …dxe5　2. Nxf6+ gxf6　3. Qxg4，丢一兵。如果 1. …Nexd5　2. Nxg4，白方得一兵，也可满意。**2. Nxf6+**，腾挪为象让路，同时引离 g 兵，敞开 f8－h6 斜线。**2. …gxf6　3. Bxf7+**，弃象摧毁兵障。**3. …Kf8　4. Bh6#**，白方一象将军与马保护另一象控制的莱加尔杀法。

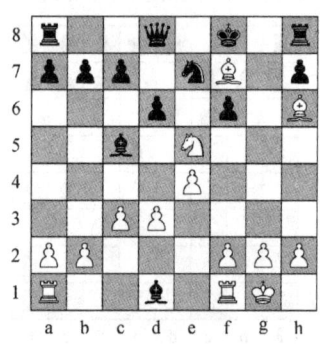

第十八章 莱加尔杀法

Maass vs Terrazas(1973)

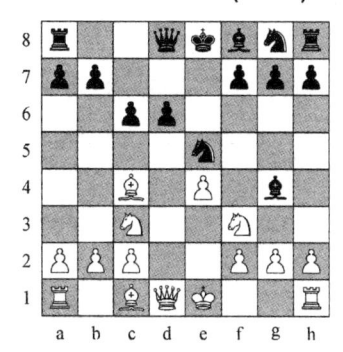

白方先走

1. Nxe5,弃后奔袭。1. … Bxd1
2. Bxf7＋ Ke7　3. Bxg8,准备串击得后。3. … Qa5??,后跑了,王却被杀了。应该走 3. … dxe5,白方走 4. Bg5＋,串击得回后,多一兵,但棋还可以走下去。4. Bg5＋ Ke8　5. Bf7♯,马在 e5 保护象将军并控制与另一象控制将杀。

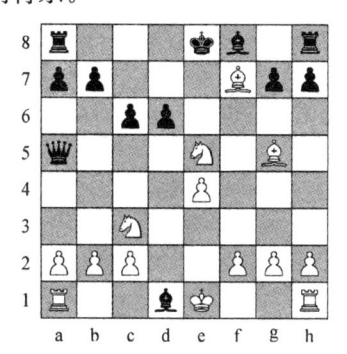

莱加尔杀法还有其他一些变例。这种杀法弃后以后,不一定三步或四步杀,对方接受弃子或不接受弃子,弃后方都可以取得决定性优势。

Mieses vs Ohquist(1895)

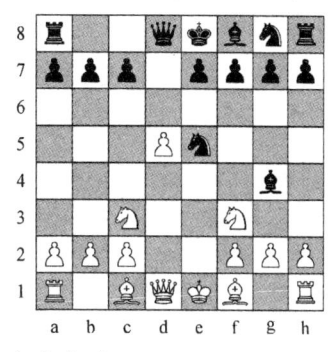

白方先走

1. Nxe5!,弃后强攻。1. …Bxd1?
2. Bb5＋　c6　3. dxc6 Qc7　4. cxb7＋ Kd8　5. Nxf7♯,弃后象马兵配合杀。

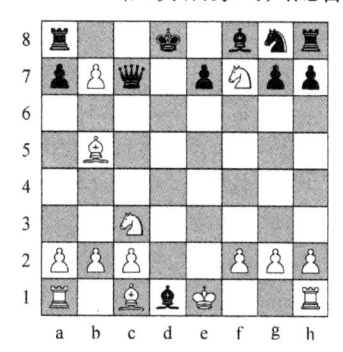

Horwitz vs Bledow(1837)

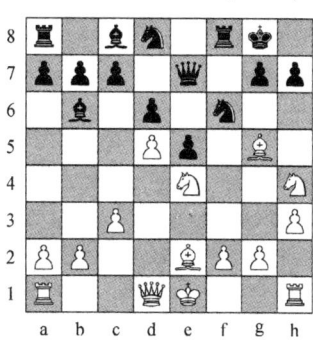

黑方先走

1. …Nxe4,黑方开始了弃后莱加尔杀法,白方落入陷阱。落入陷阱者

国际象棋 经典杀法

在1851年曾发表了世界著名的有关国际象棋残局的著作《国际象棋研究》。**2. Bxe7 Bxf2+ 3. Kf1 Ng3#**，弃后车象马配合的莱加尔杀法。

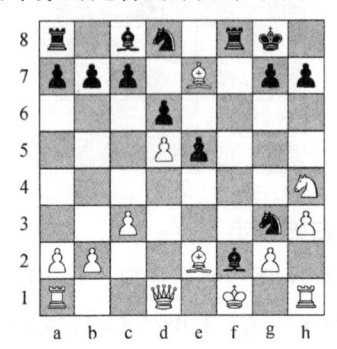

习题

1. Kvisla vs Kabashaj(2001)

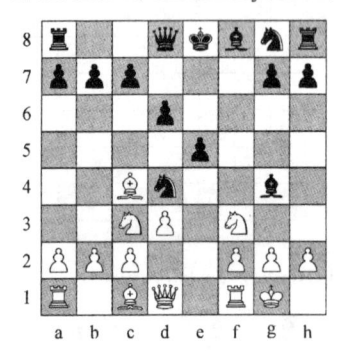

白方先走

2. Bjarnason vs Dittler(2001)

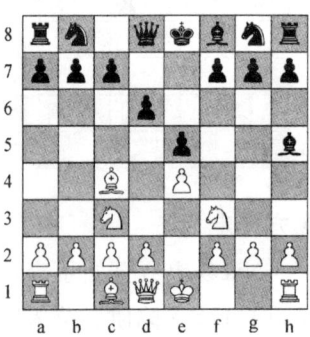

白方先走

3. Pillsbury vs Fernandez(1900)

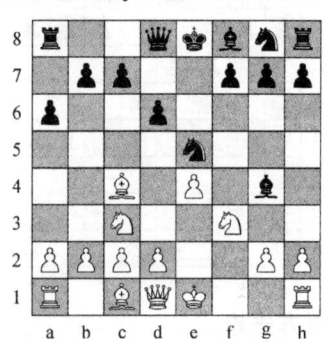

白方先走

4. Benjafield vs Wippell(1938)

白方先走

5. Taubenhaus vs Colchester(1887)

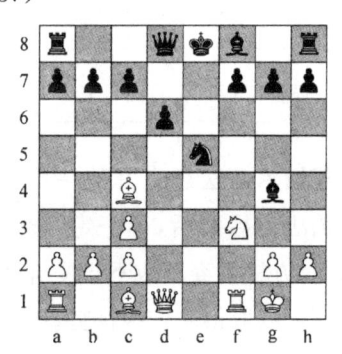

白方先走

第十八章　莱加尔杀法

6. Berliner vs Rott(1956)

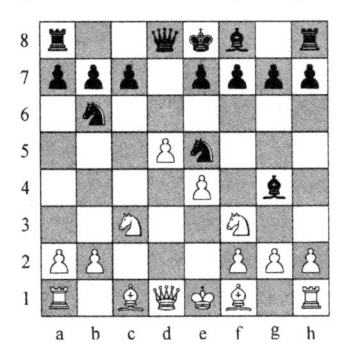

白方先走

习题答案

1. **1. Nxe5**，弃后进攻。**1. …Bxd1** **2. Bf7＋ Ke7　3. Nd5♯**，一马将军并控制与另一马保护象共同控制的莱加尔杀法。

2. **1. Nxe5**，弃后进攻。**1. …Bxd1** **2. Bxf7＋ Ke7　3. Nd5♯**，一马将军并控制与另一马保护象共同控制的莱加尔杀法。

3. **1. Nxe5！**，弃后摆脱牵制。**1. … Bxd1**，走 1. …dxe5　2. Qxg4，白丢一象，不至于速败。**2. Bxf7＋ Ke7　3. Nd5♯**，双马象配合莱加尔杀法。

4. **1. Nxe5 Bxd1**，黑方较好的走法是 1. … Nxe5　2. f3 Bxf3　3. gxf3 Nc6，不至于速败。**2. Nf6＋ gxf6　3. Bxf7♯**，马保护象将军并控制的莱加尔杀法。

5. **1. Nxe5！Bxd1？　2. Bxf7＋ Ke7　3. Bg5♯**，一象将军与马保护另一象共同控制的莱加尔杀法。

6. **1. Nxe5**，弃后进马抢攻。**1. … Bxd1　2. Bb5＋　c6　3. dxc6 Qb8 4. c7＋ Nd7　5. Bxd7♯**，象马兵配合的莱加尔杀法。

第十九章　列基杀法

理查德·列基（Richard Réti）1889 年出生于现在斯洛伐克的佩齐诺克城（Pezinok，Slovakia），当时属于奥匈帝国。

列基 12 岁时就构拟棋局投稿给一个杂志的国际象棋专栏。1920 年，列基在强手如林的哥德堡锦标赛上获得头等奖。后来在一系列比赛中获得佳绩，确立了 20 世纪初期顶尖高手之一的地位。

列基与尼姆佐维奇（Aron Nimzowitsch）和塔塔科韦尔（Savielly Tartakower）一道创立了国际象棋超现代主义流派。列基开局（1. Nf3 d5 2. c5）已成为特级大师们一个主要开局。列基曾以此开局战胜当时在位的世界冠军卡帕布兰卡（Capablanca）。这也是卡帕布兰卡连续八年和成为世界冠军以后首尝败绩。列基出版了两本著作，一本是 1923 年出版的《国际象棋现代思想》（Modern Ideas In Chess），另一本是他逝世后 1933 年出版的《棋界诸位大师》（Masters Of The Chess Board）。

列基刚满 40 周岁就因得猩红热而逝世。

列基杀法是因 1910 年战胜塔塔科韦尔的对局而得名。这一杀法是车保护象到底线将军，王受堵塞并且可逃跑格受车控制而被将杀，如下图所示。

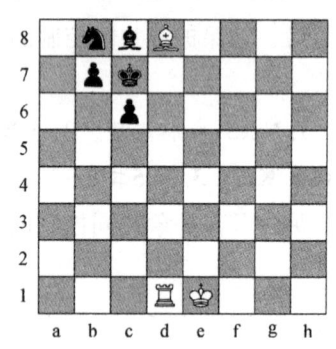

后来人们把所有车和象双将，然后将杀的对局都叫作列基杀法。

下面首先来看列基杀法的成名局。

Reti vs Tartakower(1910)

1. e4　c6　2. d4　d5　3. Nc3 dxe4
4. Nxe4 Nf6　5. Qd3

走 5. Nxf6+较好，既可保持先手又有较好的兵形。

5. … e5？

敞开中线太冒险，走 5. ··· Nxe4 或者 5. ··· Nbd7 较好。

6. dxe5 Qa5＋　7. Bd2 Qxe5（见下图）

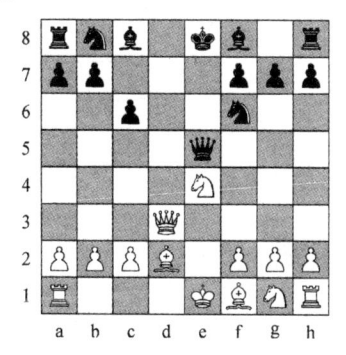

黑方自鸣得意，吃回兵并牵制白马，准备吃马。

8. O-O-O

投其所好，设下陷阱。

8. ··· Nxe4?

落入陷阱。走 8. ··· Be7 尚可坚持。

9. Qd8＋

弃后引入。

9. ··· Kxd8　10. Bg5＋

双将。

10. ··· Kc7

如果走 10. ··· Ke8，则 11. Rd8♯，车象底线杀法。

11. Bd8♯

象兜底杀。

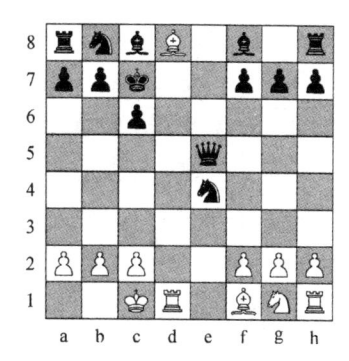

下面再看列基杀法的其他实战例局。

Ftacnik vs Pons(2007/2008)

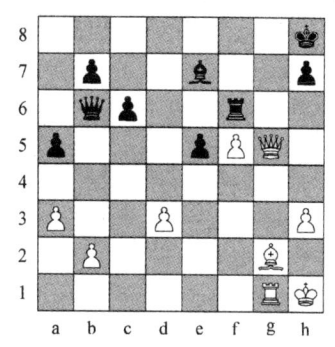

白方先走

1. Qg8＋，弃后引入黑王，黑方认输，因为 1. ··· Kxg8　2. Bd5＋（车象双将）2. ··· Kf8　3. Rg8♯，车象配合杀。

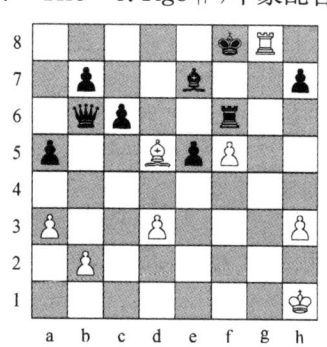

国际象棋 经典杀法

Kunath vs Grant(1875)

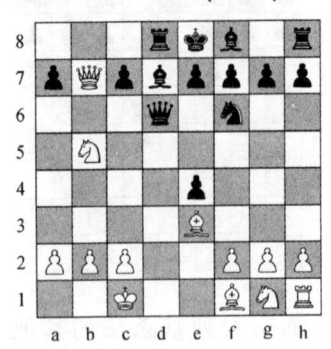

黑方先走

1. …Qd1＋，弃后引入黑王。**2. Kxd1 Bg4＋**，车象双将。**3. Kc1 Rd1＃**，车象配合杀。

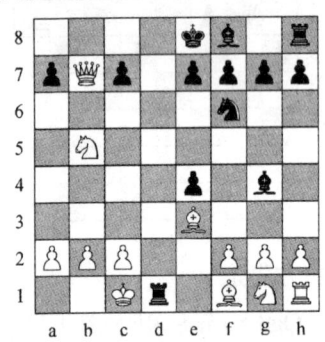

Schulten vs Horwitz(1846)

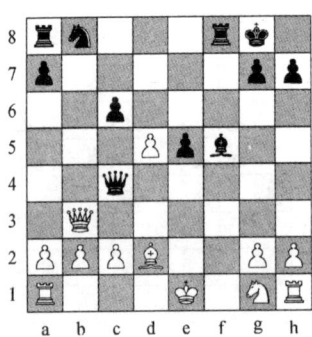

黑方先走

1. …Qf1＋，弃后引入白王。**2. Kxf1 Bd3＋**，车象双将。**3. Ke1 Rf1＃**，车象配合杀。

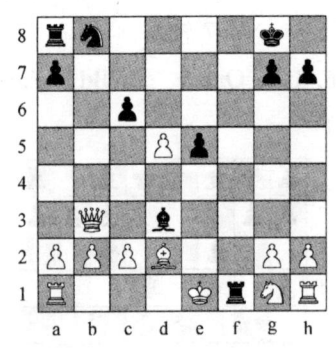

习题

1. Maczuski vs Kolisch(1863)

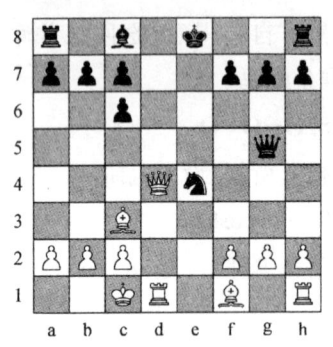

白方先走

2. Kaldegg vs Zeissl(1903)

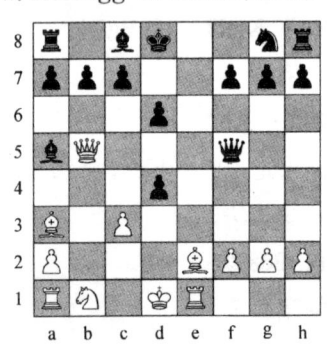

白方先走

3. Fridstein vs Aronin(1949)

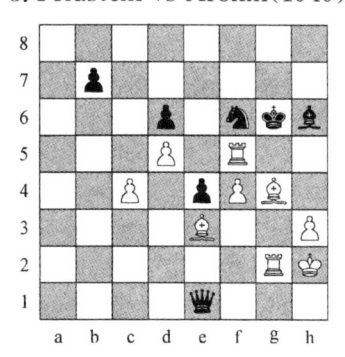

白方先走

4. Koltanowski vs Dunkelblum (1923)

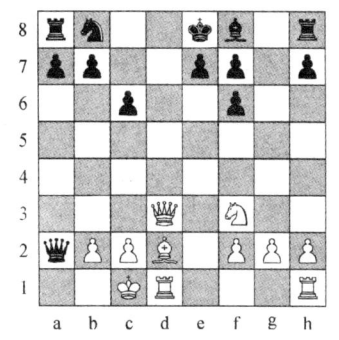

白方先走

习题答案

1. **1. f4**，弃兵垫将攻后，既是引离又是引入黑后。**1. …Qxf4+　2. Bd2**，垫将攻后，后车象三子一条线，形成杀王阵势。**2. …Qg4　3. Qd8+**，弃后引入黑王。**3. …Kxd8　4. Bg5+**，车象双将。**4. …Ke8　5. Rd8#**，车象配合杀。

2. **1. Qe8+**，弃后引入黑王。**1. …Kxe8　2. Bb5+**，车象双将。**2. …Kf8　3. Re8#**，车象配合杀。

3. **1. Bh5+**，弃一个车，另一个车和象双将，开始了列基杀法。**1. …Kh7**，如果 **1. …Kxf5　2. Bg6#**，车保护象兜底将杀。**2. Bg6+　Kg8　3. Rxf6　Qxe3　4. Bf7+　Kf8　5. Be6+　Ke7　6. Rf7+**，黑方认输，因为 **6. …Ke8　7. Rg8+　Bf8　8. Rgxf8#**，双车错杀。

4. **1. Qd8+**，弃后引入黑王。**1. …Kxd8　2. Ba5+**，车象双将。**2. …Kc8　3. Rd8#**，车象配合杀。

第二十章　洛利杀法

贾姆巴蒂斯塔·洛利(Giambattista Lolli,1698－1769 年)是意大利国际象棋棋手。1763 年出版了著名的《国际象棋游戏理论与实践观》。书中分析了一些国际象棋开局,对意大利开局进行了深入分析。双马防御中的洛利变例和王翼弃兵中的洛利弃兵都是以他的名字命名的。书中还分析了 100 个残局局面。洛利杀法(Lolli's Mate)是其中一个残局分析。

在洛利杀法中,白方 f 兵挺进到 f6 控制 g7 格,然后后走到 h6,再 Qg7♯,兵支持后杀王,如下图所示。

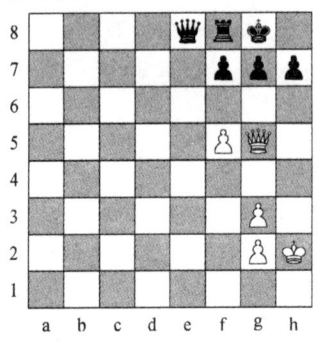

白方先走

1. f6 g7,唯一着法。**2. Qh6**,黑方无法解救白方下一步 Qg7♯ 的将杀。

有时,黑方可以先把王走到 h8,再把车走到 g8 守住 g7 格,这时如果白方还有其他重要子力,黑方的车是守不住的。

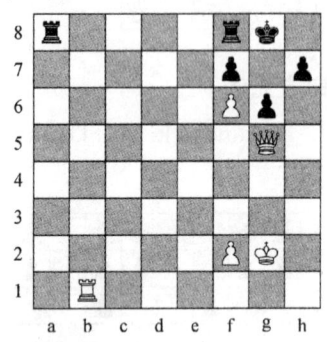

黑方先走

白方威胁着走 Qh6,再 Qg7♯,兵支持后杀王。**1. …Kh8　2. Qh6 Rg8**,黑车走到这个位置虽然守住了 g7 格,但剥夺了黑王的逃跑格。**3. Qxh7＋ Kxh7　4. Rh1♯**,这就是洛利最早分析的局面。

白方的车如果走不到 h 线,可以下底线牵制。

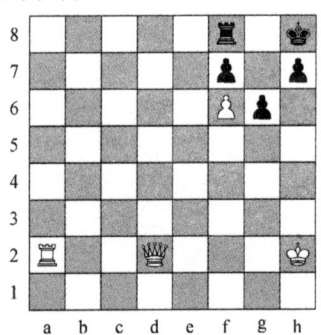

白方先走

第二十章 洛利杀法

1. Qh6 Rg8　2. Ra8,黑方无法解救 3.Qg7 的将杀。

我们可以看出洛利将杀主要有两种类型,见下面两个棋图。

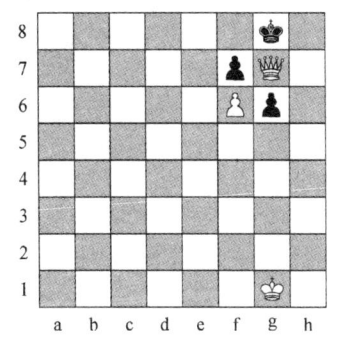

兵支持后杀王。

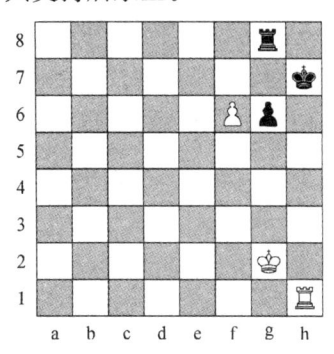

弃后形成车将军与兵控制的将杀。

Brychta vs Botur(1951)

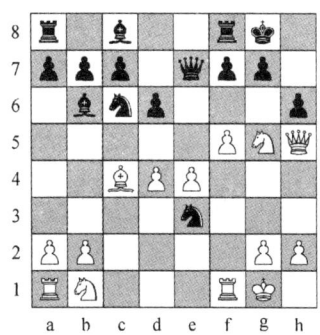

白方先走

黑方 h 兵正要吃 g5 马,e3 马正要吃 f1 车,而且还有马象吃 d 兵,白方怎么走?**1. f6**,打入兵楔攻后,**1. ⋯ Bg4　2. Qg6**,利用科尔奇诺依牵制杀法钻进去,双重叫杀,黑方认输,因为如果 2.⋯hxg5 （2.⋯Qxf6　3. Qh7♯,马支持后杀王）　3. Qxg7♯,白方 f6 兵支持后在 g7 杀王的洛利杀法。

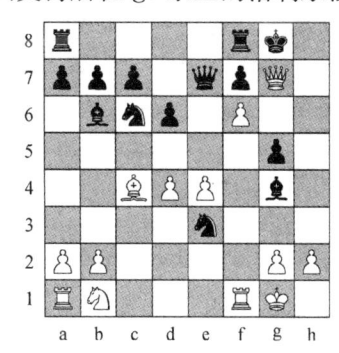

Mayet vs Hirschfeld(1861)

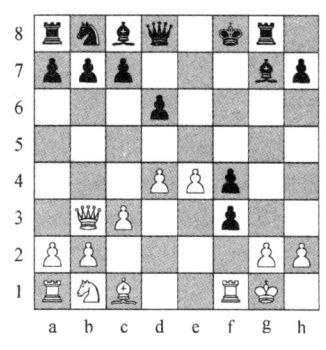

黑方先走

1. ⋯Bxd4＋,腾挪。**2. cxd4 Rxg2＋　3. Kh1 Rxh2＋**,弃车摧毁兵障并引入白王。**4. Kxh2 Qh4＋　5. Kg1 Qg3＋　6. Kh1 Qg2♯**,黑方 f3 兵支持后杀王的洛利杀法。

国际象棋 经典杀法

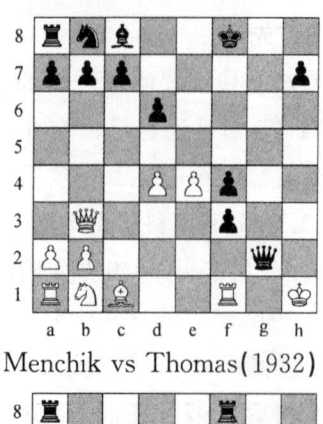

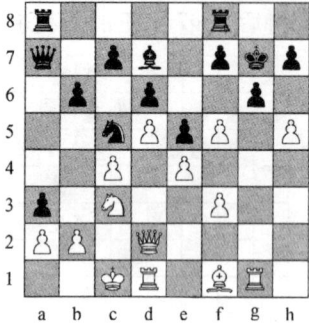

Menchik vs Thomas(1932)

1. f6+，打入兵楔。**1. …Kh8**，如果 1. …Kxf6，则 2. Qg5+ Kg7 3. h6+ Kh8 4. Qf6+ Kg8 5. Qg7#，h6兵支持后杀王。**2. Qh6 axb2+ 3. Kb1 Rg8 4. hxg6**，腾挪。**4. …fxg6 5. Qxh7+**，弃后摧毁兵障，黑方认输，因为 5. …Kxh7 6. Rh1+ Bh3 7. Rxh3#，车将军与兵控制的洛利杀法。

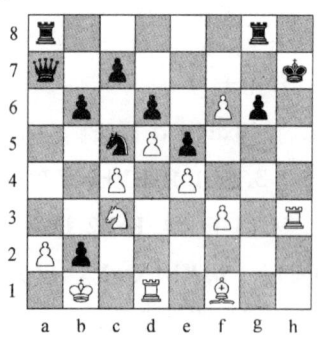

Bronznik vs Cech(1993)

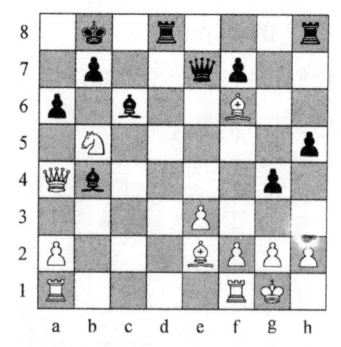

黑方先走

1. …Qe4，不吃象，进后叫杀。**2. f3 Qxe3+ 3. Kh1 Qxe2 4. Qxb4 Rd2**，后车占据次底线叫杀。**5. Qf4+ Ka8 6. Nc7+ Ka7 7. Bd4+ b6 8. Bf2 gxf3**，打入兵楔。**9. g3 Rhd8 10. Rab1 Qxf2**，弃后，威胁 11. …Qg2#，兵支持后杀王的洛利杀法，白方认输，接下来 11. Rxf2 Rd1+ 12. Rxd1，如果 12. Rf1，则 12. …f2+（闪将）13. Nd5 Bxd5+ 14. Qf3 Bxf3#，象兵配合杀。12. …Rxd1+ 13. Rf1 Rxf1#，车在底线将军与兵控制的洛利杀法。

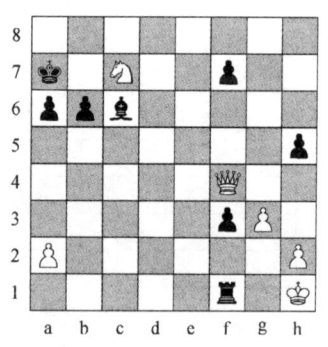

132

习题

1. Saidenshur vs Kolhagen(1936)

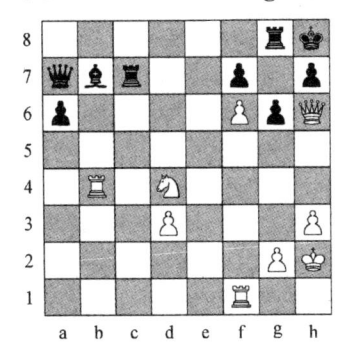

白方先走

2. Blackburne vs Steinkuehler(1871)

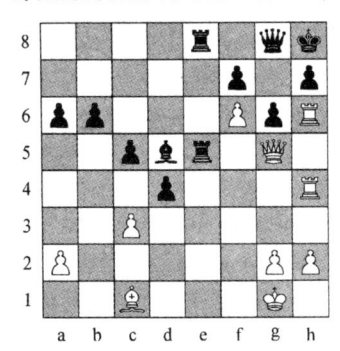

白方先走

3. Bronstein vs Keres(1950)

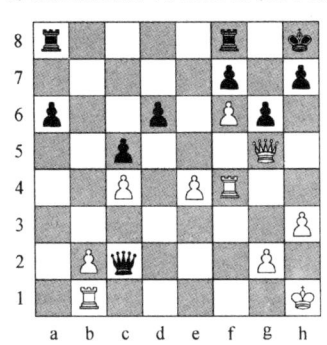

白方先走

4. Pan vs Mjatezs(2016)

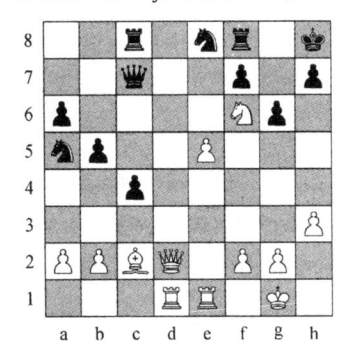

白方先走

5. Tal vs Andersson(1976)

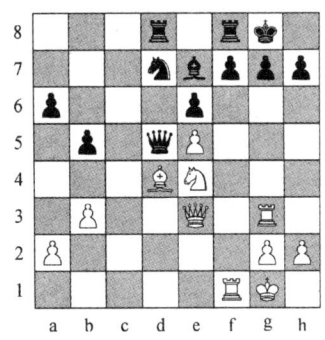

白方先走

6. Gilg vs Westermeier(1970)

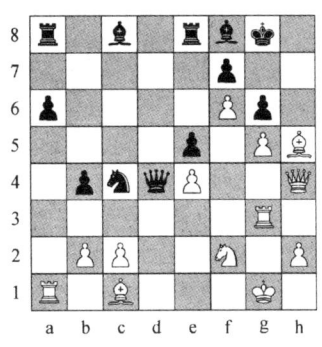

白方先走

习题答案

1. **1. Nc6**,腾挪攻击后并威胁 2.

Qxh7＋ Kxh7　3. Rh4♯，黑方要丢后，但战斗并没有结束。**1. ···Qc5　2. Rh4 Qh5　3. Rxh5 gxh5**，黑方寄希望沿 h 直线反击，但黑象的斜线现在封闭，这为白方赢得时间。**4. Rb1**，直接威胁车吃象，再走马到 e7。**4. ···Bxc6**，如果走 4. ···Rg6，则 5. Rxb7 Rxh6　6. Rb8＋ Rc8　7. Rxc8♯。**5. Rb8**，引离或牵制 g8 车，白方将 f6 兵支持后到 g7 杀王。

2. 黑方威胁车吃后，但白方已经可以总攻了。**1. Rxh7＋**，弃车摧毁兵障。**1. ···Qxh7　2. Rxh7＋ Kg8　3. Rh8＋**，弃车引入。**3. ···Kxh8　4. Qh6＋ Kg8　5. Qg7♯**，兵支持后杀王的洛利杀法。

3. **1. Qh6**，置车被吃于不顾，进后叫绝杀，黑方认输，接下来 1. ···Qxb1＋　2. Kh2 Qh1＋　3. Kxh1 Rg8　4. Qxh7＋，弃后摧毁兵障。4. ···Kxh7　5. Rh4♯，形成兵控制，车将杀的洛利杀法。

4. **1. Qh6**，威胁马支持后杀王。**1. ···Nxf6　2. exf6**，打入兵楔，威胁 f6 兵支持后杀王。**2. ···Rg8　3. Re7**，也可以直接走 3. Re4 Qc5　4. Qxh7＋ Kxh7　5. Rh4＋ Qh5　6. Rxh5♯，车将军与兵控制的洛利杀法。**3. ···Nc6　4. Rxc7 Rxc7　5. Rd5**，提高车杀法。**5. ···Rcc8　6. Qxh7＋ Kxh7　7. Rh5♯**，车将军与兵控制的洛利杀法。

5. **1. Nf6＋ Bxf6　2. exf6**，打入兵楔。**2. ···g6　3. Rg4 Kh8　4. Bb6 Rc8　5. Qh6 Rg8　6. Rd4 Nxb6　7. Rxd5 Nxd5　8. Rf3**，提高车杀法。**8. ···Rc3　9. Rxc3 Nxc3**，白方通过洛利杀法威胁取得物质优势和局面优势，黑方只得认输。

6. **1. Bxg6**，弃象摧毁兵障。**1. ···fxg6　2. f7＋**，弃兵引离黑王。**3. ···Kxf7　4. Qh7＋ Bg7　5. Rf3＋ Bf5　6. exf5 e4　7. Qxg6＋ Kf8　8. f6 exf3　9. Qxg7♯**，f6 兵支持后杀王。

第二十一章　莫菲杀法

保罗·查尔斯·莫菲（Paul Charles Morphy,1837—1884年）出生于美国新奥尔良的一个富裕而显赫的家庭。莫菲从小看他父亲和叔叔下棋就学会了下国际象棋。一次，他静静地观看他父亲和叔叔下了一盘长对局，他们把棋子推乱同意和棋。莫菲却说他叔叔可以赢这盘棋。于是，他把棋子摆上，演示如何走可以赢。这使他的父亲和叔叔非常吃惊。他九岁时就被认为是新奥尔良最佳棋手之一。

他1857年在路易斯安那大学获法学学士后，由于未到从事律师工作的年龄而有一段空闲时间。同年，他被邀请参加全美首届国际象棋大会，比赛中，他击败所有对手成为全美冠军。

1858年，莫菲来到欧洲挑战当时的国际象棋高手。先是到英国，挑战当时的欧洲冠军斯汤顿，但被斯汤顿以种种理由拒绝。于是，他渡过英吉利海峡来到法国。在巴黎摄政咖啡馆，他首先完胜常驻咖啡馆专业棋手哈尔维茨，接着迎战德国的当时第一个非正式世界冠军安德森。莫菲当时身患流感,非常虚弱,得有人搀扶才能站起。尽管如此，他以胜7和2负2战胜安德森，从此被认为是第二个非正式世界冠军。

在英国和法国，莫菲进行了许多车轮表演赛，其中还有一对八的蒙目车轮战。在没有对手的情况下，他进行对局，不是让兵就是让先。

1859年5月，从欧洲返回美国后，正式宣布退出国际象棋公开比赛。

1884年6月10日，中午天气炎热，莫菲走了很远的路程回到家里，在浴缸里泡凉水澡得了中风而去世，年仅47岁。

现在，许多业余棋手认为莫菲是卓越的战术组合棋手，特别擅长弃后将杀。通常人们还是认为他是第一个现代派局面性棋手。

"莫菲杀法"（Morphy's Mate）这一名称来自他与保尔森的对局，莫菲弃后将杀保尔森。我们先看一看这种将杀的基本局面，然后再欣赏莫菲与保尔森的对局及其他实战中的莫菲杀法。

国际象棋 经典杀法

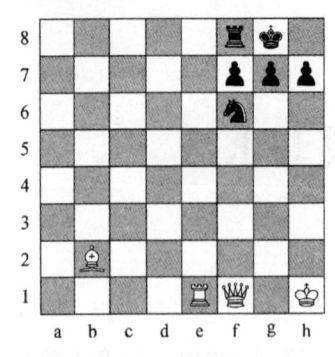

白方先走

1. Qxf6 gxf6，黑方被迫接受弃后，为黑方打开大斜线和 g 线。**2. Rg1+ Kh8 3. Bxf6#**，象在大斜线将军，王前有兵堵塞，逃跑格受车控制的莫菲杀法。

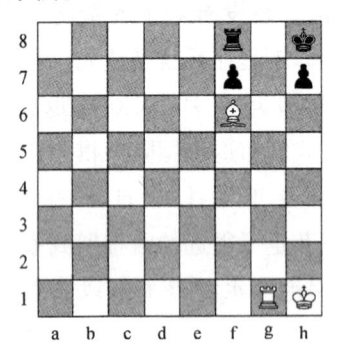

下面我们欣赏莫菲杀法的实战对局。

Paulsen vs Morphy(1857)

1. e4 e5 2. Nf3 Nc6 3. Nc3 Nf6 4. Bb5 Bc5

现代棋手一般走 4. ⋯ Bb4，形成对称局面或者走 4. ⋯ Nd4 的鲁宾斯坦防御。

5. O-O

走 5. Nxe5 能获一点点优势。

5. ⋯ O-O 6. Nxe5 Re8

如果走 6. ⋯ Nxe5，则 7. d4，白方得回子，并且出子占优。

7. Nxc6

一个子连续走三次，使对方出子占优。

7. ⋯ dxc6 8. Bc4 b5

黑方现在不能得回兵。例如：8. ⋯ Nxe4 9. Nxe4 Rxe4 10. Bxf7+ Kxf7 11. Qf3+，白方用象换车，交换占便宜。

现在黑方的着法迫使白方做出选择，如走 9. Bb3，黑方可走 9. ⋯ Bb4；如走 9. Be2，则解除了白象对 f7 兵的压力。

9. Be2 Nxe4 10. Nxe4

如走 10. Bf3，黑方可通过以下着法获胜，10. ⋯ Nxf2 11. Rxf2 Qd4 12. Ne4 （不能走 12. Qf1，否则 12. ⋯ Qxf2+ 13. Qxf2 Re1 将杀）12. ⋯ Rxe4 13. Bxe4 Qxf2+ 14. Kh1 Bg4 15. Bf3 Re8 16. h3 Bxf3 17. gxf3 Re2 18. f4 Qg2# 将杀。

10. ⋯ Rxe4 11. Bf3 Re6 12. c3?

这是步劣着，削弱了 d3 格，这是致命的。黑方将立即占领这个格，使白方后翼瘫痪。较好的着法是走 12. d3，形成大致均势局面。黑方虽然出子占优，但有叠兵。

12. ⋯ Qd3

简单有效的着法，迫使白方徒劳地开展后翼子力。

13. b4 Bb6 14. a4 bxa4 15. Qxa4 Bd7

这不是最佳着法，把 a6 格让给了白后。正确着法是 15. … Bb7，接下来将是 16. Ra2 Rae8（威胁走 17. … Qxf1，再 18. … Re1 将杀）17. Qd1 Ba6！

16. Ra2 Rae8 17. Qa6（如下图）

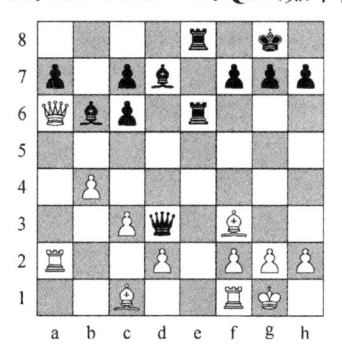

解救了 17. … Qxf1 的威胁，却让黑方走出更令人称赞的弃后将杀的着法。如果走 17. Qd1，则 17. … c5，再 18. … Bb5。

17. … Qxf3

这一弃后的思路是打开 g 线和大斜线。白方的后、后翼车和后翼象几乎无所作为，黑方这一弃后具有决定性的意义。据说，当时观战的棋手，大部分是一般棋手，不能理解这一弃后的重要性，认为莫菲突然发疯了。

18. gxf3 Rg6+ 19. Kh1 Bh3

威胁着 20. … Bg2+ 21. Kg1 Bxf3 将杀。对此，白方没有什么有效的防御手段。如果走 20. Rg1 Rxg1+ 21. Kxg1 Re1 将杀；如果 20. Qd3（攻击黑车）f5 21. Qc4+ Kf8！，白方还得如对局走 22. Rd1。

20. Rd1（见下图）

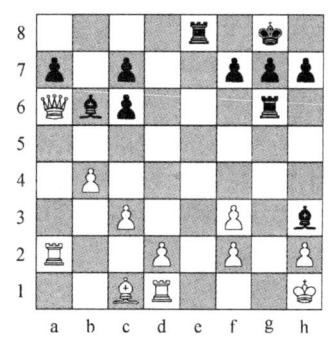

至此，莫菲可以六步杀王，但他没走出最强的续着。

20. … Bg2+ 21. Kg1 Bxf3+ 22. Kf1

实战继续的着法是 22. … Bg2+ 23. Kg1 Bh3+（更优雅的着法是 23. … Be4+ 24. Kf1 Bf5！ 25. Qe2 Bh3+ 24. Ke1 Rg1♯）24. Kh1 Bxf2 25. Qf1 Bxf1 26. Rxf1 Re2 27. Ra1 Rh6 28. d4? Be3，白方认输。

以下是最强的续着。

22. … Rg2 23. Qd3

如果 23. Qxb6，则 23. … Rxh2，再 24. … Rh1 将杀。

23. … Rxf2+ 24. Kg1 Rg2+ 25. Kh1/f1 Rg1♯

这种令人难忘的莫菲将杀以后在对局中反复出现。

国际象棋 经典杀法

Nimzowitsch vs Nielsen(1930)

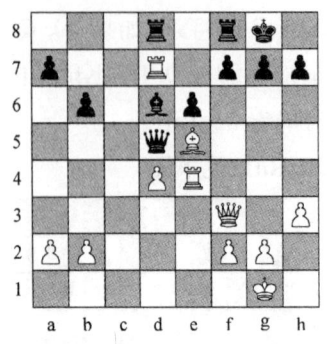

白方先走

1. Rxd6！，弃车吃象，消除黑象对白方大斜线象的攻击，**1. …Rxd6 2. Qf6**！，后象协同大斜线攻击 g7 杀王，黑方认输，因为 2. …gxf6(2. …Qxe5 3. Qxe5，黑方丢后也是输棋)3. Rg4+ Kh8 4. Bxf6#，形成象将军，车控制的莫菲杀法。

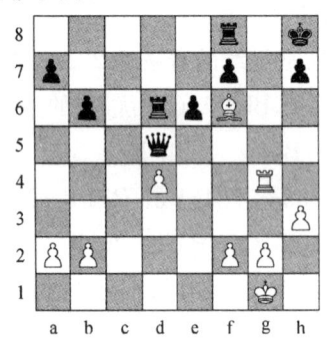

Oliveira/Kiss vs Reti/Vianna(1925)

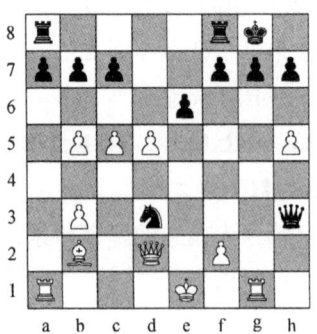

白方先走

1. Qxd3，弃后吃马，黑方认输，接下来 1. …Qxd3 2. Rxg7+ Kh8 3. Rxf7+，利用风车战术先手吃掉 f 兵，以免黑方进兵垫将。3. …Qc3+(3. …Kg8 4. Rg7+ Kh8 5. Rg3+ Qd4 6. Bxd4+ e5 7. Bxe5+ Rf6 8. Bxf6#) 4. Bxc3+ e5 5. Bxe5+ Kg8 6. Rg7+ Kh8 7. Rg1+ Rf6 8. Bxf6#，莫菲杀法。

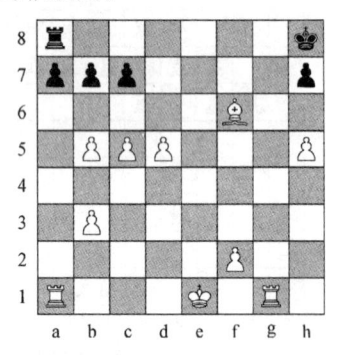

习题

1. Schmittdiel vs T Ernst(1987)

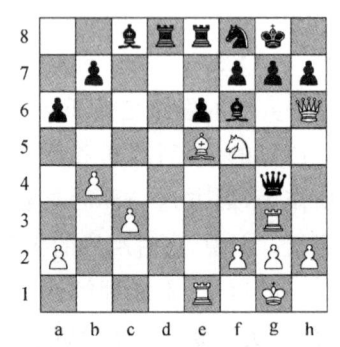

白方先走

2. Owen vs Burn(1887)

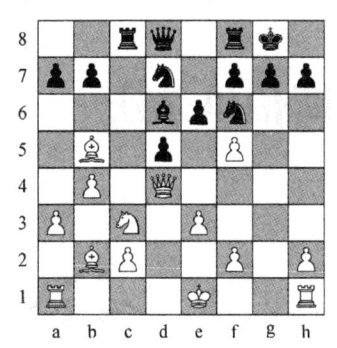

白方先走

3. Reshevsky vs Shainswit(1951)

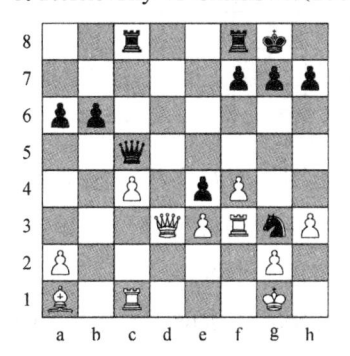

白方先走

4. Palmer vs Moody(1999)

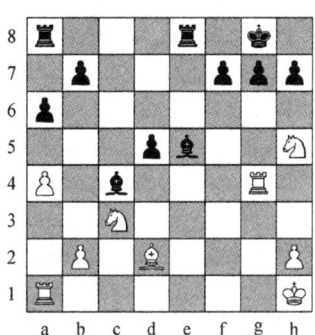

白方先走

第二十一章 莫菲杀法 I

习题答案

1. **1. Bxf6 exf5**，如果 1. …gxh6，则 2. Nxh6♯，马象配合杀。**2. Qxg7+**，穿透战术。**2. … Qxg7   3. Rxg7+ Kh8   4. Rg4♯**，闪将，形成象将军，车控制王逃路的莫菲杀法。

2. **1. Bxd7**，消除保护。**1. …Qxd7 2. Nxd5**，弃马腾挪。**2. … Ne8**，如果 2. …exd5，则 3. Qxf6 gxf6   4. Rg1+ Kh8   5. Bxf6♯，莫菲杀法。**3. Nf6+**，弃马，既是引离又是引入。**3. … gxf6   4. Rg1+ Kh8   5. Qxf6+ Nxf6 6. Bxf6♯**，莫菲杀法。

3. **1. Rxg3**，弃后，车占要道。**1. …exd3   2. Rxg7+ Kh8   3. Rxf7+**，利用风车战术先手吃掉 f 兵，以免将来垫将。**3. …Kg8   4. Rg7+ Kh8 5. Rg3+**，黑方认输，因为 5. …Qe5 6. Bxe5+ Rf6   7. Bxf6♯，莫菲杀法。

4. **1. Nxg7**，弃马摧毁兵障。**1. … Bxg7   2. Rag1 d4   3. Rxg7+ Kh8 4. R7g4 Rad8   5. Bg5 Rd6   6. Rxd4**，捉双引离黑车，黑方认输，因为 6. …Rxd4(否则丢象) 7. Bf6♯，莫菲杀法。

139

第二十二章　皮尔斯伯里杀法

哈里·纳尔逊·皮尔斯伯里（Harry Nelson Pillsbury）1872年出生于美国马萨诸塞州萨默维尔城，后来移居纽约和费城。1890年，刚学会下棋两个月就战胜当时著名棋手斯通。1892年以2：1战胜世界冠军斯坦尼茨，不过斯坦尼茨让他一兵。

1895年举行黑斯廷斯国际象棋联赛，世界所有高手参加比赛，年仅23岁的皮尔斯伯里摘得桂冠，高居拉斯克、斯坦尼茨、齐戈林、冈斯伯格、塔拉什、什莱希特、贾诺伍斯基之上。

1897年，他击败当时的美国冠军索瓦尔特荣登冠军宝座，保持这一头衔直至1906年去世。

皮尔斯伯里特别擅长蒙目车轮战，曾创1对22纪录。他可以同时下国际象棋、下国际跳棋、打一手扑克牌和背诵长长的剧本台词。

皮尔斯伯里杀法（Pillsbury's Mate）的名称来源于1899年他与李在伦敦下的一盘棋。下面我们先看一看这种杀法的基本形态。

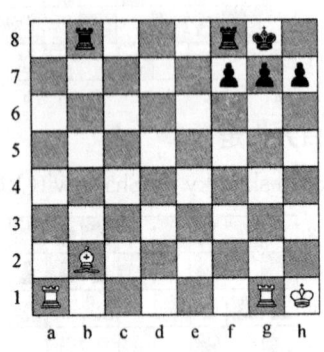

上图局面在实战中经常遇到，一般棋手不能很好处理。实际上，白方先走可以三步将杀。

1. Rxg7＋ Kh8　2. Rg8＋ Kxg8 3. Rg1♯，皮尔斯伯里杀法。

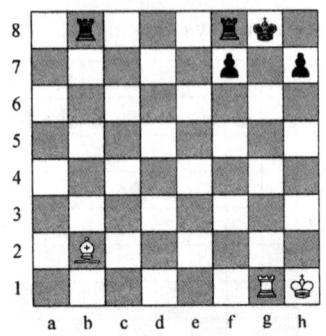

这种杀法与莫菲杀法很相似。许多书经常混淆这两种杀法。本书区别这两种杀法的标准是：用象或后斜线将军的将杀是莫菲杀法；用车或后直线将军的将杀是皮尔斯伯里杀法。

下面再看一个皮尔斯伯里杀法的形式。

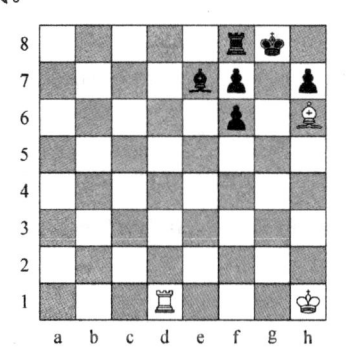

如上图所示，一般棋手会满足于用白象换黑车，占个便宜，实际上，白方可以连将杀。

1. Rg1＋ Kh8　2. Bg7＋ Kg8　3. Bxf6♯，皮尔斯伯里杀法。最后的局面与上个将杀局面很相似。

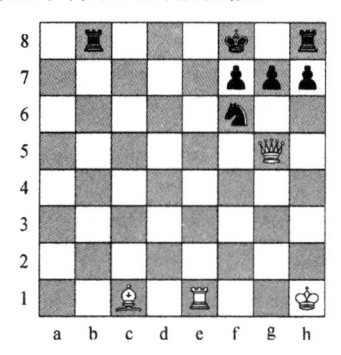

如上图所示，可以形成另一种皮尔斯伯里杀法局面。

1. Qxf6 gxf6　2. Bh6＋ Kg8　3. Rg1♯，象在h6控制王的逃跑格和车在g线将杀的皮尔斯伯里杀法。

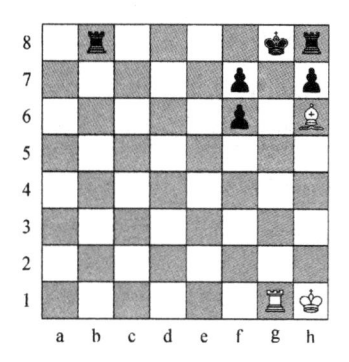

第二十二章　皮尔斯伯里杀法 I

如果黑方底线没有防守，白方也可以Re8将杀，如下图所示。

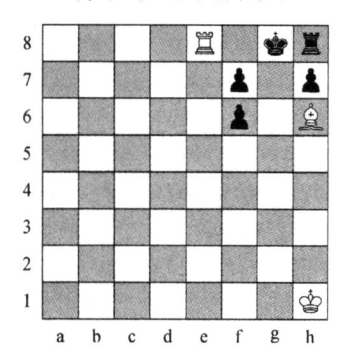

下面请看皮尔斯伯里与李的对局。

Pillsbury vs Lee(1899)

1. d4 d5　2. c4 e6　3. Nc3 Nf6　4. Bg5 Nbd7　5. e3 Be7　6. Nf3 b6？

这步棋在后翼弃兵正统防御中从来就被认为不是好的着法，特别是未进行易位的情况下。正是皮尔斯伯里找到了回击这一着的办法。

7. cxd5

黑方打算把白格象走到b7控制大斜线，白方就开始封堵这条大斜线。

7. … exd5

141

黑方若不想大斜线被封堵走 7. … Nxd5，则 8. Nxd5 Bxg5 9. Nxc7＋黑方多丢一兵。

8. Bb5

既牵制黑马又威胁着占据 c6 格黑方露出的洞。

8. … Bb7 9. Ne5！

与象一起双重攻击黑方被牵制的马，同时控制黑方 c6 弱格。

9. … O—O 10. Bc6 Rb8

如果走 10. … Bxc6 11. Nxc6 Qe8 12. Nxe7＋与实战雷同。

11. Bxb7 Rxb7 12. Nc6 Qe8 13. Nxe7＋ Qxe7

这是整个组合的要点，黑方必丢一兵。

14. Nxd5 Qe4

双重打击白方的马和 g2 兵。

15. Nxf6＋ gxf6 16. Bh6 Qxg2？

(见下图)

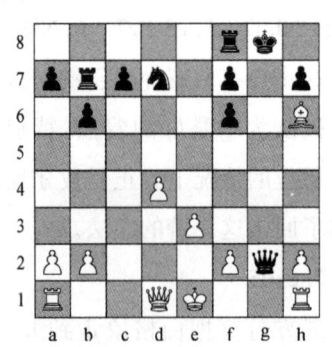

这是劣着。对不熟悉皮尔斯伯里将杀的棋手是可以原谅的。表面看是很好的着法，既吃回一兵又攻击白方没有保护的车。

17. Qf3！

这是最好的弃后。如果接受弃后，白方四步连杀。

17. … Qxf3 18. Rg1＋ Kh8 19. Bg7＋ Kg8 20. Bxf6＋ Qg4 21. Rxg4♯

实际对局时，白方走出 17. Qf3，黑方就认输了。

Anderssen vs Suhle(1860)

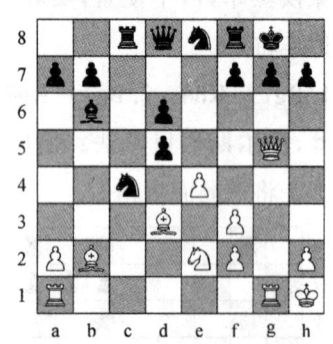

1. Qxg7＋，弃后摧毁兵障。**1. … Nxg7 2. Rxg7＋ Kh8 3. Rg8＋**，弃车双将，引入黑王。**3. … Kxg8 4. Rg1＋ Qg5 5. Rxg5♯**，皮尔斯伯里杀法。

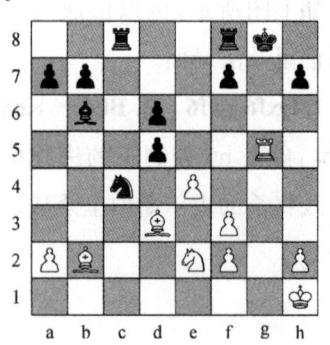

安德森走出这一杀法后 12 年皮尔斯伯里才降生。因为在国际象棋里,以安德森命名的杀法和变例太多了,所以这个杀法还是叫皮尔斯伯里杀法。

Moeller vs NN(1898)

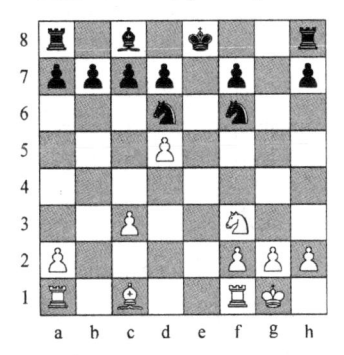

白方先走

1. Re1+ Kf8 2. Bh6+ Kg8 3. Re5,提高车准备到 g5 将杀。3. ⋯ Nde4 4. Nd2,引离黑马。4. ⋯ d6 5. Nxe4,消除保护,黑方认输,因为 5. ⋯ Nxe4 (5. ⋯ dxe5 6. Nxf6♯,马象配合杀) 6. Re8♯,象在 h6 控制和车进底线将军的皮尔斯伯里杀法。

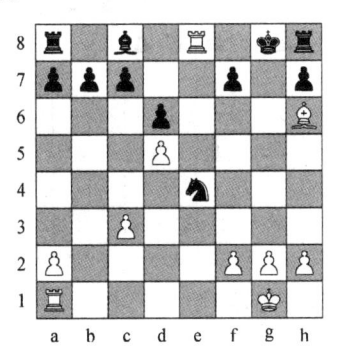

第二十二章 皮尔斯伯里杀法

Janowski vs Marshall(1912)

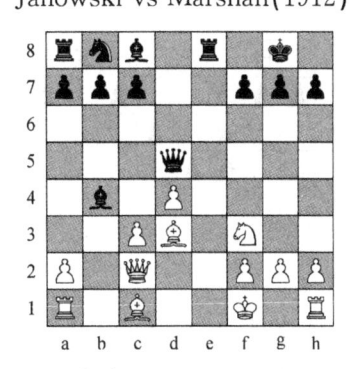

黑方先走

1. ⋯ Qxf3,置象被兵吃于不顾,再弃后引离 g2 兵。2. cxb4,如果 2. gxf3 Bh3+ 3. Kg1 Re1+ 4. Bf1 Rxf1♯,象控制,车进底线杀。2. ⋯ Nc6 3. Bb2 Nxb4 4. Bxh7+ Kh8 5. gxf3 Bh3+ 6. Kg1 Nxc2 7. Bxc2 Re2,车抢占对方的次底线。8. Rc1 Rae8 9. Bc3 R8e3,双击象和兵。10. Bb4 Rxf3 11. Bd1,串击双车,似乎得逞。11. ⋯ Rf6,退车叫杀,白方认输,因为 12. Bxe2 Rg6+ 13. Bg4 Rxg4♯,形成象在 h3 控制和车在 g 线将军的皮尔斯伯里杀法。

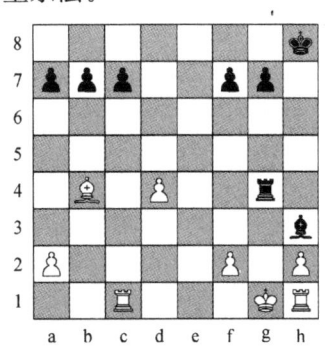

国际象棋 经典杀法

McLaren vs Chandler/ Laird(1978)

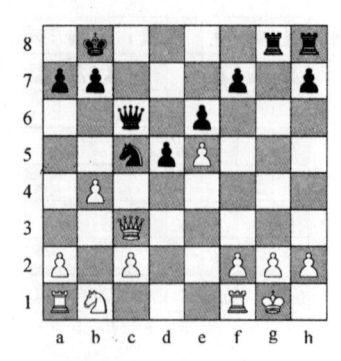

黑方先走

1. …**Rxg2**+，弃车摧毁兵障。2. **Kh1**，如果 2. Kxg2，则 2. …d4+ 3. Qf3 Rg8+ 4. Kh3 Qxf3+ 5. Kh4 Qg4#，车支持后杀王。2. …**d4**，腾挪。3. **Qxc5 Rg1**+，双将引入。4. **Kxg1 Rg8**#，后在大斜线控制和车将军的皮尔斯伯里杀法。

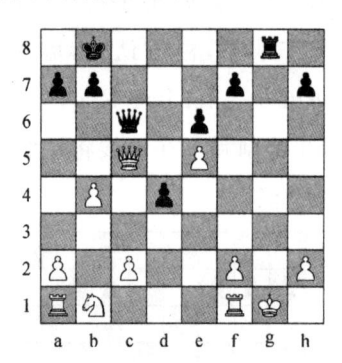

习题

1. MacDonnell vs Boden(1869)

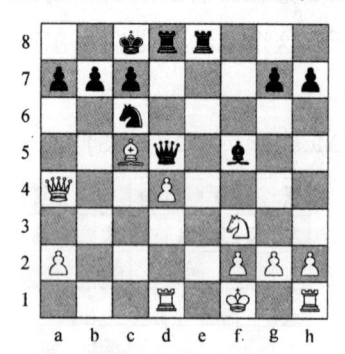

黑方先走

2. Kirdetzoff vs Kahn

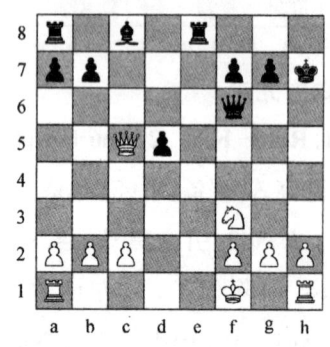

黑方先走

3. Soltis vs Gurevich(1981)

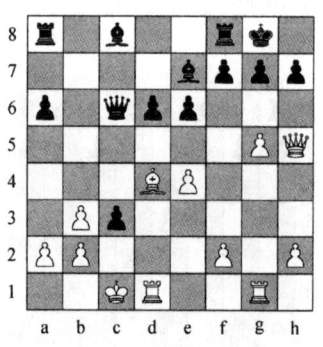

白方先走

习题答案

1. 1. …**Qxf3**,弃后吃马,引离 g 兵。**2. gxf3 Bh3+ 3. Kg1 Re6**,提高车杀法。**4. Qc2 Rxd4** 弃车叫杀。**5. Bxd4 Nxd4**,进马攻后并叫杀,白方认输,因为 6. Qd3(6. Rxd4 Re1♯)6. …Ne2+(引离白后)7. Qxe2 Rg6♯,象在 h3 控制和车在 g 线将军的皮尔斯伯里杀法。

2. 1. …**Qxf3**,弃后引离 g 兵。**2. gxf3 Bh3+ 3. Kg1 Re6**,提高车杀法。**4. Qc7 Rae8 5. Rf1 Re1**,白方认输,因为 6. Rxe1 Rxe1♯,象在 h3 控制和车进底线将军的皮尔斯伯里杀法。

3. 1. **Qh6**,后送兵口,威胁象支持后杀王。1. …**e5**,如果走 1. …gxh6,则 2. gxh6♯,闪将,皮尔斯伯里杀法。**2. Bxe5 dxe5 3. Qxc6**,白方利用皮尔斯伯里杀法威胁得后,已经胜券在握。**3. …cxb2+ 4. Kxb2 Be6 5. Qc7**,黑方认输。

第二十三章　泰曼诺夫弃马杀法

马克·叶夫根尼耶维奇·泰曼诺夫（Mark Evgenievich Taimanov）1926年出生于苏联的哈尔科夫，是苏联的主要国际象棋手。1953年就进入世界冠军候选人八强之列。从1946年到1956年他一直位于世界十强之列。1956年，他击败斯帕斯基等人获得苏联冠军。1971年，世界冠军候选人淘汰对抗赛中以0比6败给菲舍尔。几乎没有谁能像他那样击败过六位世界冠军（鲍特维尼克、斯梅斯洛夫、塔尔、彼得罗相、斯帕斯基和卡尔波夫）。

他还是当时苏联的顶尖钢琴家之一，他的钢琴二重奏录音被收入到"20世纪最伟大钢琴家"系列中。

在国际象棋西西里防御、现代别诺尼、尼姆佐－印度防御中都有以他的名字命名的变例。

泰曼诺夫弃马杀法（Taimanov's Knight Check）来自他与卡尔波夫的对局。泰曼诺夫弃马主要是迫使对方用边兵吃马，暴露出边线的王，然后用车或后在边线将军，由于a2-g8斜线受白象或后控制，g7有黑兵阻塞，黑

王被将杀。

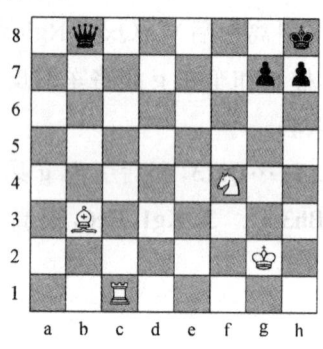

如上图所示，白方先走。

1. Ng6＋，这是泰曼诺夫弃马杀法，引离h兵，暴露黑王。**1. …hxg6 2. Rh1＋ Qh2＋ 3. Rxh2#**。

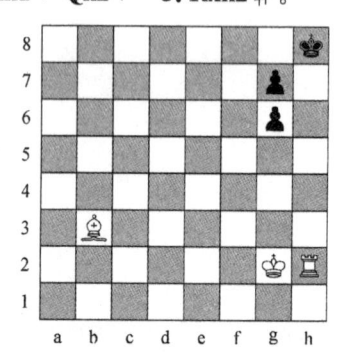

由于最后形成的将杀形式与格雷科杀法相同，所以有人把这一杀法归为格雷科杀法的一种。本书把Ng6弃马开线的杀法叫作泰曼诺夫弃马杀法，用其他方式开线形成的将杀叫作

格雷科杀法。泰曼诺夫弃马开线以后不仅可以形成格雷科杀法,也可以形成其他杀法。

下面我们来欣赏泰曼诺夫弃马将杀卡尔波夫。

Karpov vs Taimanov(1977)

1. e4 c5 2. Nf3 Nc6 3. d4 cxd4 4. Nxd4 a6 5. c4 e5 6. Nb3 Nf6 7. Nc3 Bb4 8. f3 O-O 9. Be3 d6 10. Rc1 b6 11. Bd3 Bc5 12. Qd2 Be6 13. Nxc5 bxc5 14. O-O Nd4 15. Nd5 Nd7 16. f4 Rb8 17. f5 Bxd5 18. cxd5 Qb6 19. Rf2 f6 20. Rc4 a5 21. Ra4 Ra8 22. Qe1 Ra7 23. b3 Rfa8 24. Rb2 Qc7 25. Bd2 Nb6 26. Rxa5 c4 27. Bf1 Rxa5 28. Bxa5 Qc5 29. Bxb6 Qxb6 30. Kh1 cxb3 31. axb3 g6 32. fxg6 hxg6 33. b4 Kg7 34. b5 f5 35. exf5 Nxf5 36. Rb3 Qd4 37. b6 Ra1 38. Rb1(见下图)

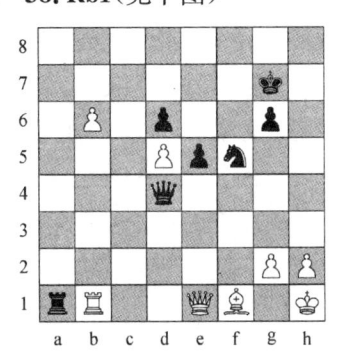

泰曼诺夫开始了弃马。

38. ··· Ng3+ 39. hxg3 Ra8

白方无法解救 40. ··· Rh8♯,泰曼诺夫弃马杀法。

Johnston vs Marshall(1899)

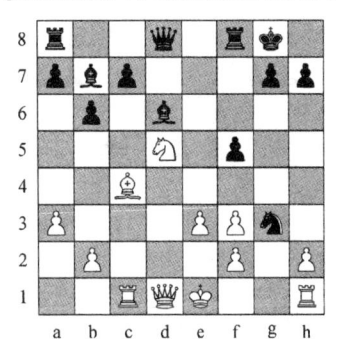

白方先走

1. Ne7+,双将。1. ··· Kh8 2. Ng6+,泰曼诺夫弃马杀法。2. ···hxg6 3. hxg3+,闪将。3. ···Qh4 4. Rxh4♯,白方车象配合杀王。

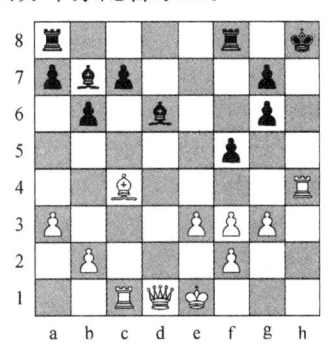

Grunfeld vs Torre(1925)

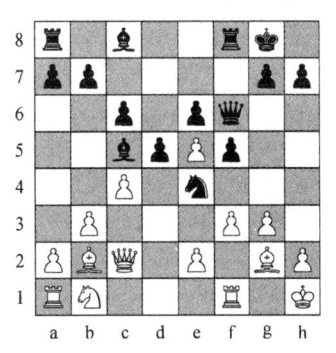

国际象棋 经典杀法

黑方先走

1. ···Nxg3+ 2. hxg3 Qh6+ 3. Bh3 Qxh3#,泰曼诺夫弃马杀法。

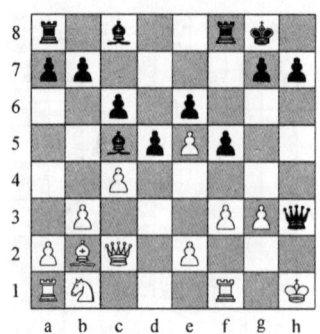

Reichert vs Diemer(1950)

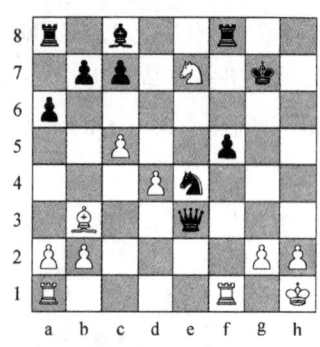

黑方先走

1. ···Ng3+ 2. hxg3 Rh8+,泰曼诺夫弃马杀法。

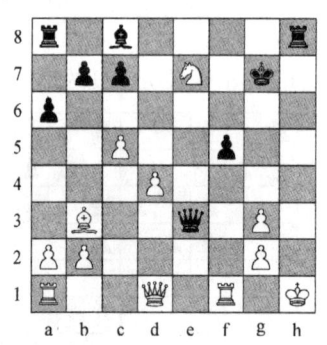

Hall vs Foord(2007)

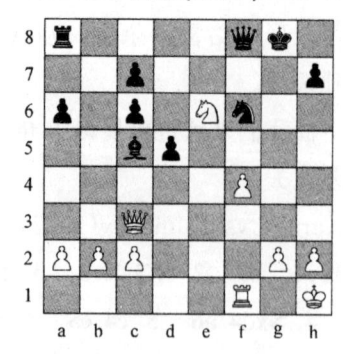

黑方先走

1. ··· Ne4,进马攻击白后。**2. Qe5**,如果走 2. Nxf8,则 2. ···Nxc3,黑方多子占优。**2. ···Ng3+**,泰曼诺夫弃马杀法,白方认输,因为 3. hxg3 Qh6+ 4. Qh5 Qxh5#。

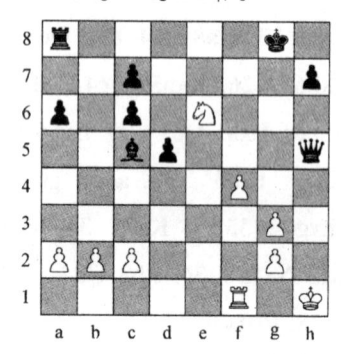

Sindarov vs Mithil(2019)

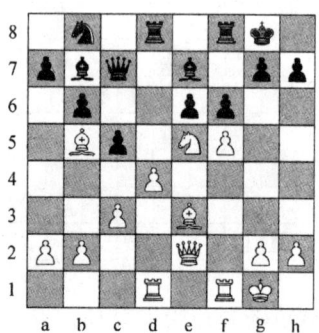

白方先走

1. Ng6,泰曼诺夫弃马杀法。**1. ⋯ hxg6   2. fxg6**,打入兵楔,威胁 3. Qh5 叫杀。**2. ⋯Rd5   3. Bf4 Qc8   4. Bc4 Qc6   5. dxc5 Bxc5＋   6. Kh1 Ba6 7. Rxd5 Qxd5**,如果 7. ⋯exd5,则 8. Qh5 Rd8   9. Qh7＋ Kf8   10. Qh8＋ Ke7   11. Re1＋ Kd7   12. Qh3＋ f5 13. Qxf5＋ Qe6   14. Qxe6♯,后车象配合杀。**8. Qxe6＋**,穿透战术。**8. ⋯ Qxe6   9. Bxe6＋ Kh8   10. Rf3**,提高车杀法,黑方无法解车象配合杀王,只得认输。

Iotov vs Millar(2008)

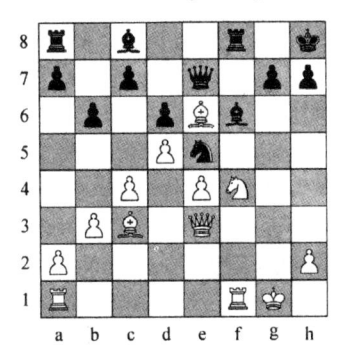

白方先走

1. Bxe5,消除保护。**1. ⋯dxe5 2. Ng6＋**,泰曼诺夫弃马杀法。**2. ⋯ hxg6   3. Qh3＋**,黑方认输,接下来 3. ⋯Bh4   4. Rxf8＋ Kh7   5. Bxc8 Qxf8   6. Qxh4＋ Kg8   7. Be6＋ Qf7 8. Bxf7＋ Kxf7   9. Rf1＋**,白方多一后并有攻势。

第二十三章　泰曼诺夫弃马杀法 I

Mamedyarov vs Timofeev(2004)

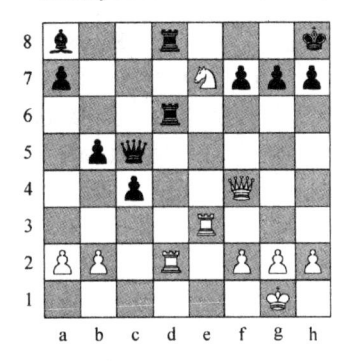

白方先走

1. Ng6＋,泰曼诺夫弃马杀法。**1. ⋯hxg6   2. Qh4＋ Qh5   3. Qxd8＋ Rxd8   4. Rxd8＋ Kh7   5. Ree8**,双车威胁走廊杀法,黑方认输,因为要想解杀将被串击丢后。

习题

1. NN vs Burn(1866)

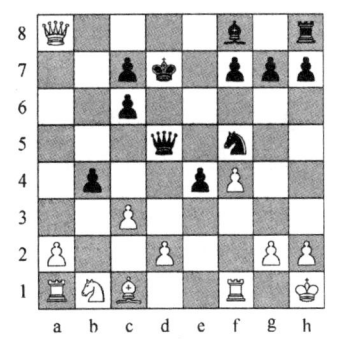

黑方先走

2. Koemetter vs Welling(1995)

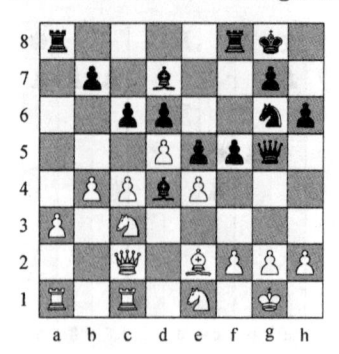

黑方先走

3. Cochrane vs NN(1842)

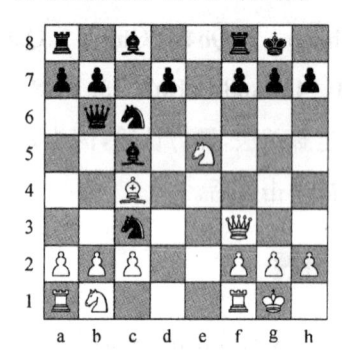

白方先走

4. Euwe vs Wiersma(1920)

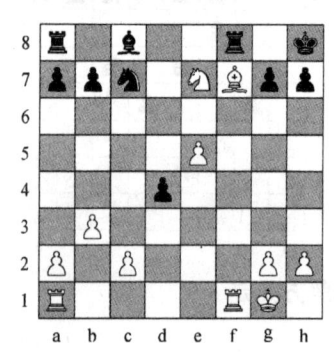

白方先走

5. Nijboer vs Adams(1998)

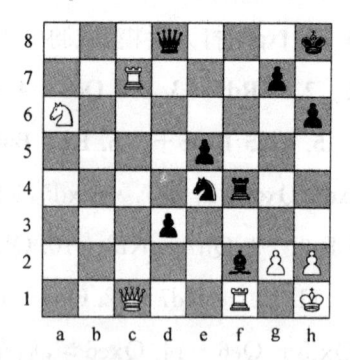

黑方先走

6. Anderssen vs Max Lange(1859)

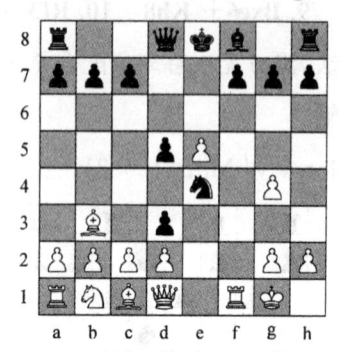

黑方先走

习题答案

1. **1. …Bc5**，黑方已经弃了一车，现在再弃一车，出象占要位。**2. Qxh8 Ng3+　3. hxg3 Qh5#**，泰曼诺夫弃马杀法。

2. **1. …Nf4**，跳入特洛伊木马，威胁支持后吃 g 兵杀王。**2. Bf1 Nh3+　3. Kh1 Nxf2+　4. Kg1 Nxe4+**，风车战术。**5. Kh1 Ng3+　6. hxg3 Qh5#**，泰曼诺夫弃马杀法。

3. **1. Bxf7＋ Rxf7**，如果 1. ⋯Kh8，则 2.Ng6＋ hxg6　3.Qh3♯，泰曼诺夫弃马杀法。**2. Qxf7＋ Kh8　3. Qe8＋ Bf8　4. Qxf8♯**，单后底线杀。

4. **1. Rf4**，提高车杀法。**1. ⋯Be6　2. Ng6＋ hxg6　3. Rh4♯**，泰曼诺夫弃马杀法。

5. **1. ⋯Ng3＋**，泰曼诺夫弃马杀法，黑方认输，因为 2.hxg3 Qh4＋（弃后引入 g 兵）3.gxh4 Rxh4♯。

6. **1. ⋯Bc5＋**，象将军占据要位。**2. Kh1 Ng3＋**，泰曼诺夫弃马杀法。**3. hxg3 Qg5　4. Rf5 h5**，弃后，威胁闪将杀，引离 g 兵。**5. gxh5 Qxf5　6. g4 Qf2**，威胁后象配合格雷科杀法。**7. g3 Qxg3　8. Qf1 Qxg4**，威胁后车配合走廊杀法，白方已无好着。**9. Qxf7＋ Kxf7　10. Bxd5＋ Ke7　11. Bg2 Qh4＋　12. Bh3 Qxh3♯**，后象配合格雷科杀法。

第二十四章　武科维奇杀法

弗拉基米尔·武科维奇（Vladimir Vukovic）（1898—1975年），南斯拉夫棋手，1951年被授予国际大师称号，1952年成为国际裁判。他曾代表南斯拉夫于1927年和1936年两次参加奥林匹克团体赛。他曾出版两本主要著作，一本《国际象棋攻王艺术》(The Art of Attack in Chess)，另一本《国际象棋弃子战术》(The Chess Sacrifice)，因此而闻名棋坛。

在《国际象棋弃子战术》一书的第四章将杀模式中有一节"不需对方棋子堵塞的典型将杀"，其中展示了武科维奇杀法(Vukovic's Mate)。当时不是以此命名，后来人们把此杀法称为"武科维奇杀法"。

武科维奇杀法如图所示，车在兵的支持下贴王将杀并且马控王的逃跑格。支持车将军可以是任何其他的棋子。

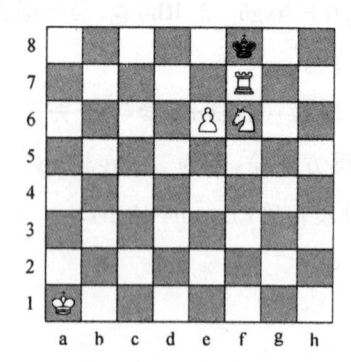

下面请看实战例局。

Krishna vs Utsab(2019)

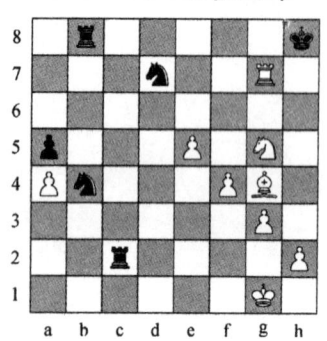

白方先走

1. Rh7+ Kg8　2. Be6+ Kf8　3. Rf7+，黑方认输，接下来 3.…Kg8（3.…Ke8　4. Bxd7+ Kd8　5. Ne6#）4. Rxd7+（消除保护）4.…Kf8　5. Nh7+ Ke8　6. Nf6+ Kf8　7. Rf7#，白方象支持车将军的武科维奇杀法。

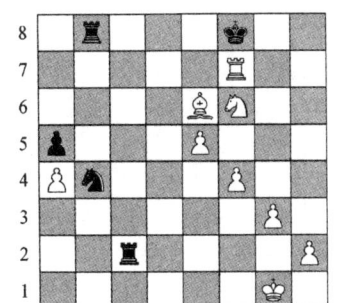

第二十四章 武科维奇杀法

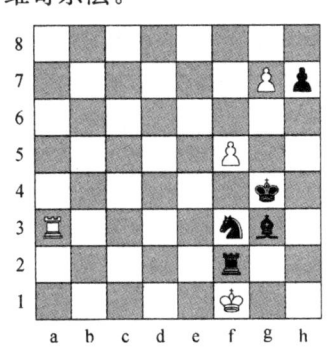

Kholopov vs Matsenko(2011)

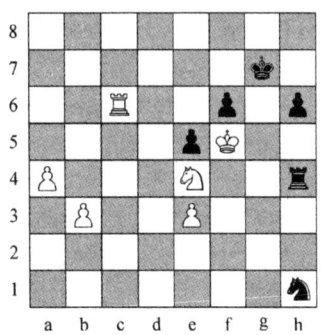

白方先走

1. Rc7+ Kf8　2. Nxf6 Rb4　3. Kg6 Rb8　4. Rf7#，王保护车将军并且马控制的武科维奇杀法。

Aponte vs Makepeace(2010)

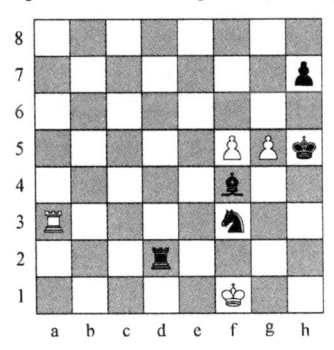

黑方先走

1. …Kg4　2. g6 Bg3　3. g7（3. Rxf3 Kxf3，黑方无法解杀）3. …Rf2#，黑方象支持车将军并且马控制的武科维奇杀法。

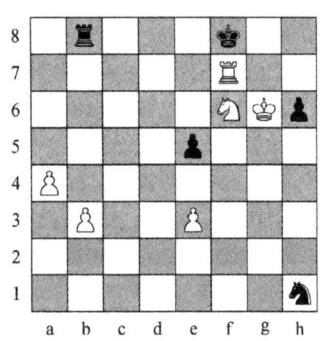

Iljushina vs Zakurdjaeva(2001)

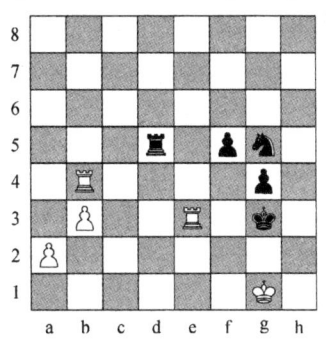

黑方先走

1. …Nf3+，解将还将。2. Kf1，如果 2. Rxf3，则 2. …gxf3，白方也无法

153

解杀。**2.** ⋯**Rd1**+ **3. Ke2 Rd2**+ **4. Kf1 Rf2**♯，黑方王支持车将军并且马控制的武科维奇杀法。

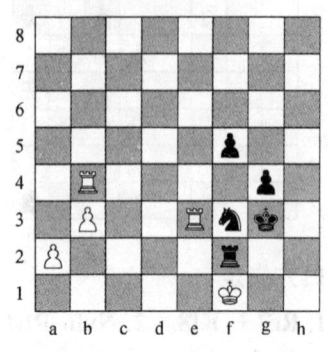

Cox vs Baruch(1972)

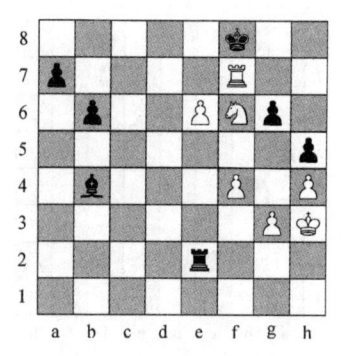

Hamann vs Gligoric(1972)

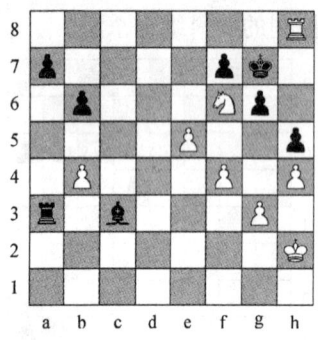

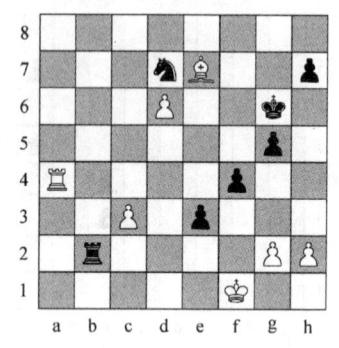

白方先走

1. Rg8+ **Kh6 2. Ne8**，叫杀。**2.** ⋯**Kh7 3. Rg7**+ **Kh8 4. Rxf7**，威胁 5. Nf6 支持车将军的阿拉伯杀法。**4.** ⋯**Kg8 5. Rc7 Bxb4 6. Nf6**+ **Kf8 7. e6**，威胁支持车将军的武科维奇杀法，黑方已无解着。**7.** ⋯**Ra2**+ **8. Kh3 Re2 9. Rf7**♯，白方兵支持车将军并且马控制的武科维奇杀法。

黑方先走

1. ⋯**f3**！，弃兵引离 g 兵，使其不能保护 f3 格。**2. gxf3**，如果 2. Ra1 fxg2+ 3. Kg1 Ne5，威胁 4. ⋯Nf3♯，黑方没有好着应对。**2.** ⋯**Ne5 3. Re4 Rf2**+ **4. Ke1**，如果 4. Kg1 Nxf3+ 5. Kh1 Rxh2♯，车马配合阿拉伯杀法。**4.** ⋯**Nd3**+ **5. Kd1 Rd2**♯，黑方兵保护车将军并且马控制的武科维奇杀法。

第二十四章 武科维奇杀法 Ⅰ

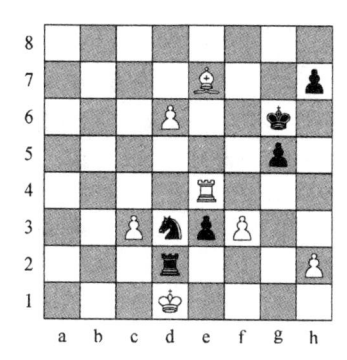

Topalov vs Kramnik(2008)

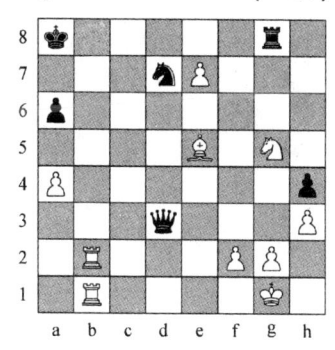

白方先走

1. Ne6,黑方认输,接下来 1. …
Qe4　2. Nc7＋ Ka7　3. Bd4＋(引离
黑后)3. …Qxd4(3. …Nc5　4. Bxc5
♯)4. Rb7♯,车支持车将军并且马控
制的武科维奇杀法。

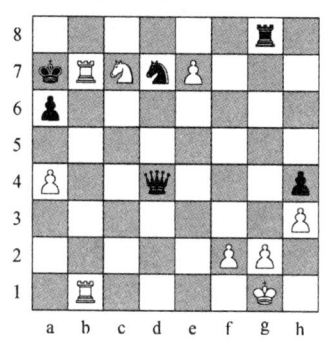

Danek vs Hanuliak(2001)

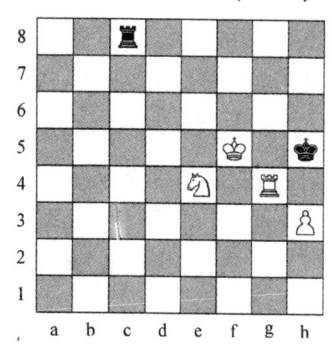

白方先走

1. Nf6＋ Kh6　2. Rg6♯,王支持
车将军并且马控制的武科维奇杀法。

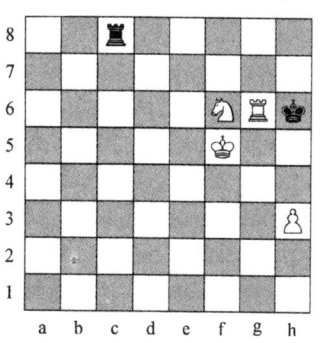

Rhode vs Zitzewitz(1910)

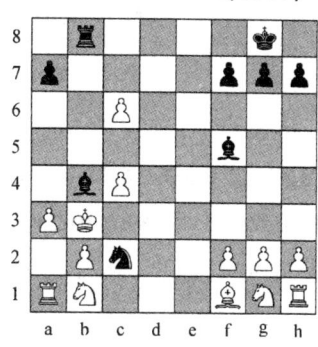

黑方先走

1. …Bxa3＋,闪将,白方认输,接
下来 2. Kc3(2. Ka4 Bc5　3. Ra2
Rb4＋　4. Ka5 Bb6＋　5. Ka6 Bc8

155

国际象棋 经典杀法

♯)2. …Bb4+ 3. Kb3 Bd2+ 4. Ka4 Rb4+ 5. Ka5 Nd4（置象被吃于不顾，跳马叫杀）6. Nxd2 Nxc6+ 7. Ka6 Rb6♯，兵支持车在次边线将军并且马控制的武科维奇杀法。

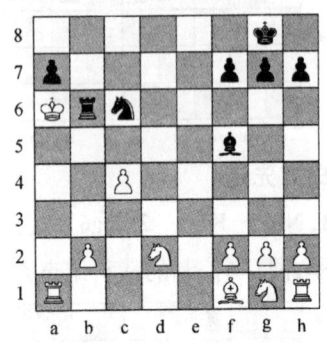

Akobian vs Ibragimov(2006)

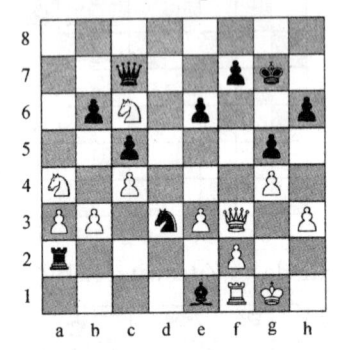

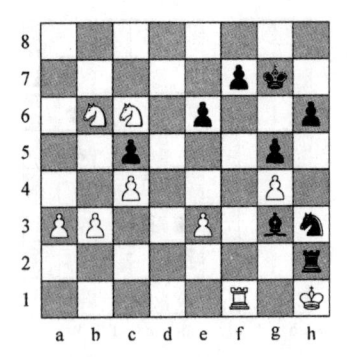

Bronstein vs Geller(1961)

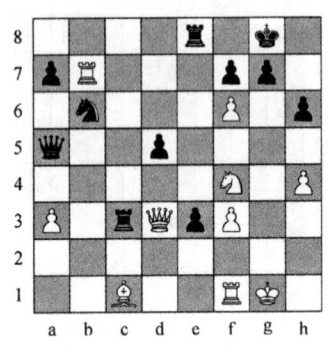

黑方先走

1. …**Bxf2+**，摧毁兵障。**2. Kh1 Qg3 3. Qxg3 Bxg3 4. Nxb6 Nf2+ 5. Kg1 Nxh3+ 6. Kh1 Rh2♯**，象支持车将军并且马控制的武科维奇杀法。

白方先走

1. **Qg6**，弃后引离 f 兵，黑方认输，因为 1. …fxg6 2. Rxg7+ Kh8 3. Nxg6♯，兵保护车控制与马将军的武科维奇杀法。

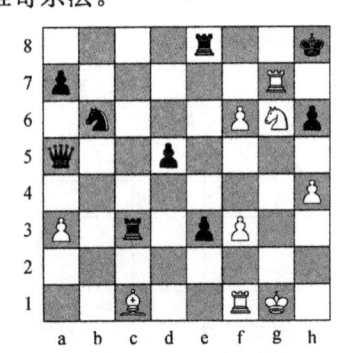

Aagaard vs Ismagambetov(2012)

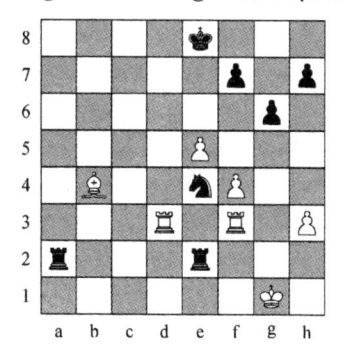

黑方先走

1. …Ng3，威胁车保护车将军并与马控制的武科维奇杀法，白方认输，因为要想解杀，就得遭受物质损失。

习题

1. Petrosian vs Corral(1954)

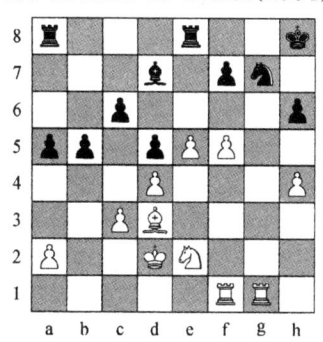

白方先走

2. Gueci vs Balaian(2013)

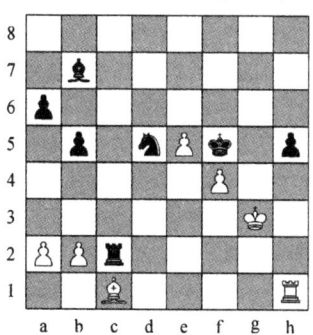

黑方先走

3. Radovsky vs Karlsson(1977)

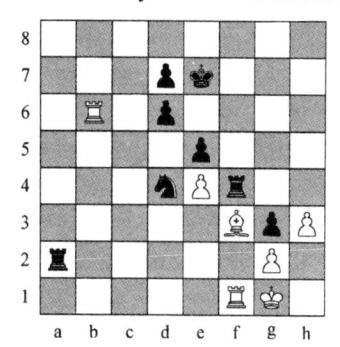

黑方先走

4. Byrne vs Fischer(1956)

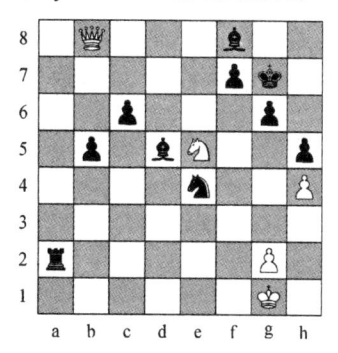

黑方先走

5. Staunton vs Williams(1851)

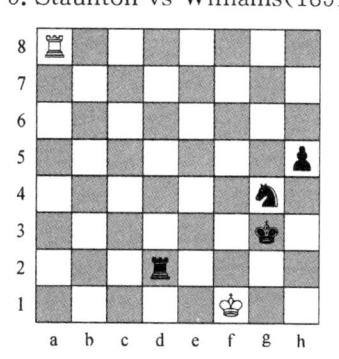

黑方先走

国际象棋 经典杀法

6. Svoboda vs Ruckschloss(2000)

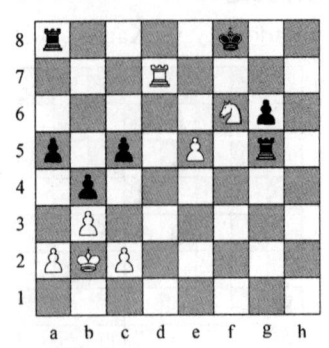

白方先走

习题答案

1. **1. e6**,引离 f 兵。**1. …fxe6 2. f6 Nf5 3. Bxf5 exf5 4. Rg7**,既威胁吃象,又威胁进马到 f4 再到 g6 武科维奇将杀,黑方认输。

2. **1. … Nxf4**,闪击并叫杀。**2. Rf1 Rg2+ 3. Kh4 Rg4#**,王保护车将军并且马控制的武科维奇杀法。

3. **1. …Rxf3**,弃车引离 g 兵,敞开第 2 横排,白方认输,接下来 2. gxf3 Rh2(威胁 3. …Ne2#,兵保护车控制与马将军杀)3. Rd1 Nxf3+ 4. Kf1 Rf2#,武科维奇杀法。

4. **1. …Bc5+ 2. Kf1 Ng3+ 3. Ke1 Bb4+ 4. Kd1 Bb3+ 5. Kc1 Ne2+ 6. Kb1 Nc3+ 7. Kc1 Rc2#**,象支持车将军并且马控制的武科维奇杀法。

5. **1. …Nh2+ 2. Ke1 Nf3+ 3. Kf1 Rf2#**,王支持车将军并且马控制的武科维奇杀法。

6. **1. e6 Re5 2. Rf7#**,兵支持车将军并且马控制的武科维奇杀法。

第二十五章　风车杀法

风车杀法(The Windmill Mate)也叫作"推磨杀法"或"跷跷板杀法",是指两个子配合,一将一抽吃,或一将一换位,将杀对方或取得巨大物质优势获胜。典型的是车在对方次底线与象配合,将一军,抽吃一子,再将一军,再抽吃一子,直至把次底线的子抽吃光,还可以再抽吃一个其他位置上的子。就好像风车来回转,磨盘来回推,跷跷板一起一落。

下面我们先看一看这一杀法的示例。如下图所示,轮到白方走棋。

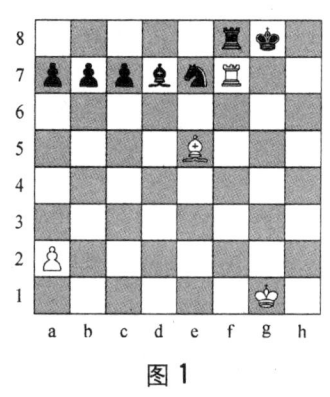

图 1

1. Rg7+ Kh8　2. Rxe7+ Kg8

白方风车开始转起来了,这是第一个一将一抽吃,接着来回将军和抽吃,直至把次底线所有的子和兵全抽吃光。

3. Rg7+ Kh8　4. Rxd7+ Kg8　5. Rg7+ Kh8　6. Rxc7+ Kg8　7. Rg7+ Kh8　8. Rxb7+ Kg8　9. Rg7+ Kh8　10. Rxa7

白方由少子少兵转成多子多兵,获胜只是早晚问题。

有人把这一杀法叫作"拉斯克跷跷板",理由是1925年拉斯克与托雷在莫斯科下的一局棋中使用了这一杀法。托雷使用了风车杀法赢了拉斯克。下面我们就看一看这一对局。

Torre vs Lasker(1925)

1. d4 Nf6　2. Nf3 e6　3. Bg5 c5　4. e3 cxd4　5. exd4 Be7　6. Nbd2 d6　7. c3 Nbd7　8. Bd3 b6　9. Nc4 Bb7　10. Qe2 Qc7　11. O-O O-O　12. Rfe1 Rfe8　13. Rad1 Nf8　14. Bc1 Nd5　15. Ng5 b5　16. Na3 b4　17. cxb4 Nxb4　18. Qh5 Bxg5　19. Bxg5 Nxd3　20. Rxd3 Qa5　21. b4 Qf5　22. Rg3 h6　23. Nc4 Qd5　24. Ne3 Qb5(见下图)

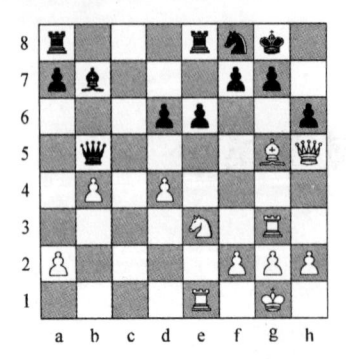

如图所示,轮到执白棋的托雷走棋。

25. Bf6!!

为了实现风车杀法,果断弃后。

25. …Qxh5 26. Rxg7+ Kh8

风车开始转起来。

27. Rxf7+ Kg8 28. Rg7+ Kh8 29. Rxb7+ Kg8 30. Rg7+ Kh8 31. Rg5+ Kh7 32. Rxh5 Kg6 33. Rh3 Kxf6 34. Rxh6+(见下图)

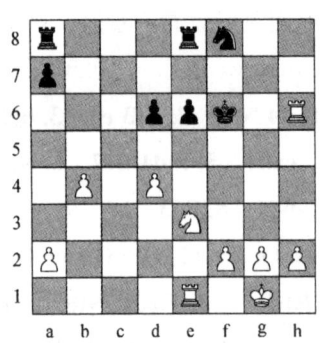

白方已是胜势。

34. …Kg5 35. Rh3 Reb8 36. Rg3+ Kf6 37. Rf3+ Kg6 38. a3 a5 39. bxa5 Rxa5 40. Nc4 Rd5 41. Rf4 Nd7 42. Rxe6+ Kg5 43. g3

拉斯克认输。

据托雷回忆,当他处于困难局面时,拉斯克接到一封电报,得知他花费七年写的剧本即将在柏林上演,他非常高兴,离开座位与其他朋友分享他的激动和幸福。当他再回到棋盘前,有点不能专注于对局,连走三步错着。尽管这盘对局双方都有错着,托雷弃后形成精彩的风车杀法,使这一对局被称为"墨西哥人的不朽之局"。

上面是国际象棋史上第二个世界冠军拉斯克输在风车杀法上,下面请看第一个世界冠军斯坦尼茨是怎样输在风车杀法上。斯坦尼茨本人对这一对局还作出了详细评注。

McConnell vs Steinitz(1886)

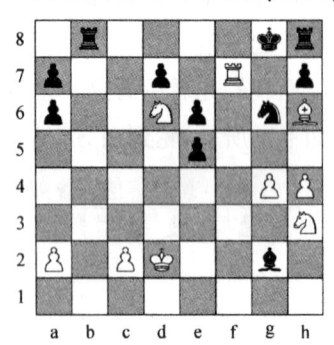

黑方看到白方将六步连将杀,遂停钟认负。接下来将是漂亮的风车杀法:1. Rg7+ Kf8 2. Rxd7+ Kg8 3. Rg7+ Kf8 4. Rb7+ Kg8 5. Rxb8+ Nf8 6. Rxf8#,车象配合杀法。

第二十五章 风车杀法

Gelashvili vs Gagunashvili(2001)

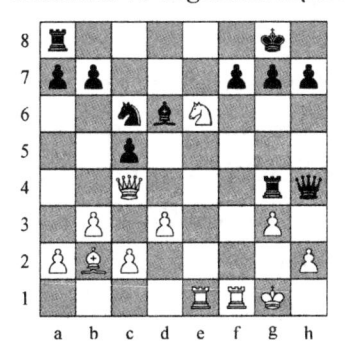

白方先走

1. Rxf7，置后被车吃不顾，再弃车摧毁兵障。**1. … Rxc4   2. Rxg7+ Kh8   3. bxc4 Qh3   4. Rg5+ Nd4   5. Nxd4 Be5   6. Rexe5 h6   7. Re7**，置车被兵吃不顾，进车占据要位。**7. … hxg5   8. Ne6+ Kg8   9. Rg7+**，开始风车杀法，黑方认输，接下来 9. …Kh8 **10. Rxb7+ Kg8   11. Rg7+ Kh8   12. Rxa7+ Kg8   13. Rxa8+ Kf7   14. Nxg5+**，将王抽后，黑方子被吃光。

Kupferstich vs Andreasen(1953)

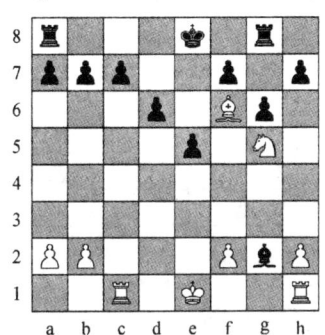

白方先走

1. Rxc7，置车被象吃不顾，进车抢攻。**1. … Bxh1   2. Nxf7 Bd5   3. Nxd6+ Kf8   4. Bg5 Rh8   5. Bh6+ Kg8   6. Rg7+**，开始了风车杀法。**6. …Kf8   7. Rc7+ Kg8   8. Nc8**，风车稍作停顿，威胁马将军抽象。**8. … Bc6   9. Rg7+**，又开始风车杀法。**9. … Kf8   10. Rxb7+ Kg8   11. Rg7+ Kf8   12. Rxa7+ Kg8   13. Rxa8 Bxa8   14. Nd6**，黑方认输，因为王和车被困在角落，白方两个通路兵必将升变。

下面的对局是马和象的风车杀法。

Passmoor vs Waerstad(1999)

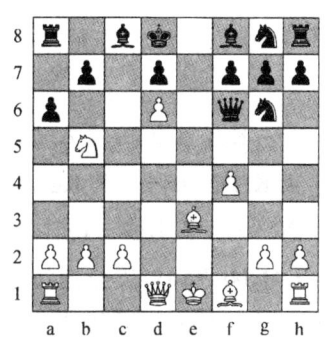

白方先走

1. Bb6+ Ke8   2. Nc7+，马象兵配合的风车杀法开始了。**2. … Kd8   3. Nxa8+ Ke8   4. Nc7+**，黑方认输，接下来 4. …Kd8   **5. Nxa6+ Ke8   6. Nc7+ Kd8   7. Nd5+ Ke8   8. Nxf6+ Nxf6   9. Qe2+ Ne7   10. dxe7**，黑方物质损失惨重。

Byrne vs Fischer(1956)

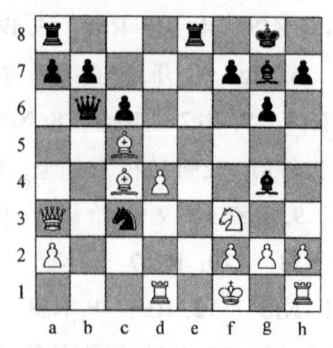

黑方先走

这个对局被称为"世纪名局"。
1. …Be6!!,菲舍尔弃后争取用轻子进行猛烈进攻。**2. Bxb6**,白方不吃后也很难防守,例如 2. Bxe6 (2. Qxc3 Qxc5) 2. …Qb5+ 3. Kg1 Ne2+ 4. Kf1 Ng3+ 5. Kg1 Qf1+ 6. Rxf1 Ne2#,菲利多尔闷杀。**2. …Bxc4+ 3. Kg1 Ne2+**,黑方开始风车杀法。**4. Kf1 Nxd4+ 5. Kg1 Ne2+ 6. Kf1 Nc3+ 7. Kg1 axb6 8. Qb4 Ra4 9. Qxb6 Nxd1**,黑方通过风车杀法取得子力优势和局面优势。

Mohota vs Swaminathan(2011)

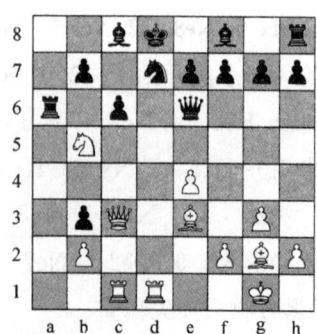

白方先走

1. Qa5+,后送到车口将军,既是引离又是引入,黑方认输,接下来 1. …Rxa5 2. Bb6+ Ke8 3. Nc7+(开始风车杀法)3. …Kd8 4. Nxe6+(吃掉后双将)4. …Ke8 5. Nc7+ Kd8 6. Bxa5,白方多吃一车。

Schmaltz vs Vouldis(2002)

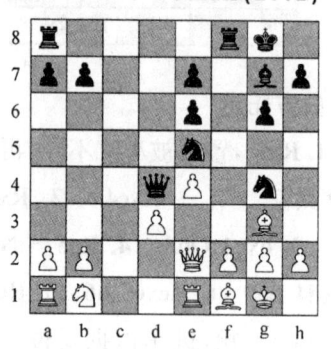

黑方先走

1. …Nxf2,弃马摧毁兵障。**2. Bxf2 Rxf2**,弃半子消除保护。**3. Qxf2 Ng4 4. Qxd4 Bxd4+ 5. Kh1 Nf2+**,开始了风车杀法。**6. Kg1 Nxd3+ 7. Kh1 Nf2+ 8. Kg1 Nxe4+ 9. Kh1 Nf2+ 10. Kg1 Nd3+ 11. Kh1 Nxe1**,黑方不但得回弃子,还多得两兵,白方坚持了 26 回合认输。

Sarana vs Jakovenko(2018)

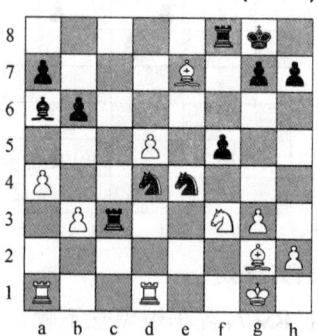

黑方先走

1. …Ne2+,开始风车杀法。2. Kf1 Nf4+ 3. Kg1 Ne2+ 4. Kf1 N2xg3+ 5. Kg1 Ne2+ 6. Kf1 Nf4+ 7. Kg1 Ne2+ 8. Kf1 Rc2 9. Ne1 Nf4+ 10. Kg1 Rxg2+,弃车消除保护并引入白马形成堵塞,白方认输,因为 11. Nxg2 Nh3+ 12. Kh1 Nef2#,双马配合杀法。

Shulman vs Marciano(1997)

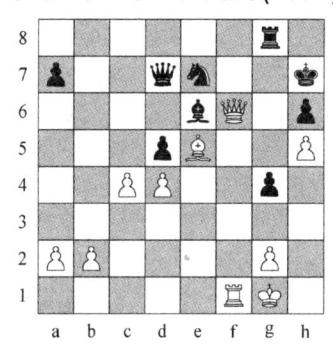

白方先走

1. Qf7+,弃后既是腾挪又是引入,黑方认输,接下来 1. …Bxf7 2. Rxf7+ Rg7 3. Rxg7+(开始风车杀法)3. …Kh8 4. Rxg4+ Kh7 5. Rg7+ Kh8 6. Rxe7+ Kg8 7. Rxd7,黑方大子被吃光。

Anderssen vs Zukertort(1865)

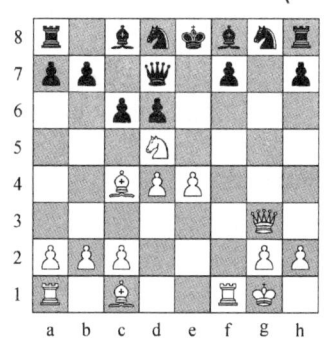

白方先走

1. Qxg8,弃后消除保护并引入黑车。1. …Rxg8 2. Nf6+,开始风车杀法。2. …Ke7 3. Nxg8+ Ke8 4. Nf6+ Ke7 5. Nxd7 Bxd7 6. Bg5+,白方多半子和一兵并有攻势,黑方认输。

下面是比较特殊的风车杀法。

Westerinen vs Sigurjonsson(1977)

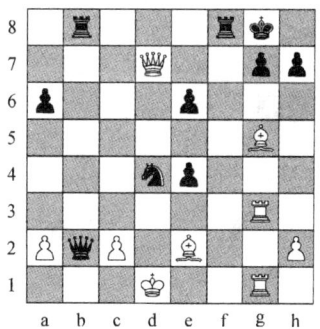

白方先走

1. Qxg7+,弃后摧毁兵障并引入黑王。1. …Kxg7 2. Bd8+,闪将。2. …Kh8,如果 2. …Kf7,则 3. Bh5#,车双象配合杀。3. Rg8+,弃车引离黑车,也是引入黑车形成堵塞。3. …Rxg8 4. Bf6+ Rg7 5. Bxg7+ Kg8 6. Bxd4+,再闪将,这也是一种风车杀法。6. …Kf7 7. Rf1+ Ke7 8. Bxb2,白方多子,黑方认输。

Fridstein vs Aronin(1949)

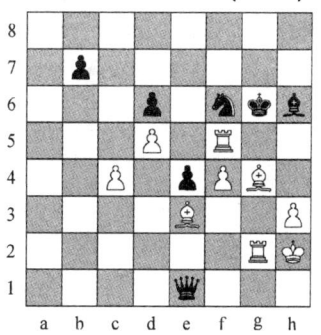

国际象棋 经典杀法

白方先走

1. Bh5+，闪将。**1. …Kh7**，如果 1. …Kxf5，则 2. Bg6#，车象兵配合杀，类似列基杀法。**2. Bg6+ Kg8　3. Rxf6 Qxe3　4. Bf7+**，再闪将。**4. …Kf8　5. Be6+**，再闪将。**5. …Ke7　6. Rf7+**，黑方认输，因为 6. …Ke8 7. Rg8+ Bf8　8. Rgxf8#，双车配合割草机杀法。

习题

1. Alekhine vs Fletcher(1928)

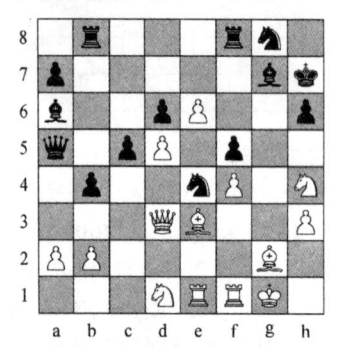

白方先走

2. Kourek vs Chrz(1994)

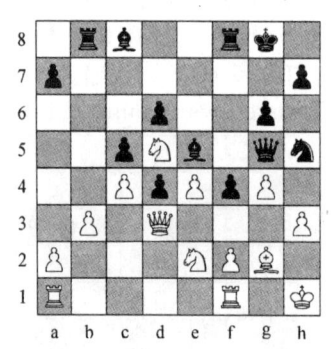

黑方先走

3. Keres vs Spassky(1955)

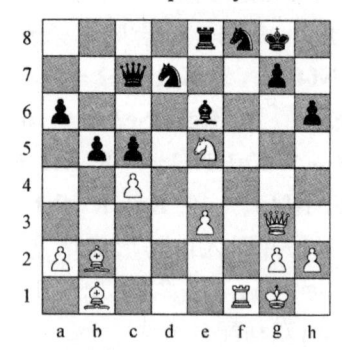

白方先走

4. Brach Sr vs Pessler(1910)

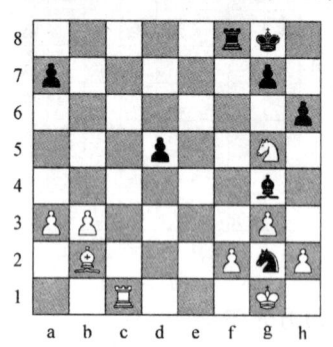

白方先走

5. Radjabov vs Bortnyk(2016)

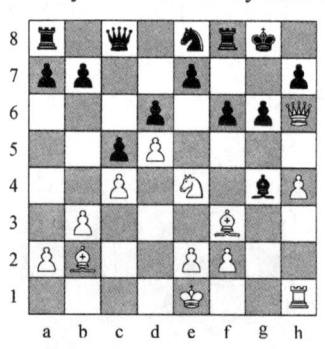

白方先走

第二十五章 风车杀法 I

6. Mamedyarov vs Shanava(2012)

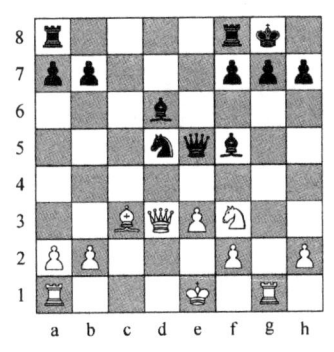

白方先走

习题答案

1. **1. Qxe4**，弃后引入 f 兵。1. …fxe4 2. **Bxe4+ Kh8** 3. **Ng6+**，开始了风车杀法。3. …Kh7 4. **Nxf8+**，利用风车杀法消除保护。4. …Kh8 5. **Ng6+ Kh7** 6. **Ne5+**，利用风车杀法换位。6. …Kh8 7. **Nf7#**，象马配合杀王。

2. **1. …Bxg4**，弃象摧毁兵障。2. **hxg4 f3**，既是腾挪又是拦截。3. **Bh3**，如果 3.Bxf3，则白后被拦截，不能增援王翼，3. …Qh4+ 4. **Kg2/Kg1 Qh2#**，后象配合杀。3. …Qh4，不满足于兵吃马。4. **Ng1 Qg3!!**，后送到兵口叫杀，引入 f 兵。5. **fxg3 Nxg3+**，开始风车杀法。6. **Kh2 Nxf1+**，吃掉车双将，消除车对 f2 的保护。7. **Kh1 Ng3+** 8. **Kh2 Nxe4+**，再闪将换位，白方认输，因为 9.Nf4 Bxf4+ 10. Kh1 Nf2#，象马配合杀王。

3. **1. Qxg7+**，弃后摧毁兵障，引入黑王。看到白方有风车杀法，黑方认输：1. …Kxg7 2. **Nxd7+ Kg8** 3. **Nf6+ Kf7** 4. **Nd5+ Kg8** 5. **Nxc7**，白方的风车杀法多得一子一兵。

4. **1. Rc7**，置马被兵吃不顾，进车策划风车杀法。1. … **hxg5** 2. **Rxg7+**，开始了风车杀法。2. …**Kh8** 3. **Rxa7+ Kg8** 4. **Rg7+ Kh8** 5. **Rxg5+ Kh7** 6. **Rg7+ Kh6** 7. **Rxg4**，风车杀法多得两兵。

5. **1. h5**，弃兵，既是引离又是引入。1. …**gxh5** 2. **Ng5**，弃马，既是引离又是引入。2. … **fxg5** 3. **Qxg5+ Kf7** 4. **Qxh5+**，弃后，既是引离又是引入。4. …**Bxh5** 5. **Bxh5+ Kg8** 6. **Rg1+ Ng7** 7. **Rxg7+**，开始了风车杀法。7. …**Kh8** 8. **Rxe7+ Rf6** 9. **Bxf6+ Kg8** 10. **Rg7+ Kf8** 11. **Rxh7 Qf5** 12. **Rh8#**，车双象配合杀王。

6. **1. Qxd5**，弃后引离黑后。1. …**Qxd5** 2. **Rxg7+**，开始风车杀法。2. …**Kh8** 3. **Rxf7+ Be5** 4. **Bxe5+ Kg8** 5. **Rg7+ Kh8** 6. **Rg5+**，黑方认输，因为 6. …Qxe5 7.Nxe5,白方多两兵,胜势。

第二十六章　割草机杀法

割草机杀法（The Lawnmover Mate）是双车错将杀或者后车错将杀，也可以称为重子错杀法（Mate with Heavy Pieces）。就好像割草机一排一排割草或一行一行割草，直至把王逼到底线或者边线将杀。有的文献也把这种杀法叫作走廊杀法（The Corridor Mate）。请看下面两个示例：

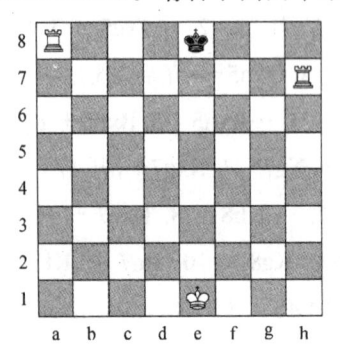

白方双车在底线和次底线将杀黑王。

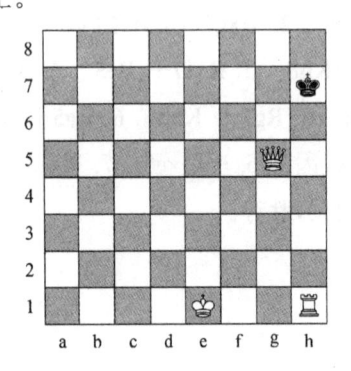

白方后和车在边线和次边线将杀黑王。

下面请看实战例局。

La Bourdonnais vs McDonnell(1834)

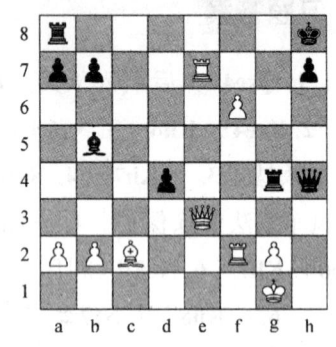

白方先走

1. Qe5，叫杀。1. …Rg5　2. f7+，弃后闪将。2. …Rxe5　3. f8=Q+ Rxf8　4. Rxf8♯，白方双车割草机杀法。

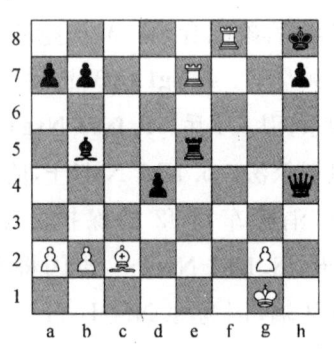

第二十六章　割草机杀法

Jones vs van Wely (2007)

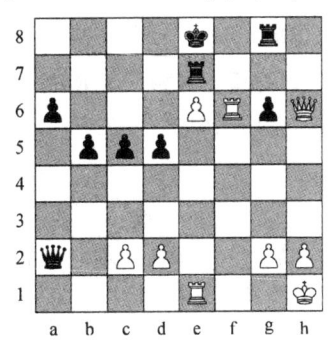

白方先走

1. Rxg6 Rf8　2. Qxf8+，弃后消除保护并引入黑王，黑方认输，因为 2.…Kxf8　3. Rf1+ Rf7（如果 3.…Ke8，则 4. Rg8#，黑王前面有车堵塞并且两个逃跑格受白兵控制，白车进底线将军的走廊杀法）4. Rxf7+ Ke8　5. Rg8#，割草机杀法。

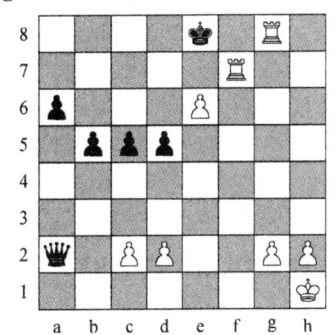

Szabo vs Dueckstein (1957)

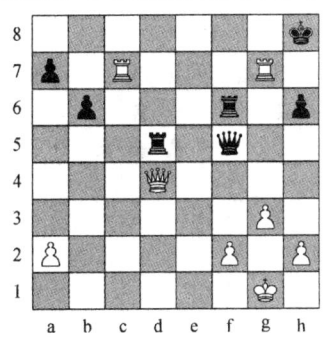

白方先走

1. Rh7+ Kg8　2. Rcg7+ Kf8　3. Rxa7，叫杀。**3.**…**Kg8　4. Rhg7+ Kh8　5. Rgf7**，利用牵制捉车并叫杀，黑方认输，因为要想解杀，就得丢车。

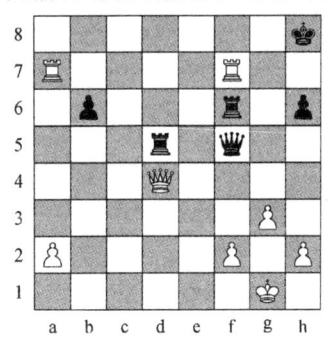

Williams vs Hebden (2005/2006)

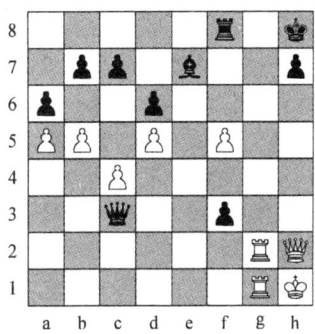

白方先走

1. Qxh7+，弃后摧毁兵障，黑方认输，因为 1.…Kxh7　2. Rh2+ Bh4　3. Rxh4#，割草机杀法。

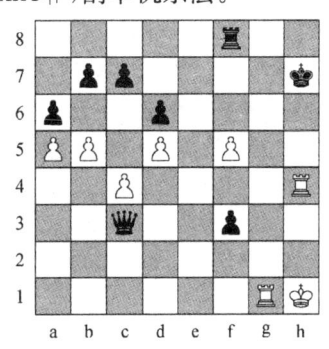

Fischer vs Ault(1959)

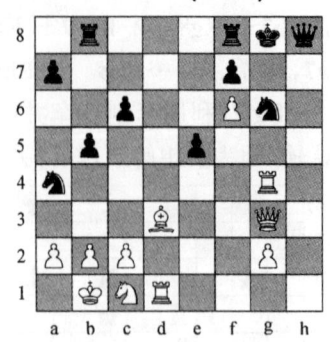

白方先走

1. Rxg6+，弃半子消除保护，白方认输，因为 1. …Qg7（如果 1. …fxg6，则 2. Qxg6+ Qg7 3. Qxg7♯，后兵配合洛利杀法）2. Rxg7+ Kh8 3. Rh1♯，割草机杀法。

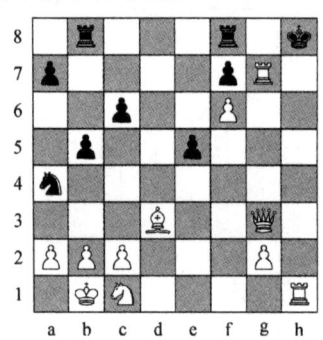

Crespo vs Frometa(2001)

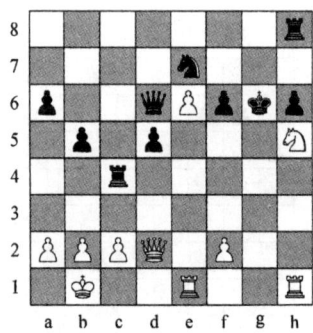

白方先走

1. Rhg1+，弃马引出黑王。1. …Kxh5 2. Qe2+ Kh4 3. Rg2，黑方无法解 4. Rh1♯，割草机杀法。

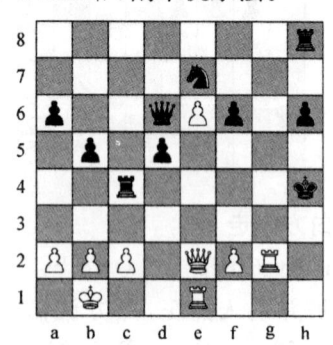

Pillsbury vs Maroczy(1900)

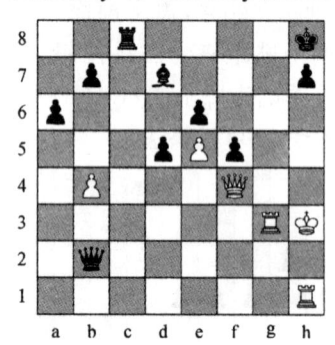

白方先走

1. Qh6 Qxe5 2. Qxh7+，弃后摧毁兵障。2. …Kxh7 3. Kg2♯，割草机杀法。

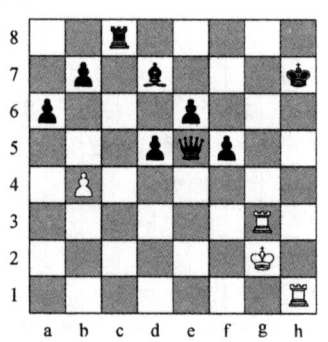

第二十六章 割草机杀法

Ambrosi vs Aginian(2008)

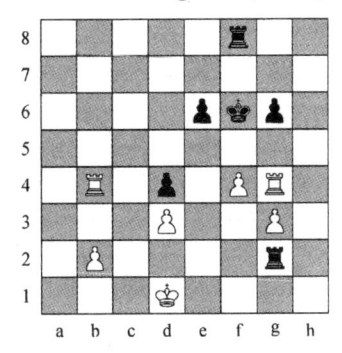

黑方先走

1.…Ra8,叫杀。**2. Rxd4**,如果 2. Rc4,则 2.…Ra1＋ 3. Rc1 Rg1＋ 4. Kd2 Rgxc1,黑方得车胜。**2.…Ra1♯**,割草机杀法。

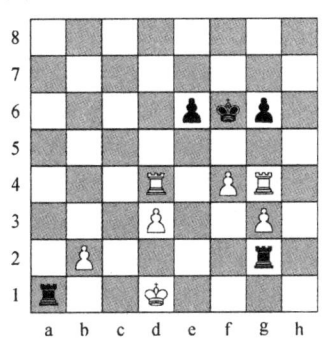

McCormick vs Rolletschek(1987)

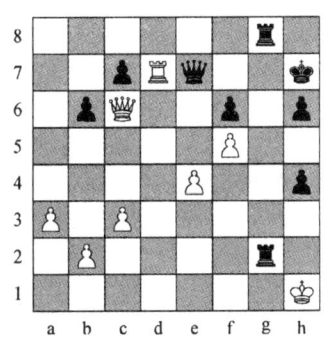

黑方先走

1.…Rg1＋ 2. Kh2 R8g2＋ 3. **Kh3 Rg7**,双重威胁。**4. Rxe7 Rh1♯**,割草机杀法。

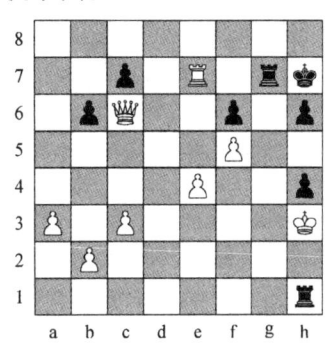

Arutinian vs Loiseau(2013)

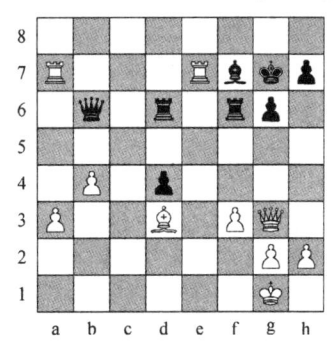

白方先走

1. Qe5,进后牵制,威胁吃象。**1.…Kf8 2. Rxf7＋**,弃半子引离黑车,黑方认输,因为 2.…Rxf7 3. Qh8♯,后车割草机杀法。

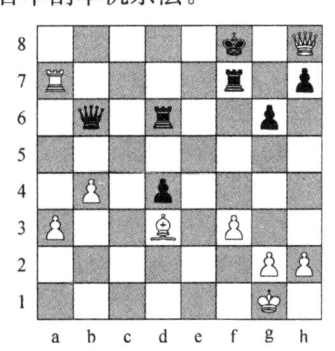

Keene vs Lukowicz(1974)

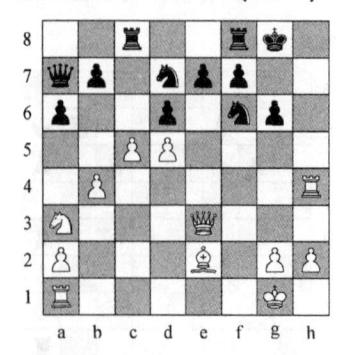

白方先走

1. Qh6，叫杀。1. … Nh5 2. Bxh5，消除保护。2. … gxh5 3. Qg5＋ Kh8 4. Qxh5＋（可以直接 4. Rxh5♯,割草机杀法）4. … Kg7 5. Qg5♯,割草机杀法。

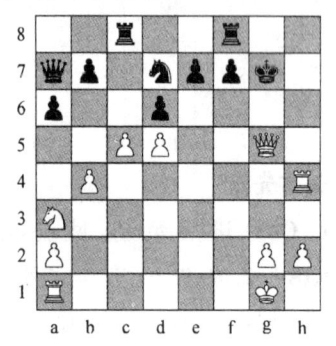

Santasiere vs Reinfeld(1937)

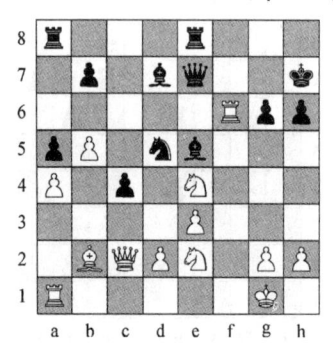

白方先走

1. Ng5＋,弃马腾挪。1. …hxg5 2. Qxg6＋ Kh8 3. Bxe5 Qxe5 4. Qh6＋ Kg8 5. Rg6＋ Kf7 6. Qh7＋ Kf8 7. Rg8♯,割草机杀法。

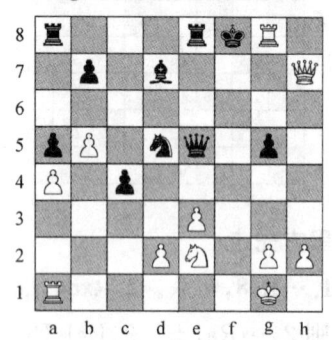

Bahamonde vs Kollars(2018)

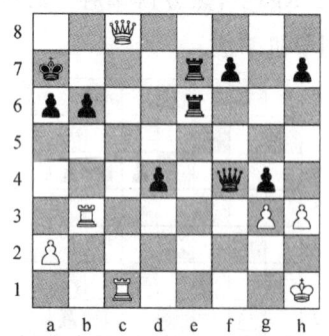

黑方先走

1. … Re1＋,白方认输,因为 2. Rxe1 Rxe1＋ 3. Kg2 Qf1＋ 4. Kh2 Re2♯,割草机杀法。

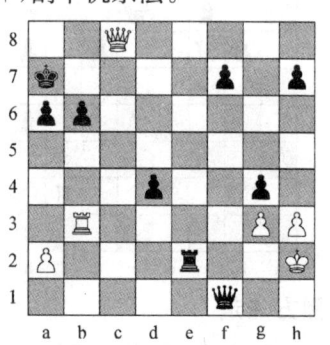

第二十六章 割草机杀法 I

Kasparov vs Cotrina(1993)

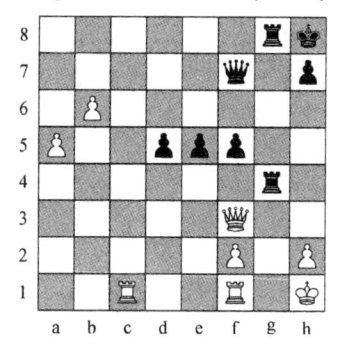

黑方先走

1. …Qh5,威胁闪击抽后。**2. Qe3 f4**,进兵攻击后并控制 g3 格,白方认输,接下来 3. Qc3 Rh4　4. h3 Rxh3+ 5. Qxh3 Qxh3♯,割草机杀法。

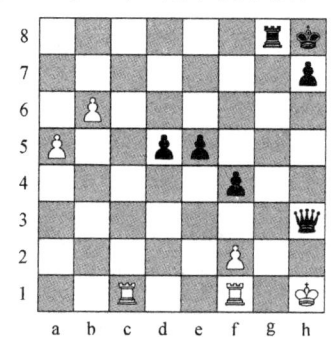

习题

1. Klein vs Marcussi(1963)

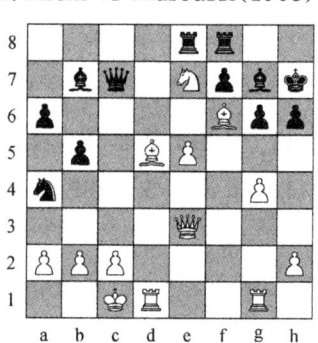

白方先走

2. Miles vs Uhlmann(1975)

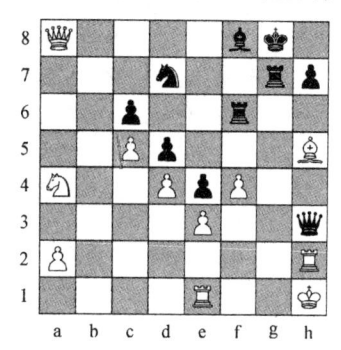

黑方先走

3. Bologan vs Van Haastert(2005)

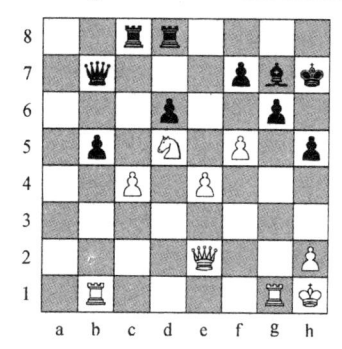

白方先走

4. Nunn vs Pritchett (1985/1986)

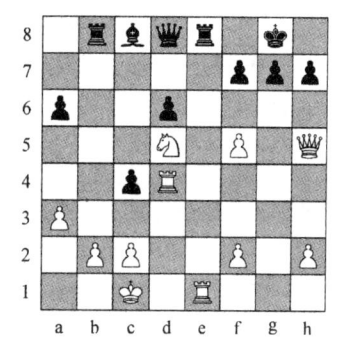

白方先走

171

5. Stanishevsky vs Nikonov(1981)

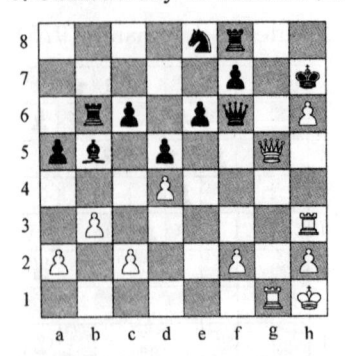

白方先走

6. Sahovic vs Korchnoi(1979)

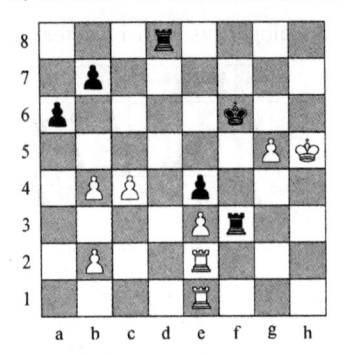

黑方先走

7. Wang Hao vs Gerber(2016)

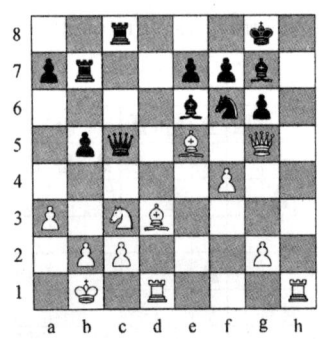

白方先走

8. Schallopp vs Gossip(1890)

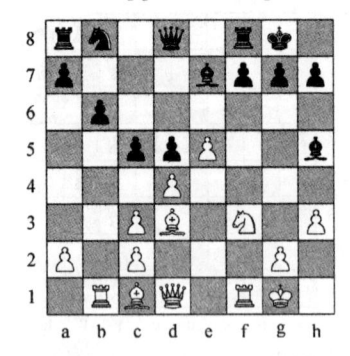

白方先走

习题答案

1. **1. Bxg7 Kxg7 2. Nf5+**，弃马，既是引离又是引入 g 兵。**2. …gxf5 3. gxf5+**，闪将。**3. … Kh7 4. Qxh6+**，弃后摧毁兵障。**4. …Kxh6 5. Rd3**，黑方无法解 **6. Rh3#**，割草机杀法。

2. **1. …Qxh2+**，弃后消除保护。**2. Kxh2 Rh6**，威胁割草机杀法。**3. Qe8 Nf6**，白方认输，接下来 **4. Qe6+ Kh8 5. Qh3 Rxh5 6. Qxh5 Nxh5**，黑方多子，并且局面占优。

3. **1. Rxb5**，借攻击后抢先提高车。**1. … Qa7 2. fxg6+ fxg6 3. Qxh5+**，弃后摧毁兵障并引入 g 兵。**3. …gxh5 4. Nf6+**，弃马腾挪并引离黑象。**4. …Bxf6 5. Rxh5#**，割草机杀法。

4. **1. Nf6+**，弃马引离 g 兵。**1. …gxf6 2. Rg4+ Kh8 3. Reg1 Bxf5**

172

4.Qxf5 Rb5 5.Qxh7＋,弃后摧毁兵障,黑方认输,因为 5.…Kxh7 6.Rh4＋ Rh5 7.Rxh5♯,割草机杀法。

5.1.Qg7＋,弃后引入黑马。1.…Nxg7 2.hxg7＋ Qh6 3.gxf8＝N＋,低值升变将军。3.…Kh8 4.Rxh6♯,割草机杀法。

6.1.…Kf5,控制王的逃路,威胁走廊将杀。2.Kh6 Rh3＋ 3.Kg7 Rd7＋ 4.Kg8 Kg6,双王进包厢。5.Rf2 Rg7＋ 6.Kf8 Rh8♯,割草机杀法。

7.1.Bxg6,弃象摧毁兵障。1.…b4 2.Rh7,置马被兵吃不顾,再把车送到马口。2.…bxc3 3.Bxf7＋,弃象腾挪并摧毁兵障。3.…Kxh7,如果3.…Kxf7,则 4.Qxg7＋ Ke8 5.Rh8＋ Bg8 6.Rxg8＋ Nxg8 7.Qxg8♯,后将军并与车控制将杀。4.Rh1＋ Bh6 5.Rxh6♯,割草机杀法。

8.1.Bxh7＋,希腊礼物杀法。1.…Kxh7 2.Ng5＋,弃马腾挪。2.…Bxg5 3.Qxh5＋ Bh6 4.Bxh6 gxh6 5.Rf6 Kg7 6.Qxh6＋ Kg8 7.Qg5＋ Kh7 8.Rh6♯,割草机杀法。

第二十七章　铁路杀法

铁路杀法（Railroad Mate）是后车配合杀法的一种。在这一杀法中，后和车好像在两条铁轨上交替将军夹在中间的王，王好像两条铁轨上的机车被推送到底线或者边线（或者受堵塞）将杀。有时王在底线或边线，后和车在一条铁轨上将杀王。请看下面的演示。

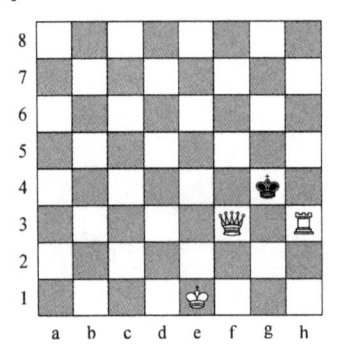

如图所示，黑王被后和车夹在中间，后和车沿着两条直线（铁轨）交替将军，直至把王推送到底线将杀：1. … Kg5　2. Rh5+ Kg6　3. Qf5+ Kg7　4. Rh7+ Kg8　5. Qf7# ，铁路杀法。

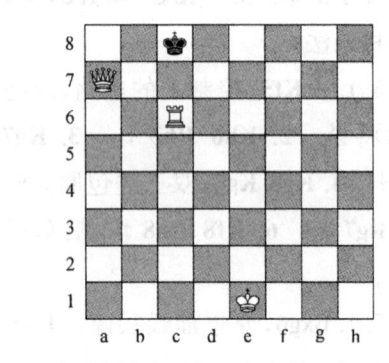

如图所示，黑王在底线，白后和车在王的前面沿着两条横线交替将军，直至把王逼到角落将杀：1. … Kd8　2. Qc7+ Ke8　3. Re6+ Kf8　4. Qe7+ Kg8　5. Rg6+ Kh8　6. Qg7 ♯，铁路杀法。

下面请看实战例局。

Durkin vs Bross(1958)

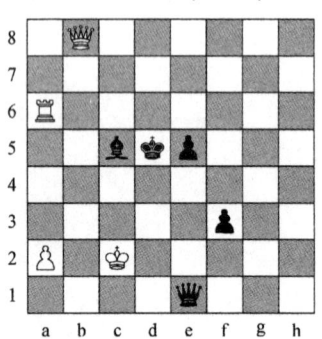

白方先走

双方刚刚升变后，白方先走连将

杀。1. Qb3+ Ke4 2. Qd3+ Kf4 3. Rf6+ Kg3 4. Qxf3+ Kh4 5. Rh6+ Kg5 6. Rh5+，后和车把王夹在中间，开始了铁路杀法。6. … Kg6 7. Qf5+ Kg7 8. Rh7+ Kg8 9. Qf7#，白方铁路杀法。

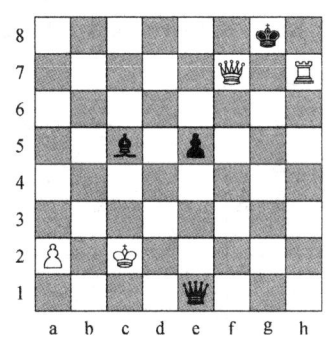

Puric vs Ianov(2001)

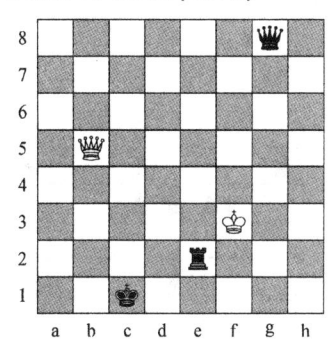

黑方先走

1. … Qg2+，开始了铁路杀法，白方认输，接下来 2. Kf4 Re4+ 3. Kf5 Qg4+ 4. Kf6 Re6+ 5. Kf7 Qg6+ 6. Kf8 Rf6+ 7. Ke7 Rf7+ 8. Kd8 Qd6+ 9. Ke8 Rf8#，黑方铁路杀法。

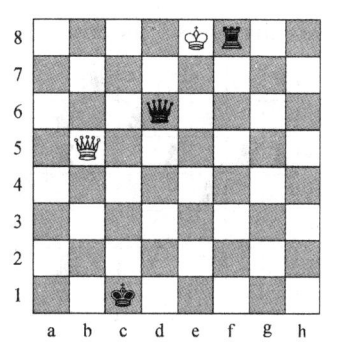

第二十七章　铁路杀法

Kuznetsov vs Spassky(1960)

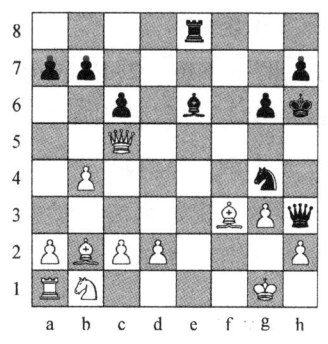

黑方先走

1. … Qxh2+ 2. Kf1 Qxg3 3. Bxg4 Bc4+，腾挪，白方认输，接下来 4. Qxc4 Re1#，黑方铁路杀法。

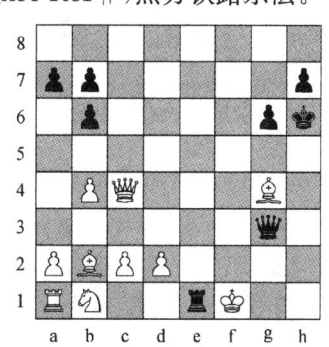

Abrahams vs Cukierman(1936)

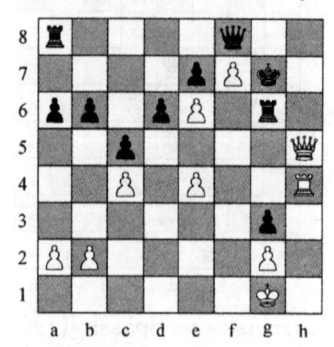

白方先走

1. Qh7＋ Kf6　2. Rf4＋ Kxe6 3. Qh3＋,黑方认输,接下来 3. ⋯Ke5 4. Qf5＋ Kd4　5. Qd5＋ Ke3　6. Rf3＋,开始了铁路杀法。6. ⋯Ke2 7. Qd3＋ Ke1　8. Rf1♯,白方铁路杀法。

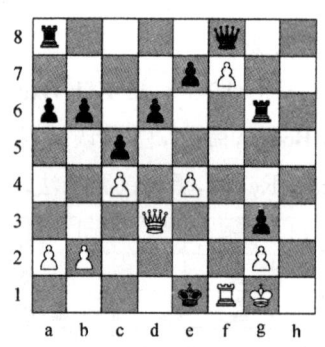

Pillsbury vs Hanham(1893)

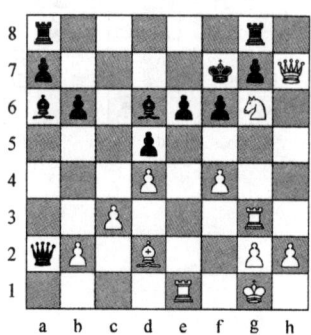

白方先走

1. Nh8＋,弃马腾挪兼引离 1. ⋯Kf8　2. Qg6,继续弃马叫杀。2. ⋯Rxh8　3. Qxg7＋ Ke8　4. Rxe6＋,开始对底线王的铁路杀法。4. ⋯Kd8 5. Rxd6＋ Kc8　6. Rc6＋ Kd8　7. Qc7＋ Ke8　8. Re6＋ Kf8　9. Qg7♯,白方铁路杀法。

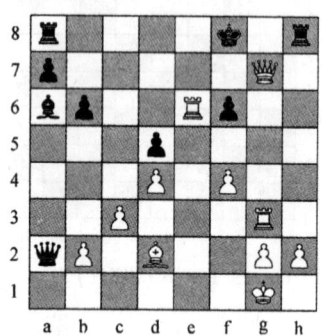

Wells vs Emms(2000)

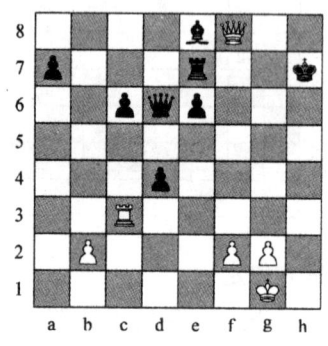

白方先走

1. Rh3＋ Kg6　2. Rh6＋,开始了铁路杀法 2. ⋯Kg5　3. Qf6＋ Kg4 4. Rh4♯,白方铁路杀法。

第二十七章　铁路杀法

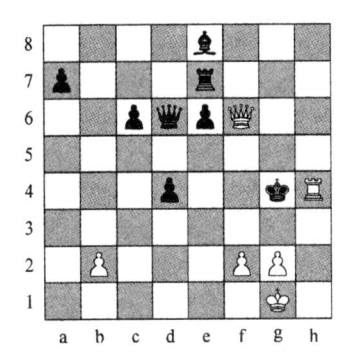

习题

1. Pons vs Holmes(2002)

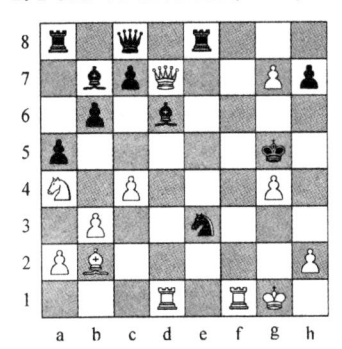

白方先走

2. Karttunen vs Armstrong(2006)

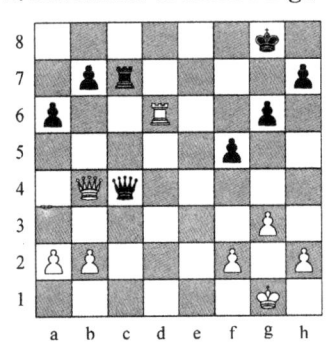

白方先走

3. Kalegin vs Yuferov(1990)

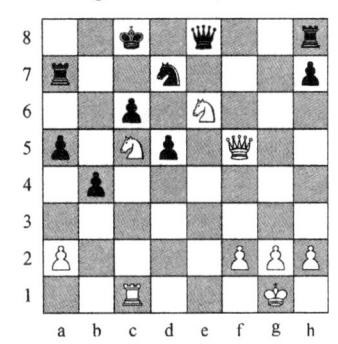

白方先走

4. Geller vs Kogan(1946)

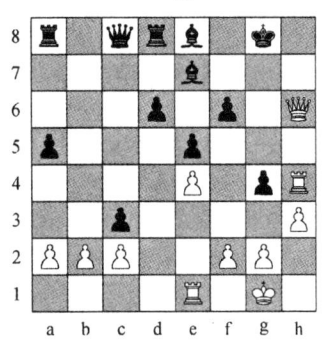

白方先走

5. Andre vs Guliyev(2010)

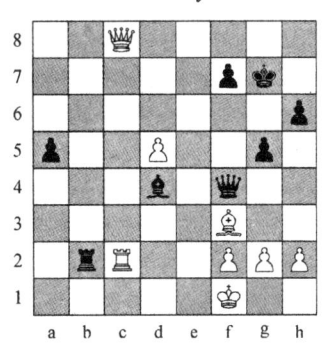

黑方先走

6. Lu Shanglei vs Andreikin(2016)

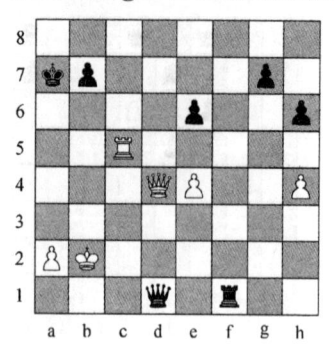

白方先走

习题答案

1. **1. g8=Q+**,腾挪。**1. …Rxg8 2. h4+**,弃兵引入。**2. …Kxh4 3. Qxh7+ Kg3 4. Qh2+ Kxg4 5. Rd4+**,黑方认输,5. …Bf4 6. Rdxf4+(开始铁路杀法)6. …Kg5 7. Qh4+ Kg6 8. Rf6+ Kg7 9. Qh6#,白方铁路杀法。

2. **1. Rd8+ Kf7 2. Qf8+ Ke6 3. Rd6+**,开始铁路杀法。**3. …Ke5 4. Qf6+**,把黑王逼近白方兵阵。**4. …Ke4 5. Re6+ Kd3 6. Re3+ Kd2 7. Qd6+**,黑方认输,因为 7. …Kc2 8. Rc3+,黑方丢后。

3. 黑方子力占优,但白方子力靠前有攻势。**1. Ne4**,弃马腾挪。**1. …dxe4 2. Rxc6+ Kb8 3. Qf4+ Ka8 4. Nc7+ Rxc7 5. Qxc7**,威胁 6. Ra6#。**5. …Nb8**,退马保护 a6 格。**6. Qxa5+ Kb7 7. Rc7#**,白方铁路杀法。

4. **1. Qh8+ Kf7 2. Rh7+ Ke6 3. Qg7**,双重威胁 4. Qxe7#燕尾杀和 4. Qxg4+ f5 5. Qxf5#鸠尾榫杀法。**3. …Kd7 4. Re3**,提高车杀法。**4. …cxb2 5. Qxe7+ Kc6 6. Rc3+ Kb6 7. Rxc8 b1=Q+ 8. Kh2 Rd7 9. Qxe8 Rxh7 10. Qc6+**,黑方认输,因为 10. …Ka7 11. Rxa8#,白方铁路杀法。

5. **1. …Rb1+ 2. Ke2 Qe5+ 3. Kd3 Rb3+ 4. Kc4 Rb4+ 5. Kd3 Bxf2**,弃象腾挪。**6. Rxf2**,白方认输,接下来 6. …Rb3+ 7. Kd2 Qe3+ 8. Kd1 Qd3+ 9. Kc1(如果 9. Ke1,则 9. …Rb1+ 10. Qc1 Rxc1+ 11. Bd1 Rxd1#)9. …Rb1#,黑方铁路杀法。

6. 双方大子都剩一后一车,现黑方正邀兑后,兑后以后黑方将有多一兵的优势。白方如何利用先行之利抢先将杀? **1. Ra5+**,双将避免兑后,**1. …Kb8 2. Qe5+ Kc8 3. Qxe6+ Kc7 4. Rc5+ Kb8 5. Qc8+**,黑方认输,接下来 5. …Ka7 6. Ra5+ Kb6 7. Qc5#,白方铁路杀法。

第二十八章　瞎眼猪杀法

瞎眼猪杀法（The Blind Swine Mate）是指双车在次底线（有时在底线）或者在次边线将杀有堵塞的王。原来是指双车在次底线将军没有堵塞的王，像瞎眼猪一样干叫唤将军却将杀不了。

Hartston vs Whiteley(1974)

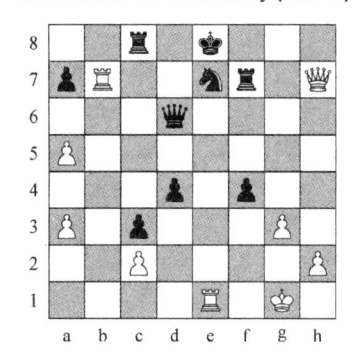

白方先走

白方已有后和车侵入对方的次底线，e线车也瞄着对方次底线的马，对方c线车有可能堵塞王的逃路，现在白方可以创造更多条件形成次底线将杀。**1. Qg8＋**，引入黑车再形成一个堵塞。**1. …Rf8　2. Qg6＋**，弃后引离黑后对马的保护，黑方认输，接下来 2. … Qxg6　3. Rexe7＋ Kd8　4. Rbd7♯，形成双车次底线的瞎眼猪杀法。

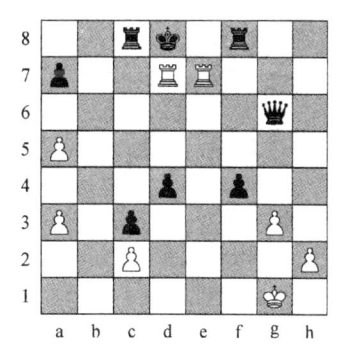

Barbero vs Nascimento(1990)

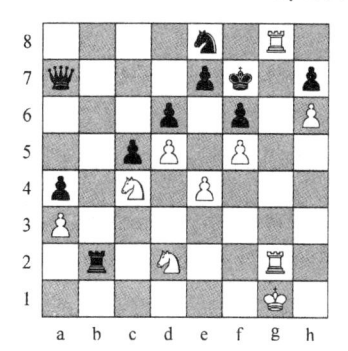

白方先走

1. Rh8，腾挪。**1. … Rxd2　2. Rgg8**，双车进底线威胁瞎眼猪杀法，黑方认输。

国际象棋 经典杀法

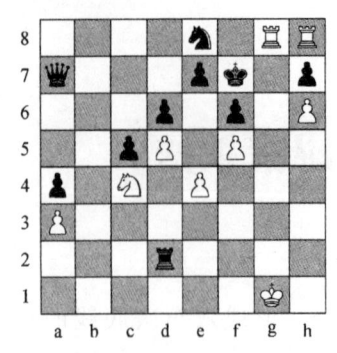

Benjamin vs Kozul(1997)

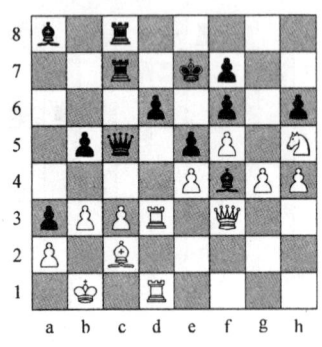

黑方先走

1. … **Qxc3**，弃后摧毁兵障。2. **Rxc3 Rxc3** 3. **Qf1 Rxc2** 4. **Nxf4 Rb2+** 5. **Ka1 Rcc2**，双车占据次底线，威胁瞎眼猪将杀。6. **Nd3 Rxa2+** 7. **Kb1 Bxe4** 8. **Qg1 Rcb2+**，利用牵制将军，白方认输，因为 9. **Kc1 Ra1#**，由瞎眼猪杀法转为双车错杀法。

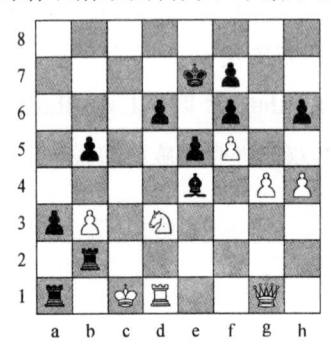

Alinoori vs Li Ching(2001)

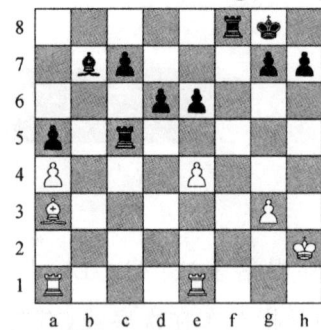

黑方先走

1. … **Rc2+**，一车占据次底线。2. **Kg1 Rff2**，双车占据次底线威胁瞎眼猪将杀。3. **Rac1 Rg2+** 4. **Kh1 Rh2+** 5. **Kg1 Rcg2+** 6. **Kf1 Ba6+**，白方认输，因为要想解杀就得遭受物质损失。

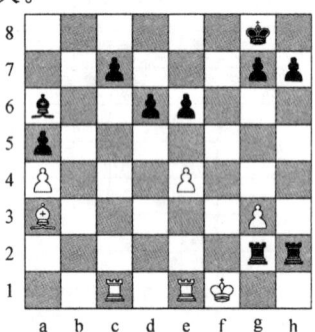

习题

1. Sangeetha vs Dhar-Barua(2001)

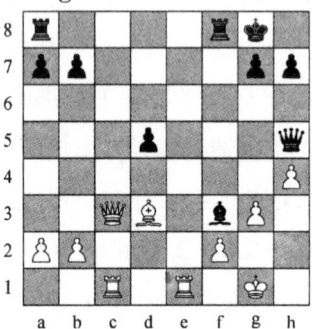

白方先走

第二十八章 瞎眼猪杀法

2. Mamedyarov vs Timofeev(2004)

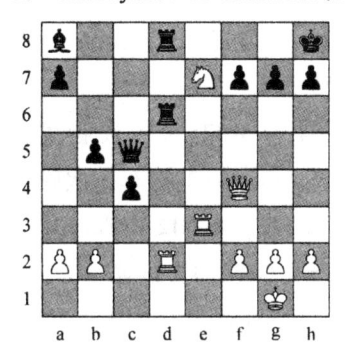

白方先走

3. Alekhine vs Yates(1922)

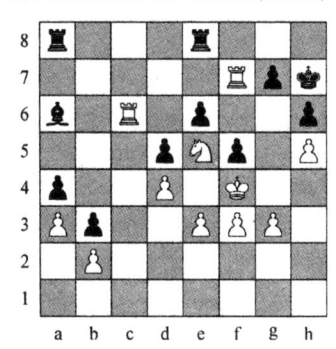

白方先走

4. Bannik vs Cherepkov(1961)

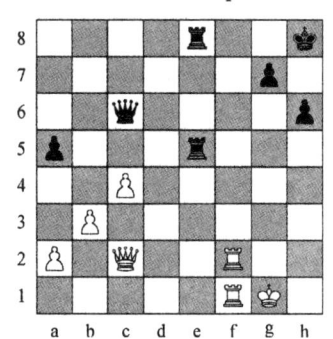

黑方先走

5. Schwarz vs Zukertort(1882)

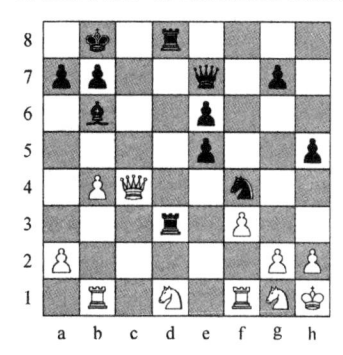

黑方先走

6. Swiderski vs Nimzowitsch(1905)

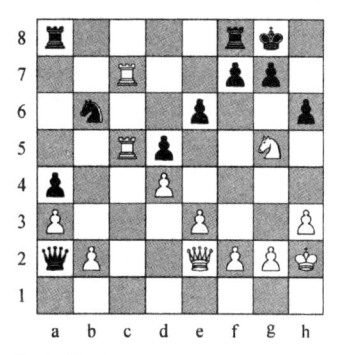

白方先走

习题答案

1. **1. Re7**,车占次底线。**1.…Qg4 2. Qe5 Rf6 3. Rcc7**,双车占据次底线。**3.…Raf8 4. Bf5**,驱赶黑后兼引离黑车,黑方认输,接下来 4…Rxf5 **5. Qxg7＋ Qxg7 6. Rxg7＋ Kh8 7. Rxh7＋ Kg8 8. Rcg7#**,双车次底线瞎眼猪将杀。

2. **1. Ng6＋**,弃马引离。**1.…hxg6 2. Qh4＋ Qh5 3. Qxd8＋**,穿透战术。**3.…Rxd8 4. Rxd8＋ Kh7 5. Ree8**,

181

双车进底线威胁瞎眼猪将杀，黑方认输。

3.白方已有一车侵入次底线。**1. Rcc7**，又一个车侵入次底线，威胁吃 g7 兵将军。**1. …Rg8　2. Nd7！**，威胁走 3. Nf6＋。**2. …Kh8　3. Nf6 Rgf8 4. Rxg7 Rxf6　5. Ke5！**，黑方或者 f6 车返回 f8 形成堵塞或者 a1 车到 f8 保 f6 车形成堵塞，白方双车次底线瞎眼猪将杀，黑方认输。

4. 1. …Rg5＋　2. Rg2，如果 2. Kh2，则 2. …Rh5＋。**2. …Qc5＋　3. Qf2**，如果 3. Kh1 Rh5＋　**4. Rh2 Ree5！**，白方避免不了被将杀。3. …**Re2！**，有力一击。**4. Qxc5 Rgxg2＋ 5. Kh1 Rh2＋　6. Kg1 Reg2♯**，形成典型的双车次底线杀王。实战白方走 4. Rxg5，黑方走 4. …Qxg5＋，白方缴械投降。

5. 1. …**Rd2**，车占次底线。**2. g3 Rc8　3. Qe4 Rcc2**，双车占次底线威胁瞎眼猪将杀。**4. Nf2 Bxf2**，白吃一马。**5. Qxe5＋ Qc7**，白方认输。

6. 1. **Nxe6**，弃马摧毁兵障兼引离 f 兵。1. …**Rfc8**，如果 1. …fxe6，则 2. Qg4 Rf7　3. Rxf7 Kxf7　4. Rc7＋ Nd7　5. Rxd7＋ Kf6　6. Qxg7＋ Kf5　7. Qe5＋ Kg6　8. Rg7♯，后车将杀。**2. Qf3 Rf8　3. Qg3 g6　4. Qxg6＋**，弃后摧毁兵障，引离 f 兵。**4. …fxg6 5. Rg7＋ Kh8　6. Rcc7**，双车次底线威胁瞎眼猪将杀，黑方认输。

第二十九章　包厢杀法

包厢杀法(The Box Mate)是指一方的王在底线或者边线，另一方的王与其对王或者马步相距，两个王好像在一个包厢里，此时，用车或者后对底线或者边线王将军，王受到包厢里对方王的控制或者王可以逃出包厢的路被堵塞或者受控制而被将杀。请看下面的图例。

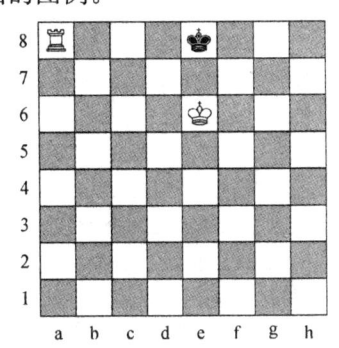

两个王在包厢里对王，白车进底线将军，黑王可逃跑的格子受白王控制而被将杀。

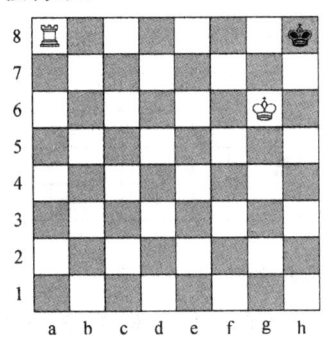

黑王在包厢的角落里与白王马步相距，白车进底线将军，黑王可逃跑的格子受白王控制而被将杀。

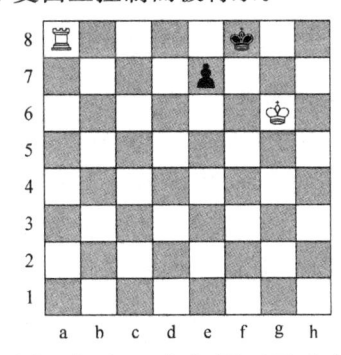

黑王与白王在包厢里马步相距，白车进底线将军，黑王可逃跑的格子受白王控制和受黑兵堵塞而被将杀。

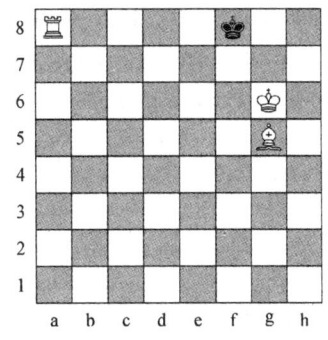

黑王与白王在包厢里马步相距，白车进底线将军，黑王可逃跑的格子受白王控制和受白象控制而被将杀。

还有其他一些类似的包厢杀法

183

模式。

下面请看实战例局。

Guillot vs Yalcin(2001)

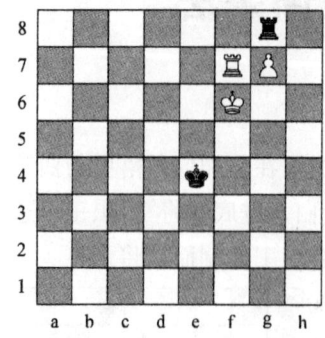

白方先走

1. Rf8 Rxg7 2. Kxg7,形成王车杀单王的局面,以下着法首先要双王进包厢。**2. …Ke5 3. Kg6 Ke4 4. Kg5 Ke3 5. Kg4 Ke2 6. Kg3 Ke3 7. Re8＋ Kd4 8. Kf3 Kd5 9. Kf4 Kd6 10. Re1 Kd5 11. Re2 Kd6 12. Kf5 Kd7 13. Kf6 Kd8 14. Re7 Kc8 15. Rh7 Kd8 16. Ke6 Kc8 17. Kd6 Kb8 18. Kc6 Ka8 19. Kb6**,双王进包厢。**19. …Kb8 20. Rh8＃**,王车配合包厢杀法。

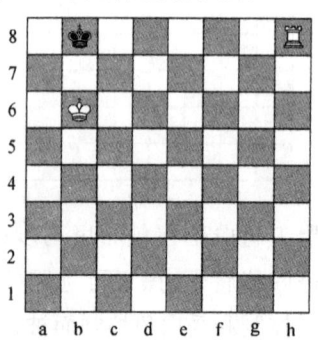

Purevzhav vs Prameshuber(1964)

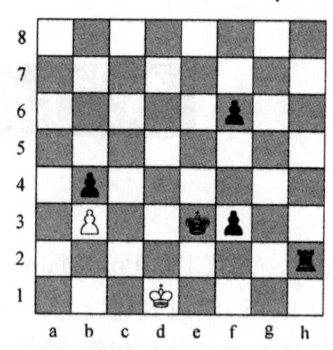

黑方先走

1. …Kd3,双王进包厢。**2. Ke1 Ra2 3. Kf1 Ke3 4. Kg1 Kf4 5. Kh1 Kg3 6. Kg1 Ra1＃**,王车配合包厢杀法。

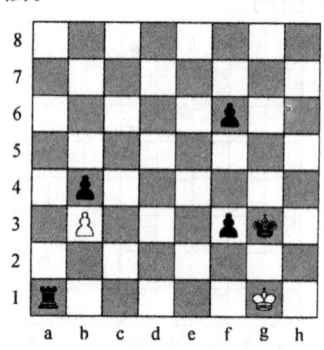

Zhou Weiqi vs Wang Yue(2013)

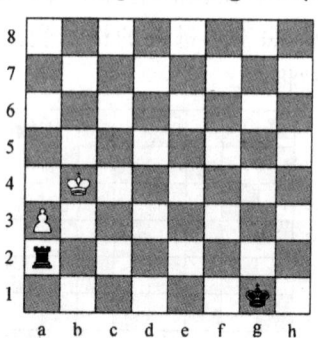

黑方先走

1. …Kf2 2. a4 Ke3 3. a5 Kd4

4. Kb5 Kd5　5. Kb6 Kd6　6. a6 Rb2+，白方认输，接下来 7. Ka7 Kc6，双王进包厢。8. Ka8 Ra2　9. Ka7（9. a7 Rd2，逼王进包厢。10. Kb8 Rd8#）9.…Kc7　10. Ka8 Rxa6#，王车配合包厢杀法。

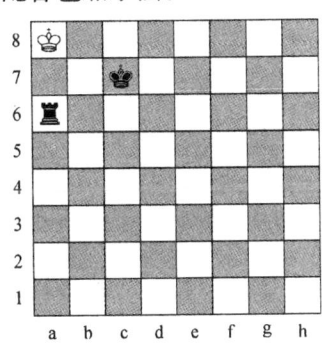

Felgaer vs Dominguez(Elite)(2004)

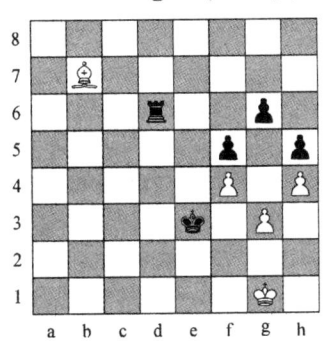

黑方先走

1.…g5，开始兵的突破。**2. hxg5**，引离 g 兵。2.…h4　**3. Kg2 hxg3　4. Kxg3 Rd4　5. Bg2 Rxf4　6. Bh3 Rf3+　7. Kh4 Kf4**，双王进入包厢。**8. g6 Rb3　9. g7 Rg3　10. Bxf5 Rxg7　11. Bd3 Rd7　12. Bc4 Rh7#**，王与车配合包厢杀法。

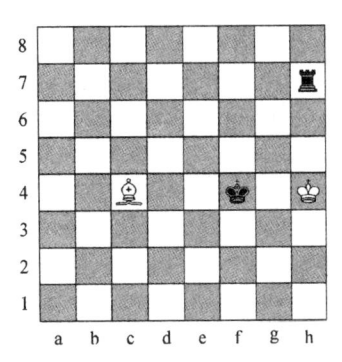

Vogel vs Li Shilong(2006)

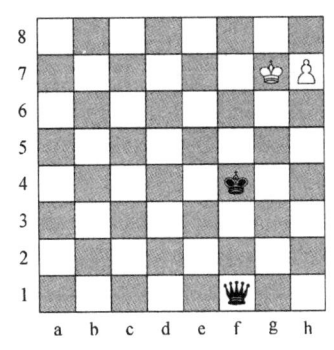

黑方先走

1.…**Qa1+　2. Kg8 Qa8+　3. Kg7 Qb7+　4. Kg8 Qc8+　5. Kg7 Qd7+　6. Kg8 Qe8+　7. Kg7 Qe7+　8. Kg8 Kg5　9. h8=Q Kg6**，双王进包厢，白方无法解杀。

Hector vs Baramidze(2004)

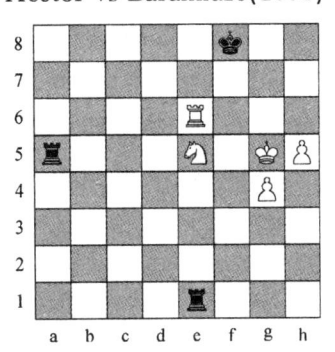

白方先走

1. Kf6,双王进包厢。**1.…Rf1＋**
2. Kg6 Ra4   3. Nd7＋,逼王在包厢中对王。**3.…Kg8   4. Re8＋**,黑方认输,因为 4.…Rf8   5. Rxf8♯,王车马配合包厢杀法。

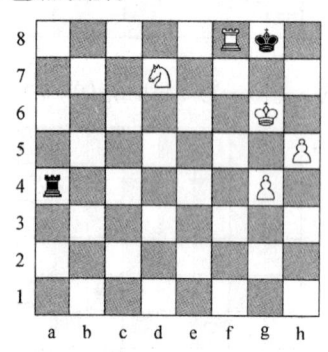

Ivanovic vs Mariotti(1981)

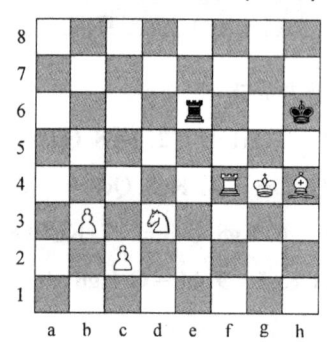

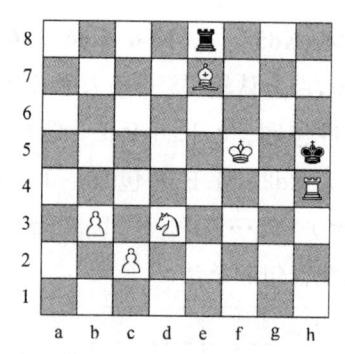

Jauregui vs Letelier(1961)

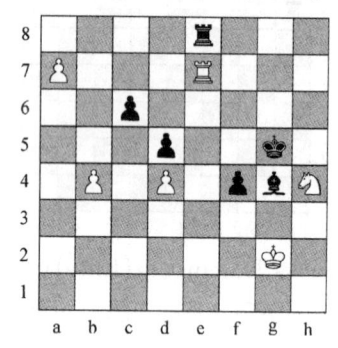

白方先走

1. Kf5 Re8   2. Be7,腾挪。2.…Kh5,黑王主动进包厢。如果走 2.…Rxe7,则 3. Kf6,王进包厢叫杀并威胁吃车。**3. Rh4♯**,王车象配合包厢杀法。

黑方先走

1.…Rxe7   2. a8＝Q Re2＋   3. Kf1 Kxh4,交换以后,黑方王车象兵连攻,形势占优。**4. Qxc6 Kg3   5. Qc1 Rf2＋   6. Kg1 Rg2＋   7. Kh1 Bf3   8. Qe1＋ Kh3   9. Qf1 Be4   10. b5 Kg3   11. Qe1＋ Kf3   12. Qc3＋ Kg4   13. Qc8＋ Kg3   14. Qc3＋ f3   15. b6**,败着。**15.…Rc2**,双重威胁吃后和进底线包厢杀。**16. Qe3 Rc1＋**,白方认输,因为 17. Qg1＋ Kh3   18. Qxc1 f2♯,王象兵配合包厢杀法。

186

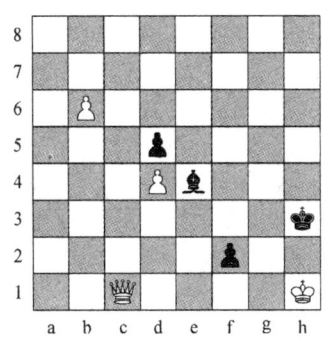

第二十九章 包厢杀法

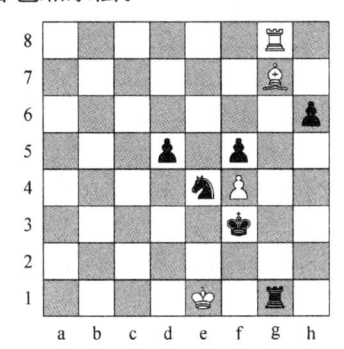

Petrosian vs Ivanovic(1980)

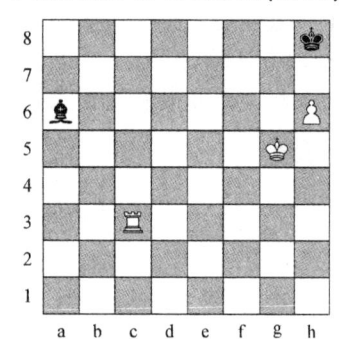

Marshall vs Tarrasch(1905)

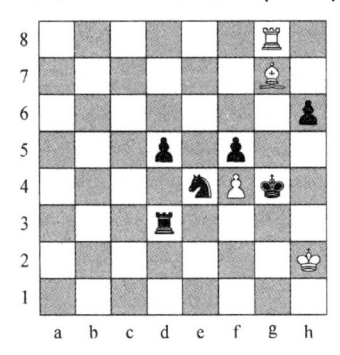

白方先走

1. Kg6，双王进包厢。1.…Bb7
2. Re3 Bd5　3. Re8＋ Bg8　4. Re7 Bd5　5. h7 Be4＋　6. Kh6 Bg6　7. Rd7 Be8　8. Rd6 Bd7　9. Rf6，黑方认输，因为9.…Be6　10. Rf8＋ Bg8　11. Rxg1♯，王车兵配合包厢杀法。

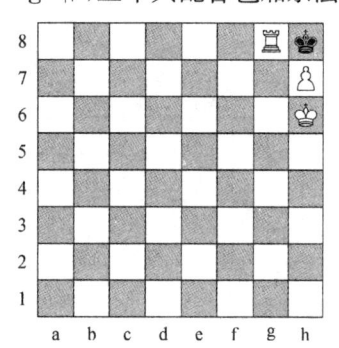

黑方先走

1.…Rh3＋　2. Kg2 Rg3＋　3. Kf1，双王进包厢，形成逼走劣着的局面。3.…Kf3　4. Ke1 Rg1♯，王车马配合包厢杀法。

Schlechter vs Rotlewi(1911)

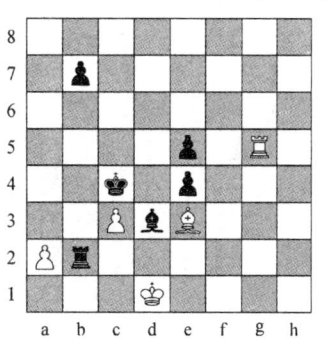

187

国际象棋 经典杀法

黑方先走

1. …Kxc3，双王进包厢。**2. Rxe5 Rb1+**，白方认输，因为 3. Bc1 Bc2+ 4. Ke2 Rxc1，黑方得象并有攻势。

习题

1. Jackova vs Zhu Chen(2000)

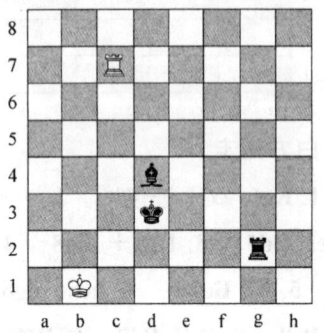

黑方先走

2. Tartakower vs Rossolimo(1950)

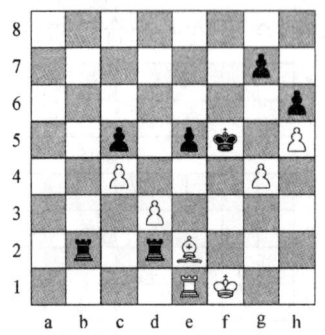

黑方先走

3. Nimzowitsch vs Spielmann(1912)

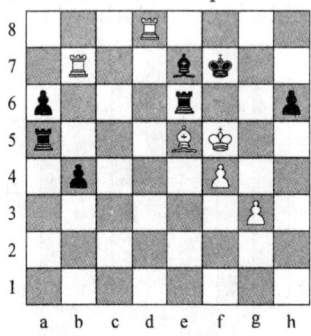

白方先走

4. Teichmann vs Marshall(1905)

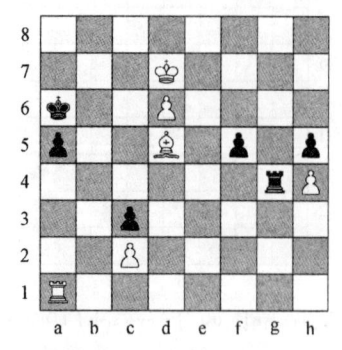

白方先走

5. Radojcic vs Tomovic(1947)

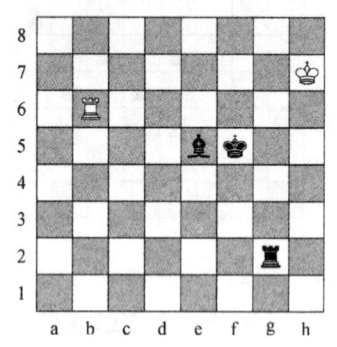

黑方先走

6. Sammalvuo vs Guseinov(2003)

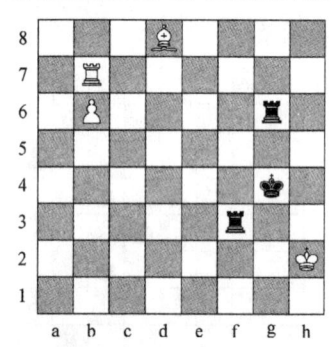

黑方先走

习题答案

1. **1. …Rb2+ 2. Kc1 Ra2 3.**

Rb7 Rg2,白方认输,以下如果 **4. Kb1**,则 **4.…Rg1＋ 5. Ka2 Ra1＋ 6. Kb3 Rb1＋**,串击抽车;如果 **4. Rb3＋**,则 **4.…Bc3 5. Rxc3＋ Kxc3**,以下是王车杀单王。**6. Kd1 Rb2 7. Ke1 Kd3 8. Kf1 Ke3 9. Kg1 Kf3 10. Kh1 Kg3**,逼王进入包厢。**11. Kg1 Rb1♯**,王车配合包厢杀法。

2. **1.…Kf4**,逼走劣着。**2. Kf2 Rxd3**,利用牵制吃兵。**3. Kg1 Rg3＋ 4. Kh1 Ke3 5. Bd1＋ Kf2**,双王进包厢。**6. Rxe5 Rh3♯**,车象配合包厢杀法。

3. **1. Rf8＋**,引离。**1.…Kxf8 2. Kxe6**,双王进包厢。**2.… Bd8 3. Bd6＋**,黑方认输,接下来如果 **3.… Kg8**,则 **4. Rb8**,牵制得象并有攻势;如果 **3.…Ke8**,则 **4. Rg7 Be7 5. Rg8＋ Bf8 6. Rxf8♯**,王车象配合包厢杀法。

4. **1. Kc6**,双王进包厢,并腾挪出兵升变的通路。**1.…Rg6 2. Bc4＋ Ka7 3. Kc7 f4 4. Rxa5♯**,王车配合包厢杀法。

5. **1.…Rg7＋**,逼王进包厢。**2. Kh6 Rg8 3. Rb7 Rg1 4. Rf7＋ Bf6 5. Rf8 Rh1♯**,王车象配合包厢杀法。

6. **1.…Rf2＋**,逼王进角落。**2. Kh1 Rd2**,捉象,使其堵塞车路。**3. Bc7 Kh3**,双王进包厢。**4. Bg3 Rd1＋**,白方认输,因为 5. Bf1 Rxf1♯,王车配合包厢杀法。

第三十章　走廊杀法

走廊杀法（The Corridor Mate）是指一方用车或后将军时，对方的王处于自己一排子（通常是兵和车）形成的形状似走廊之间而被将杀，如下面两图所示。

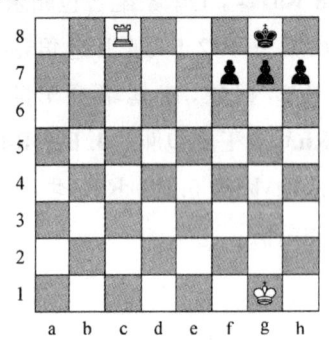

有时，王前的兵向前走动了一个或两个，走廊开了小窗，但窗口被对方棋子控制，被将军时王仍然无路可逃，这种杀法也叫作走廊杀法，如下面三个图所示。

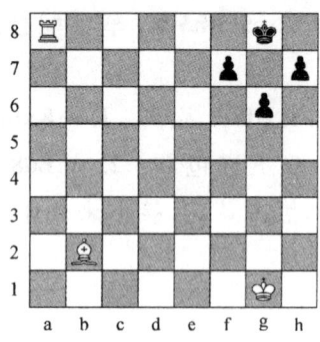

黑王在底线，前面有一排兵形成堵塞，黑王好像在走廊之中，白车进底线将杀。

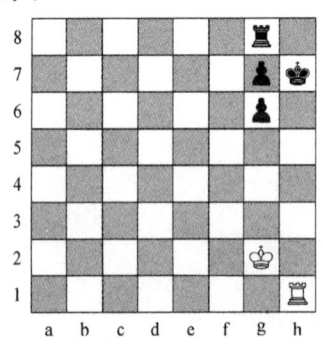

黑王前面的兵走动了一个格，白车进底线将军时，黑王受两个兵堵塞并且可逃跑的格子受白象控制而被将杀。

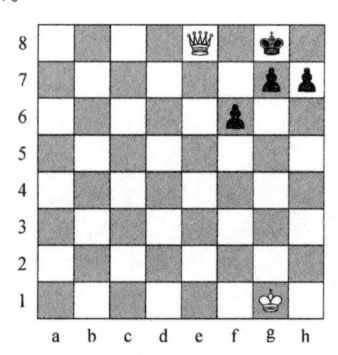

黑王在边线，次边线有兵和车形成堵塞，黑王好像在走廊之中，白车在边线将杀。

黑王前面的 f 兵走动了一格，白

第三十章 走廊杀法

后进底线将军时,黑王受两个兵堵塞并且可逃跑的格子受白后控制而被将杀。

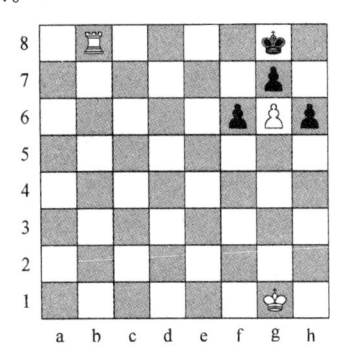

黑王前面的f兵和h兵各走动了一格,白车进底线将军时,黑王受兵堵塞并且可逃跑的两个格子受白兵控制而被将杀。

有的文献把一车(或后)在次底线或次边线控制王的逃跑格,另一车(或后)到底线或边线将军的杀法也叫作走廊杀法,本书把这一杀法归入割草机杀法。

还有一种斜线走廊杀法。当一方的王处于走廊之中,对方用后或象(经常吃掉走廊上的兵)斜线将军,王无路可逃而被将杀。请看下图。

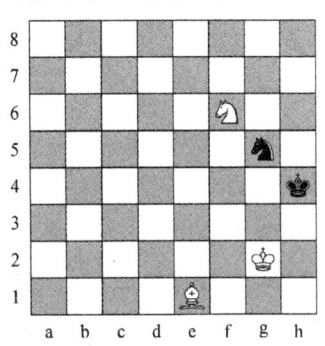

黑王在边线走廊之中,白方用象斜线将军,黑王受黑马堵塞,其他可逃跑的格子受白马和白王控制而被将杀。

下面先看单后走廊杀法的实战例局。

Bullen vs Fathallah(2014)

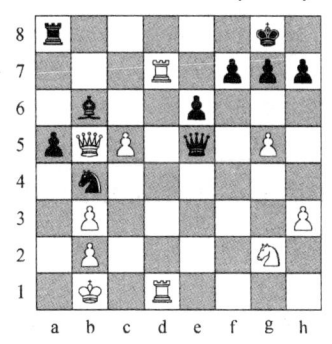

白方先走

黑王前面有三个兵堵塞,白方在d线集中两个车进攻底线,黑方有车和象保护底线,白方可以用后吃黑象消除其对底线的保护,但速度太慢,黑方可以走g6,避免将杀。其实白方可以弃双车再进后到底线将杀: **1. Rd8＋ Rxd8 2. Rxd8＋ Bxd8 3. Qe8♯**,形成典型的单后进底线走廊杀法。

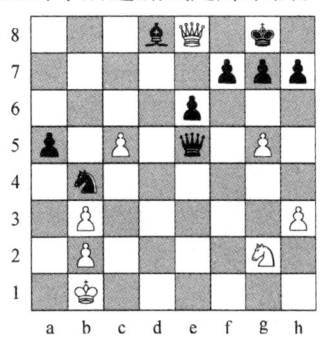

下面我们看一个王前不是三个兵堵塞而是兵和子堵塞的例子。

191

NN vs Sewell(1951)

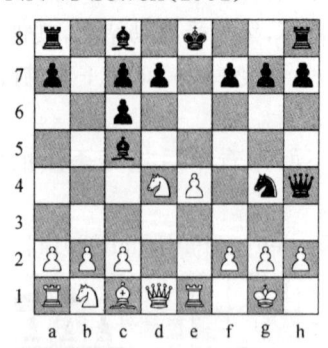

黑方先走

1. ⋯Qxh2＋ 2. Kf1 Ba6＋，逼迫白方垫将形成堵塞，**3. Re2 Qh1♯**，形成王前有两兵一车堵塞，单后进底线走廊杀法。

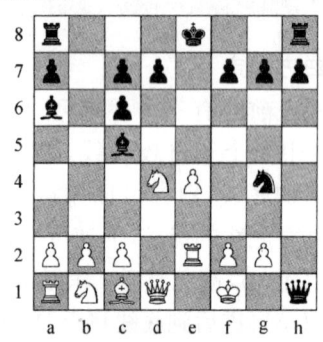

如果王处于角落，前面有两个兵或兵和子堵塞，对方就可以单后进底线走廊将杀。

Mikenas vs Bronstein(1965)

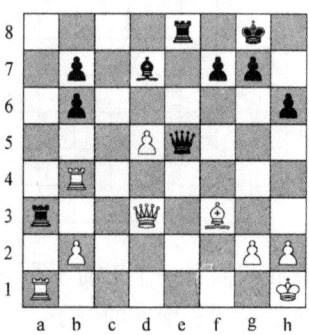

白方先走，黑方将杀

黑方刚 a 车吃兵走到 a3 格，白方有后车兵三子可以吃这个车，不论哪个子吃，那个子就被引离，黑方可以进底线将杀。如果 1. Qxa3 Qe1＋2. Rxe1 Rxe1♯，单车进底线走廊将杀。白方最顽强的抵抗是走 **1. bxa3**，经过 **1. ⋯Qxa1＋ 2. Rb1 Re1＋ 3. Rxe1 Qxe1＋ 4. Qf1 Qxf1♯**，形成王在角落，前面有两个兵堵塞，单后进底线走廊将杀。

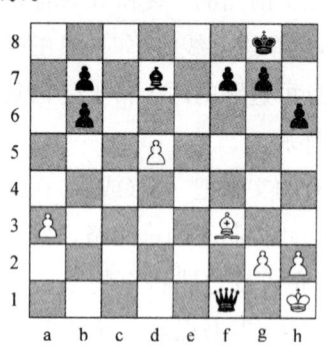

Alekhine vs Frieman(1924)

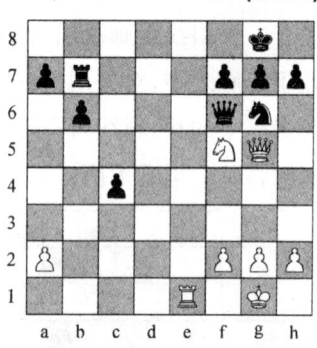

白方先走

1. Re8＋ Nf8，黑方只能用马垫将，**2. Nh6＋**，引离黑后，**2. ⋯Qxh6 3. Rxf8＋**，弃车消除保护，**3. ⋯Kxf8**

第三十章 走廊杀法

4. Qd8♯,形成下图的走廊杀法。

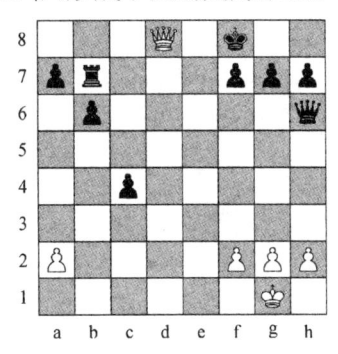

Naiditsch vs Fressinet(2015)

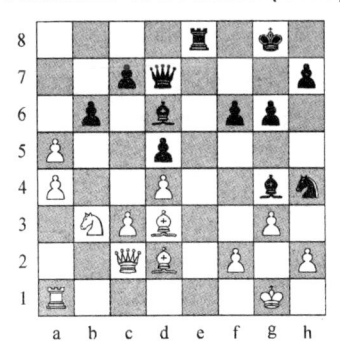

黑方先走

1. …Be2,既是腾挪又是引入白方白格象形成堵塞,**2. Bxe2 Qh3**,威胁 3. …Qg2♯,马支持后杀王,**3. gxh4**,敞开了黑方黑格象的斜线,**3. …Qxh2+ 4. Kf1 Qh1♯**,黑方单后走廊杀法。

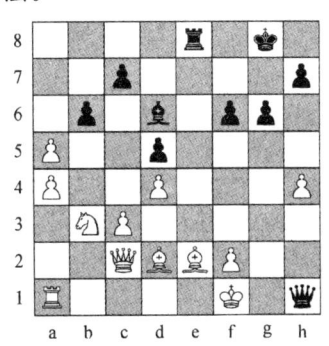

下面看一例王在角落的走廊杀法。

Iyti vs Ammar(2018)

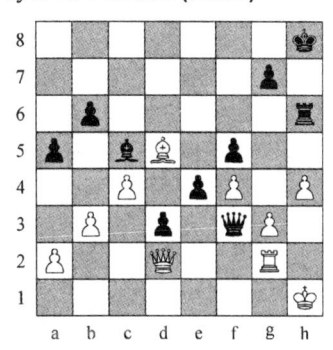

黑方先走

1. …Rxh4+,黑方弃车引离 g 兵,为后开通线路,**2. gxh4 Qh3+**,白方认输,因为白方走 3. Rh2,垫将,黑方走 3. …Qf1♯,黑后进底线的走廊杀法。

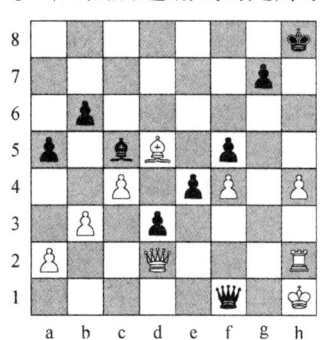

Agrest vs Smith(2008)

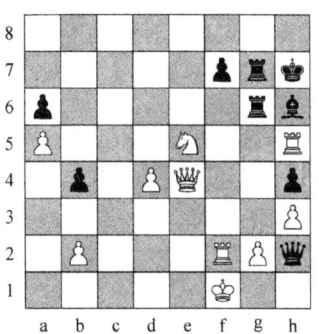

国际象棋 经典杀法

白方先走

1. Rxh6+,弃车消除保护,暴露黑王,**1. …Kxh6 2. Qxh4#**,白方边线走廊杀法。

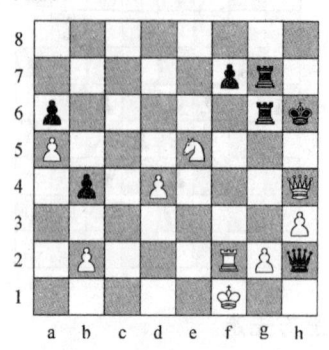

下面是单车走廊杀法的实战例局。

先看王前有三个兵堵塞的例子。

Fressinet vs Macieja(2008)

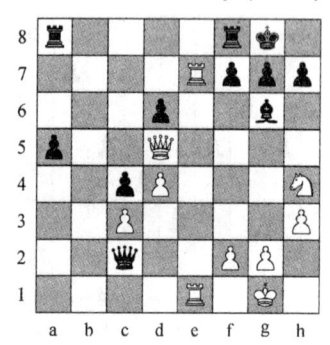

白方先走

图中可见,黑王前面有三个兵堵塞。白方在e线集中两个车,形成了进军底线的态势。黑方有两个车保护底线,但白方可以弃后消除一个,为单车将杀创造条件。着法如下:**1. Qxa8 Rxa8 2. Re8+ Rxe8 3. Rxe8#**,形成典型的单车进底线的走廊杀法。

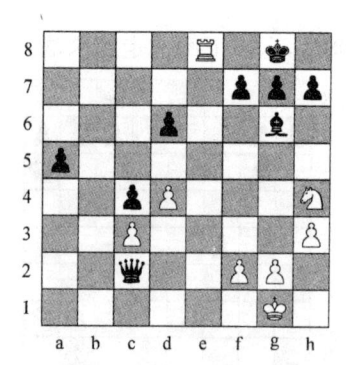

下面是王前有兵和子堵塞,车进底线杀的例子。

Stangl vs Azmaiparashvili(1994)

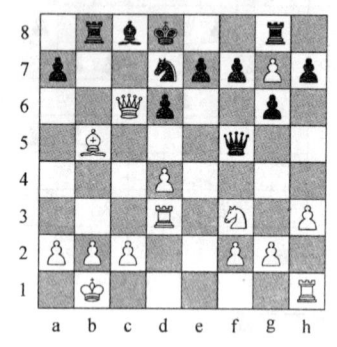

白方先走

白方的象快要被吃,白方置其不顾,走 **1. Rc3**,集中后和车对黑方底线象进攻,黑方觉得象有车和王保护,足以应对白方的后和车,所以走 **1. …Qxb5** 吃象。这时,白方走了一步漂亮的顿挫,也叫作过门或过渡着法,**2. Qc7+**,驱离王对象的保护,这是单车走廊杀法常用的战术之一。**2. …Ke8**,这时就可以 **3. Qxc8+ Rxc8 4. Rxc8#**,形成王前有两兵一马堵塞,被车进底线走廊将杀。

第三十章 走廊杀法

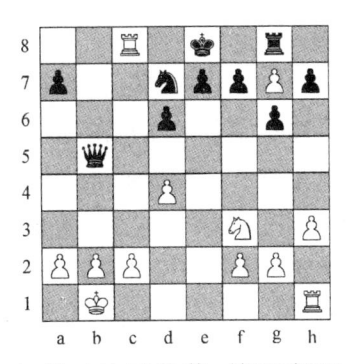

如果王处于角落，前面有两个兵或兵和子堵塞，对方就可以车进底线走廊将杀。

Vidruska vs Badelka(2017)

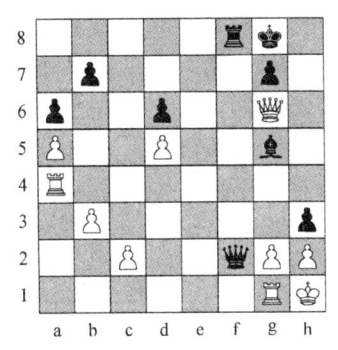

黑方先走

1. …**Qxg1**＋，弃后消除保护。2. **Kxg1 Be3**＋，驱赶白王到角落。3. **Kh1 Rf1**♯，王在角落，前面有两兵堵塞，车进底线走廊将杀。

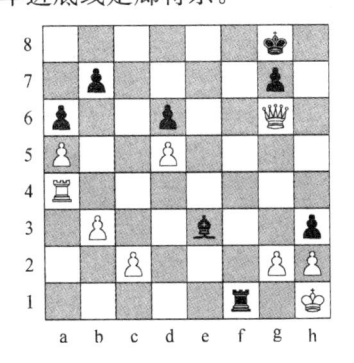

Larsen vs Ljubojevic(1975)

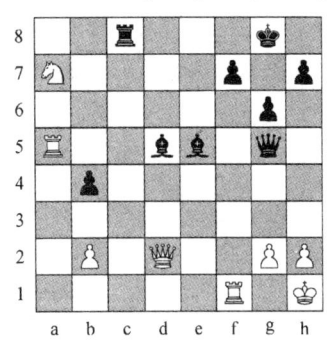

黑方先走

1. …**Qh4**，置车被马吃于不顾，进后弃象叫杀。2. **Qxe5 Qf2**，再弃后到车口双重威胁吃车或吃兵将杀。白方如果车吃后，黑方则进 c 线车至底线走廊将杀；如果走 3. Rg1，看似既躲开车被吃又保住 g 兵被吃，好像解决了双重威胁，但黑方仍旧走 3. …Qxg2＋（弃后将军，引离白车）4. Rxg2 Rc1＋ 5. Qe1 Rxe1♯，形成白王前面有兵和车堵塞，并且车被牵制不能动，黑方车进底线走廊将杀。

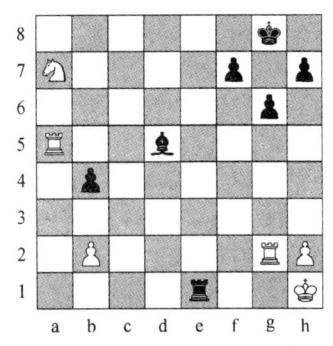

下面请看王在边线被单车走廊将杀的例子。

Salter vs Brigg(1947)

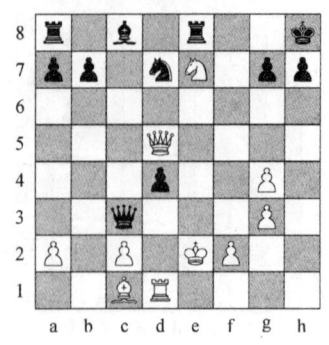

白方先走

白方 e7 马被全牵制，似乎要丢，但正是这匹马发挥了将杀的决定性作用。**1. Qg8＋**，马支持后将军引入黑车形成堵塞，也是引离黑车，白马可以脱缰而出。**1. …Rxg8　2. Ng6＋**，泰曼诺夫弃马将军，引离 h 兵，**2. …hxg6　3. Rh1♯**，白方单车在边线走廊将杀。

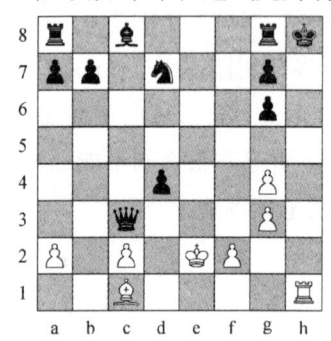

Albin vs Bernstein(1904)

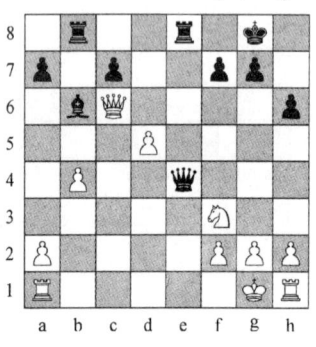

黑方先走

1. …Re6，利用牵制提高车捉后。**2. Qd7 Rd6**，借捉后车离险地，同时逼白后做出选择。**3. Qa4**，走 3. Qh3 还可顽抗。**3. …Qe2**，叫杀。**4. Rf1**，白方仍然觉得没有什么危险。不过即使走 4. h3 Bxf2＋　5. Kh2 Bg3＋　6. Kxg3 Rg6＋，白方也难逃厄运。**4. …Qxf3**，弃后引离 g 兵。**5. gxf3 Rg6♯**，白方两车三兵形成走廊，黑方单车远程将杀。

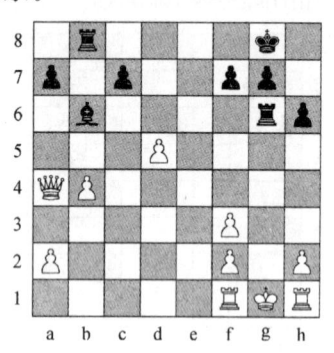

下面是后或者车到底线或者边线将军，对方王受堵塞并且可逃跑格受控制而被将杀的走廊杀法。

Nabaty vs Sethuraman(2019)

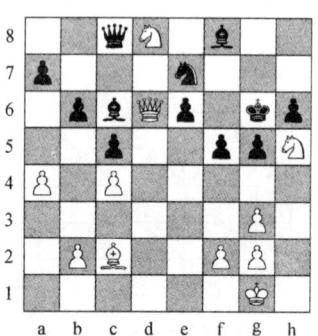

第三十章 走廊杀法

白方先走

1. Nxe6，置另一马被吃不顾，回马摧毁兵障。**1. …Kxh5** **2. Ng7+**，弃马腾挪，切断黑王退路。**2. …Bxg7** **3. g4+ fxg4**，如果 3. …Kxg4，则 4. Bd1+ Bf3 5. Bxf3+ Kh4 6. Qh2#，白后将军，黑王受兵堵塞并且可逃跑格受后和象控制而被将杀。**4. Qh2#**，白后在边线将军，黑王受两个兵堵塞并且可逃跑格受象控制的走廊杀法。

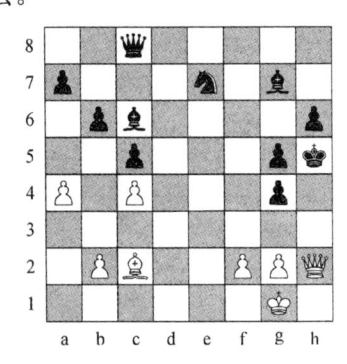

Perez vs Morozevich(2009)

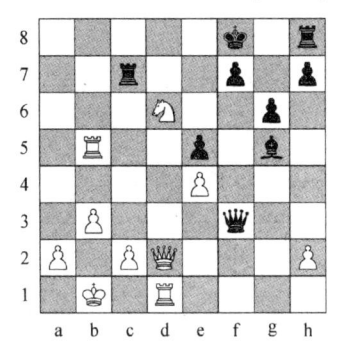

白方先走

1. Nf5，马跳到 f5 位叫作特洛伊木马，同时双重威胁 2. Qd6+ 双击抽车和 2. Qd8+ Bxd8 **3. Rxd8#**，阿纳斯塔西亚杀法。**1. …Rc8**，如果走 1. …gxf5 2. Qd8+ 抽车。**2. Rb8**，引入黑车同时威胁底线杀，黑方认输，接下来将是 2. …Rxb8 3. Qd6+ Kg8 4. Qxb8+ Bd8 5. Qxd8#，形成白后进底线将军，黑王受两个兵堵塞并且可逃跑格受马控制的走廊杀法。

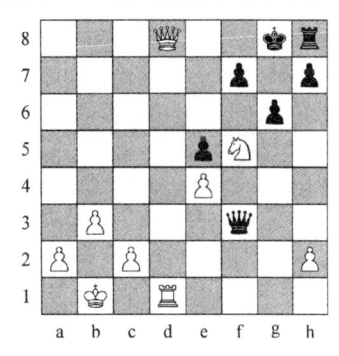

Rozman vs Markun(1996)

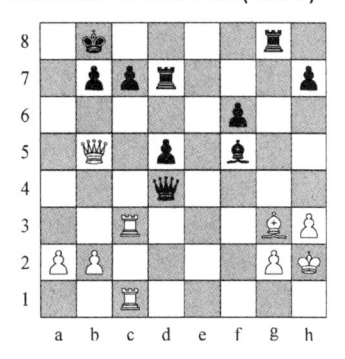

白方先走

1. Rxc7 Rxc7 **2. Rxc7**，白方有后吃 b 兵杀王和走车闪将的双重威胁，黑方认输，因为 2. …Qa7 3. Rg7+ Ka8 4. Rxg8+ Bc8 5. Rxc8+ Qb8 6. Qa5#，形成白后边线将军，黑王受兵堵塞并且可垫将的后受牵制的走廊杀法。

国际象棋 经典杀法

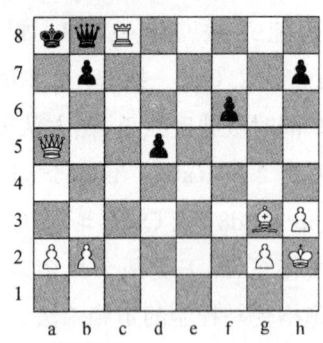

Fedorov vs Vasiliev(1974)

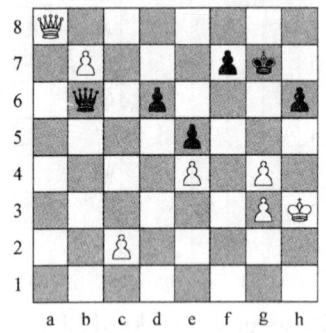

黑方先走

1. …Qg1,威胁走廊将杀。**2. g5 h5**,控制王的逃路。**3. g4 h4**,继续控制王的逃路。白方认输,因为黑方有如下三种杀法:4. Qa1 Qg3♯,兵支持后杀王;4. Kxh4 Qh2♯,单后走廊杀;4. Qa3 Qh1♯,黑后底线将军,白王受兵堵塞并且可逃跑的格子受黑后和黑兵控制的走廊杀法。

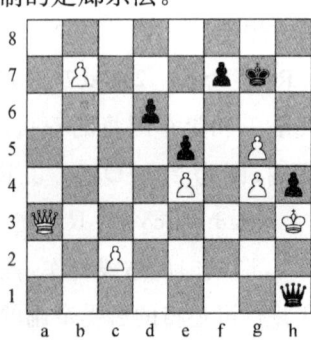

Kharlov vs Hulak(1996)

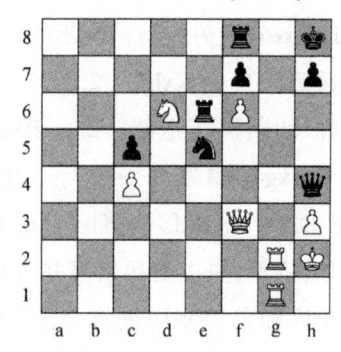

白方先走

1. Rg8+,黑方认输,接下来1. …Rxg8 2. Rxg8+(消除车对王的保护)2. …Kxg8 3. Qa8+ Re8 4. Qxe8♯,兵控制,后进底线走廊将杀。

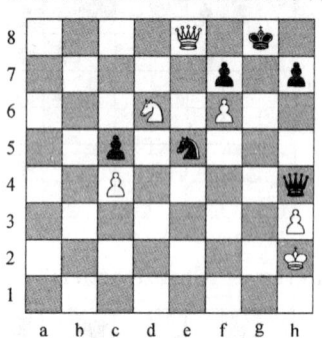

Fairbairn vs Zozulia(2007)

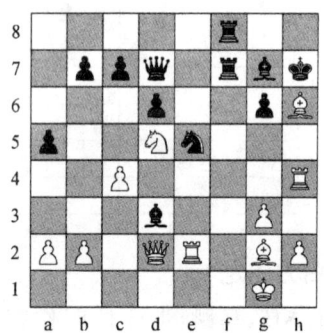

黑方先走

1. …Rf1+,弃车引离白象对 f3

198

格的保护，也是引入白象到 f1 格，将来车吃象。**2. Bxf1 Nf3＋ 3. Kg2 Nxh4＋**，马吃车引离 g 兵，暴露黑王，黑方认输。以下将是 4. gxh4 Qg4＋ 5. Kh1 Rxf1♯，形成黑车进底线将军，白王受兵堵塞并且可逃跑格受后控制的走廊杀法。

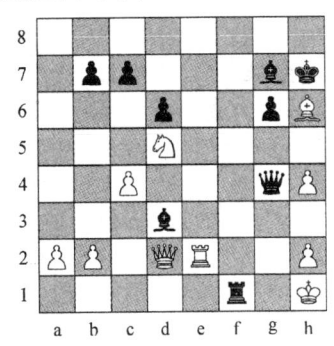

Rodriguez vs Rakic(1977)

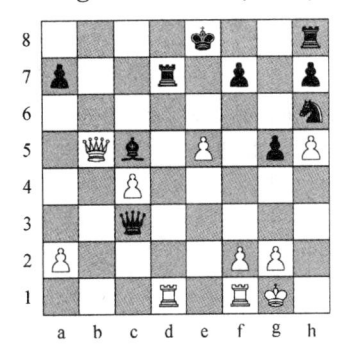

白方先走

1. Qxd7＋ Kf8 2. Qd8＋，黑方认输，因为接下来 2.⋯Kg7 3. Qxg5＋ Kf8 4. Rd8♯，形成白车进底线将军，黑王受兵堵塞并且两个逃跑格受白后控制的走廊杀法。

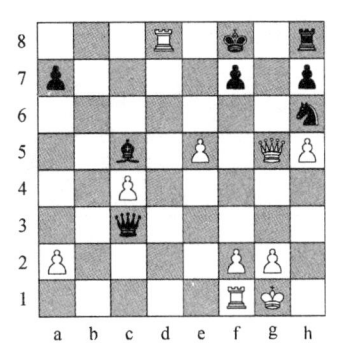

第三十章 走廊杀法

Haimovich vs Slovineanu(2001)

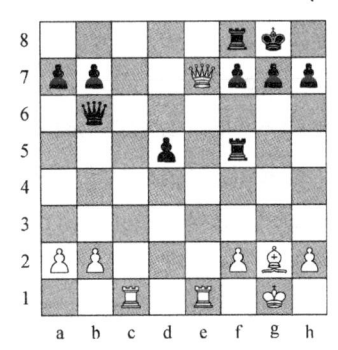

白方先走

1. Qxf8＋，黑方认输，接下来将是 1.⋯Kxf8 2. Rc8＋ Qd8 3. Rxd8♯，形成一车进底线将军，黑王受兵堵塞并且可逃跑格受车控制的走廊杀法。

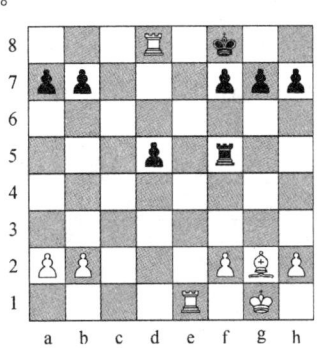

199

Mammadova vs Girya(2001)

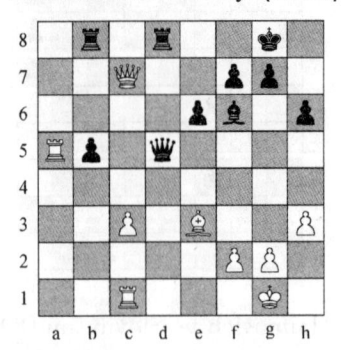

黑方先走

1. …Be5，攻击白后，同时控制白王逃跑的 h2 格。2. Qe7 Qd1+，弃后叫将。3. Rxd1 Rxd1♯，形成黑车进底线将军，白王受两个兵堵塞和受象控制的走廊杀法。

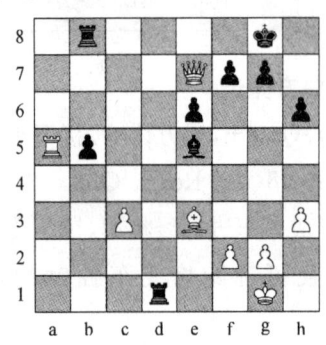

Milos vs Carlsson(2012)

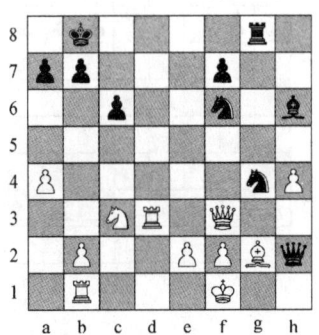

黑方先走

1. …Qh1+，弃后引离白象，敞开 g 线。2. Bxh1 Nh2+，腾挪亮出黑车，同时驱离白王对 g1 格的保护。3. Ke1 Rg1♯，形成黑车进底线将军，白王受两个兵堵塞和受象控制的走廊杀法。

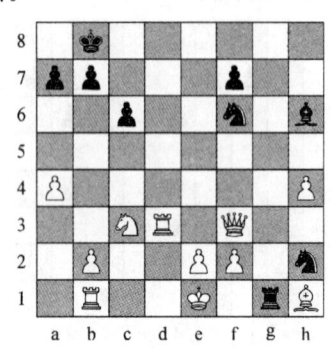

Karjakin vs Ivanchuk(2008)

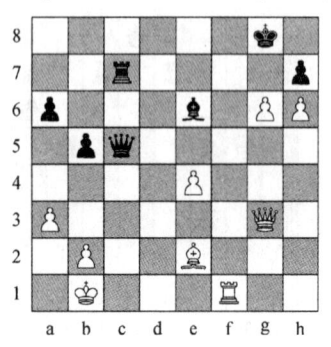

黑方先走

1. …Qc2+，顿挫，驱离王对 c1 格的保护。2. Ka1 Qc1+，黑方认输，因为 3. Rxc1 Rxc1♯，黑车进底线将军，白王受兵堵塞和受象控制的走廊杀法。

第三十章 走廊杀法

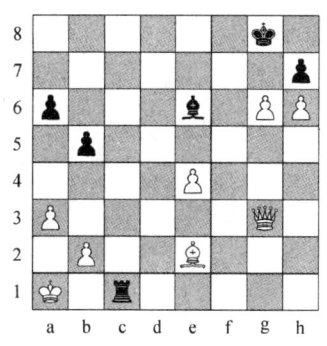

Muzychuk vs Koneru(2015)

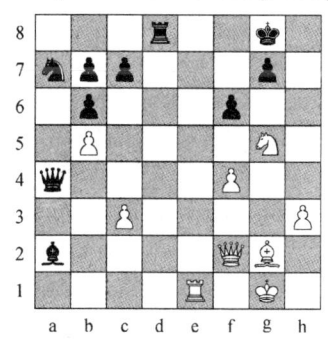

白方先走

1. Qd2，引离黑车。**1. …Rf8**，如果 1. …Rxd2 2. Re8♯，形成阿纳斯塔西亚杀法。**2. Bd5+ Bxd5 3. Qxd5+ Kh8 4. Qf7**，引离黑车，黑方认输，接下来将是 4. …Rxf7 5. Re8+ Rf8 6. Rxf8♯，形成白车进底线将军，黑王受兵堵塞和受马控制的走廊杀法。

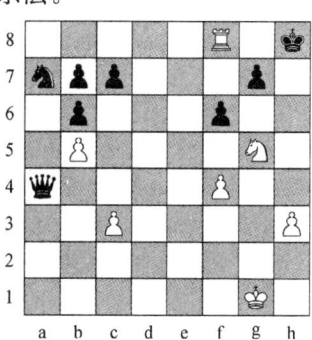

Baules vs Nakamura(2018)

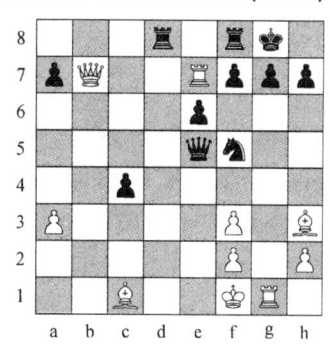

黑方先走

1. …Rd1+ 2. Kg2 Nh4+ 3. Kh1 Qe1，白方认输，因为白方被迫走 4. Rxe1 Rxe1，形成黑车底线将军，白王受兵堵塞和受马控制的走廊杀法。

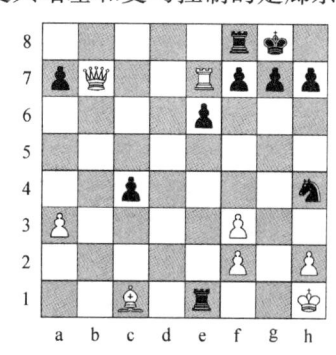

Kosintseva vs Velcheva

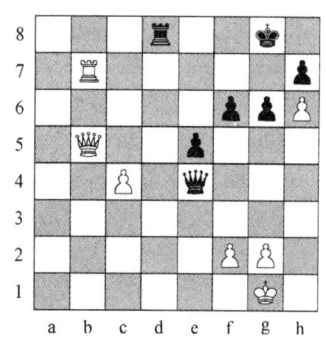

白方先走

1. Rg7+，驱赶黑王到角落。**1. …**

国际象棋 经典杀法

Kh8，如果 1. …Kf8 2. Qc5＋ Rd6 3. Qc8＋ Rd8 4. Qxd8♯，形成兵保护车控制，后进底线将杀。**2. Rd7**，引离黑车对底线的保护。**2. …Ra8 3. Qa6**，引离黑车对底线的保护。**3. …Rf8 4. Qxf6＋**，引离黑车，黑方认输，因为有 4. …Rxf6 5. Rd8＋ Rf8 6. Rxf8♯，兵控制，车进底线走廊将杀。

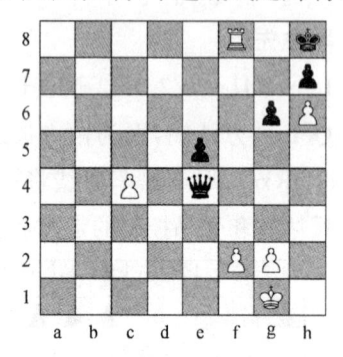

Opocensky vs Alekhine (1925)

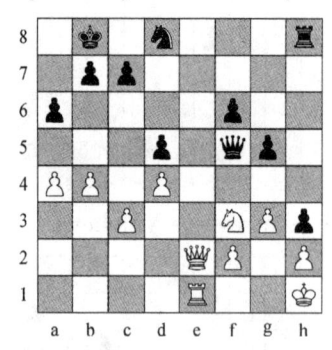

黑方先走

1. …Re8！，弃车引离白后。**2. Qd1**，如果 2. Qxe8，则 2. …Qxf3＋ 3. Kg1 Qg2♯。**2. …Qxf3＋！**，弃后引离白后。白方认输，因为 3. Qxf3 Rxe1♯，白王在角落受 h2 兵堵塞，可逃跑格子又受黑方 h3 兵控制，黑车进

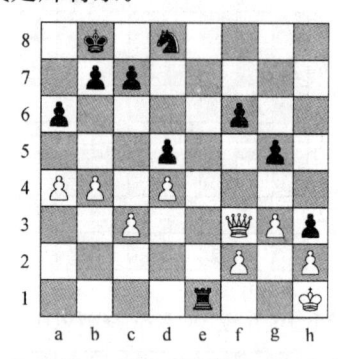

底线走廊将杀。

Sadzikowski vs Mista (2017)

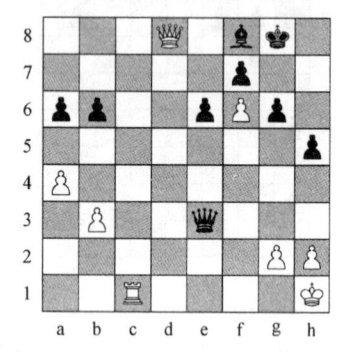

白方先走

1. Qxf8＋！，消除象对王的保护，同时引入黑王。**1. …Kxf8 2. Rc8♯**，白车进底线将军，黑王受兵堵塞并且可逃跑的两个格子受兵控制的走廊杀法。

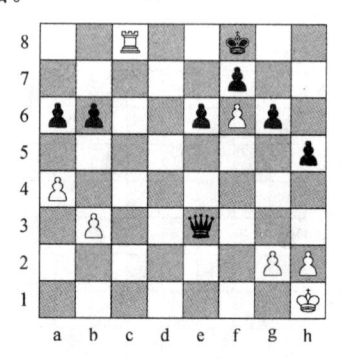

Menchik vs Thomas (1932)

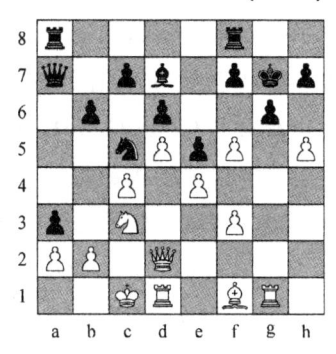

白方先走

1. f6＋，打入兵楔。**1. …Kh8**，黑方不能走 1. …Kxf6，因为 2. Qg5＋ Kg7　3. h6＋ Kg8　4. Qf6，黑方无法阻挡兵支持后在 g7 杀王。**2. Qh6 axb2＋　3. Kb1 Rg8　4. hxg6**，敞开 h 线。**4. …fxg6　5. Qxh7＋**，弃后摧毁兵障，黑方认输，因为 5. …Kxh7　6. Rh1＋ Bh3　7. Rxh3♯，形成兵控制，车将杀的洛利杀法（Lolli's Mate），也可以说是黑王在边线有车和兵堵塞，可逃跑的格子又受白兵控制，白车在边线的走廊杀法。

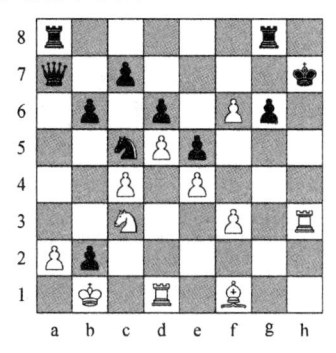

Duras vs NN (1910)

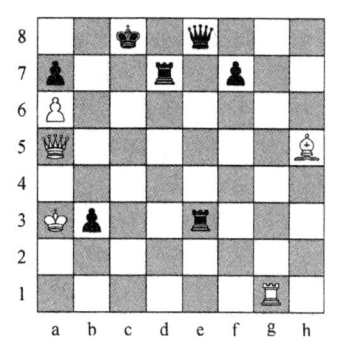

白方先走

白方的 a6 兵楔接近黑王，如何利用其威力取胜？**1. Rc1＋ Kb8　2. Qb4＋**，两步将军把王逼入角落。**2. …Ka8　3. Bf3＋**，弃象引离 e3 车。**3. …Rxf3　4. Qe4＋**，弃后引离黑后。黑方认输，因为 4. …Qxe4　5. Rc8♯，黑王在角落，前面有兵堵塞，可逃跑的格子受白方 a6 兵控制，白车进底线走廊将杀。

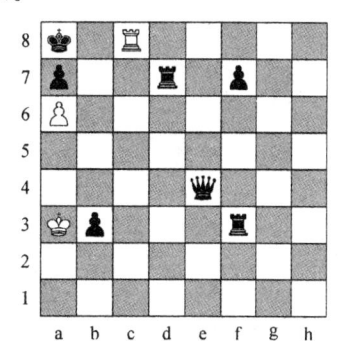

下面是两个子或兵控制王的逃跑格，车或后进底线将军的走廊杀法。

Podhraski vs Jeric(2001)

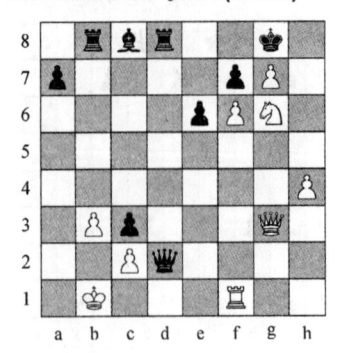

黑方先走

1. …**Rxb3**+，弃车引离 c 兵。2. **Ka1**，如果 2. cxb3 Qb2♯，兵支持后杀王。2. …**Ra3**+   3. **Kb1 Qd1**+   4. **Rxd1 Rxd1**♯，形成黑车进底线将军，白王受兵堵塞并且可逃跑的两个格子受车和兵控制的走廊杀法。

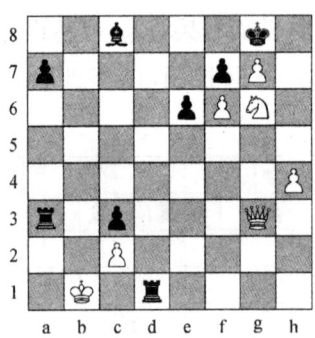

Surya vs Rathnakaran(2015)

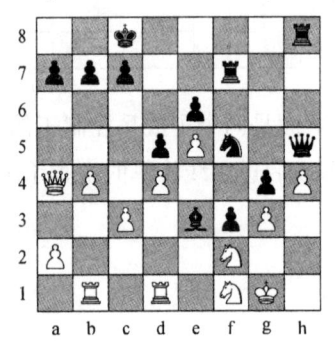

黑方先走

1. …**Nxg3**，弃马消除 g 兵对 h 兵的保护，有利于后和车沿 h 线进攻。2. **Nxe3 Qxh4**   3. **Nexg4 Ne4**，既是腾挪，又可以控制王的逃跑格。4. **Kf1**，如果走其他着法，黑方可 4. …Qg3+   5. Kf1 Rh1+   6. Nxh1 Qg2+   7. Ke1 Qe2♯，兵支持后杀王。4. …**Qh1**+，弃后将军，白方认输，接下来 5. Nxh1 Rxh1♯，形成黑车进底线将军，白王可逃跑的格子受马和兵控制的走廊杀法。

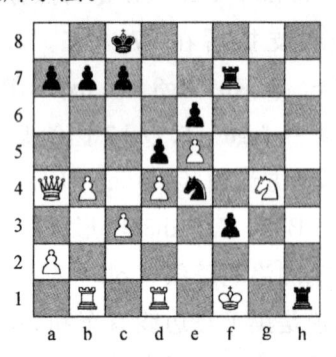

Sutovsky vs Aguado(1999)

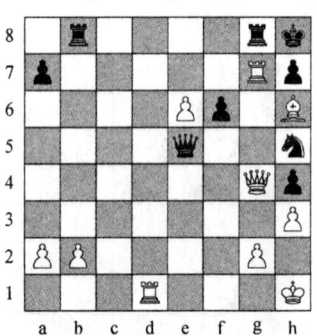

白方先走

1. **Rxg8**+ **Rxg8**   2. **Qxg8**+ **Kxg8**   3. **Rd8**♯，形成白车进底线将军，黑

第三十章 走廊杀法

王受兵堵塞并且可逃跑的格子受象和兵控制的走廊杀法。

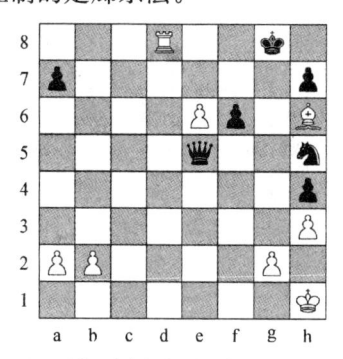

下面请看斜线走廊杀法的实战例局。

Capablanca vs Spielmann(1911)

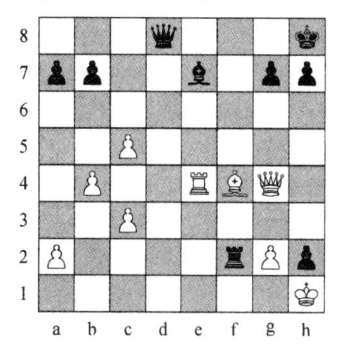

白方先走

1. Rxe7 Qf8，黑方不能 1.…Qxe7，否则 2.Qc8+ Qf8 3.Qxf8#，单后底线走廊杀法。**2. Qxg7+**，黑方认输。接下来将是 2.… Qxg7 3. Re8+ Qg8（如 3.… Qf8，则 4.Rxf8+ Kg7 5.Bh6+ Kxh6 6.Rxf2 胜）4. Be5+ Rf6 5.Bxf6#，利用车牵制，象斜线走廊杀黑王。

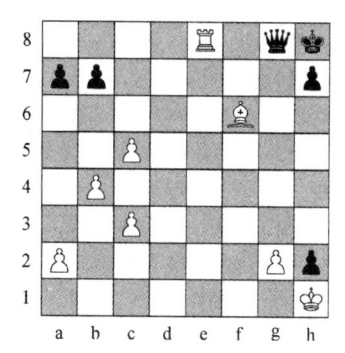

Beliavsky vs Gelfand(1992)

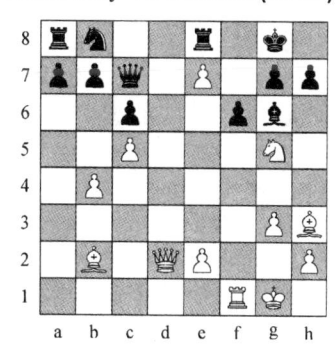

白方先走

1. Be6+ Kh8 2. Rxf6，弃车摧毁兵障。**2.…Nd7**，如果 2.…gxf6，则 3.Bxf6#，双象配合杀斜线走廊杀王。**3. Rxg6**，继续弃车消除保护，黑方认输，接下来 3.…hxg6 4. Qd4（双重威胁走到 g7 格或 h4 格将杀）4.…Nf6 5. Qxf6！（弃后消除保护）5.…gxf6 6. Bxf6#，双象马配合斜线走廊将杀。

国际象棋 经典杀法

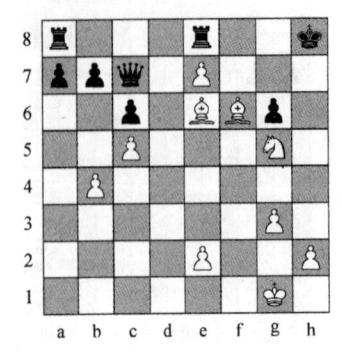

Riazantsev vs Carlsen(2005)

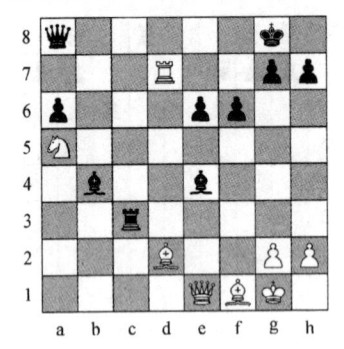

黑方先走

1. ⋯Bc5+　2. Kh1 Rf3　3. Bc3，白方不能 3. gxf3，否则 3. ⋯ Bxf3+ 4. Bg2 Bxg2♯，后保护象将军与另一个象控制的斜线走廊将杀。3. ⋯Rf2 4. Rd2 Bxg2+，白方认输，因为 5. Kg1，则 5. ⋯ Rxf1♯，黑方后车双象配合底线和斜线走廊双将杀白王。

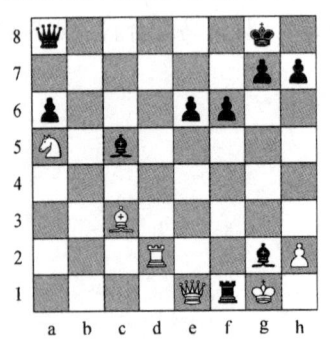

Shablinsky vs Ushkal(1974)

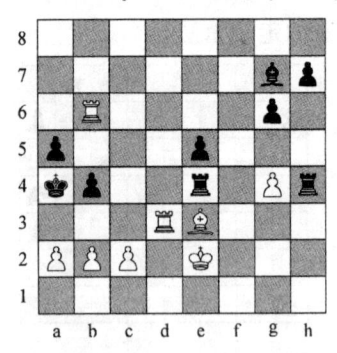

白方先走

1. Ra3+，弃车引入 b 兵形成堵塞。1. ⋯bxa3　2. b3♯，车控制并支持兵将军的斜线走廊将杀。

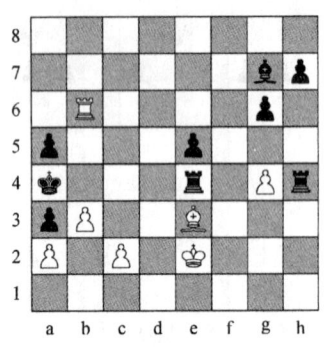

Spassky vs Petrosian(1967)

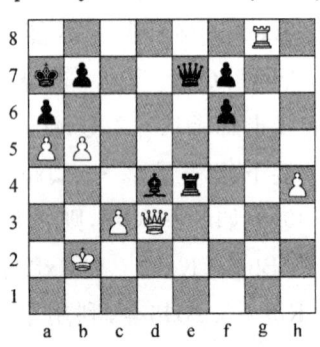

白方先走

1. Qxd4+，弃后消除象对 b6 点的保护。1. ⋯Rxd4　2. b6♯，兵支持兵

将军与车控制王的逃跑格的斜线走廊将杀。

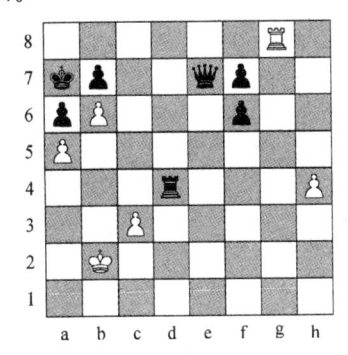

习题

1. Dubov vs Svane(2019)

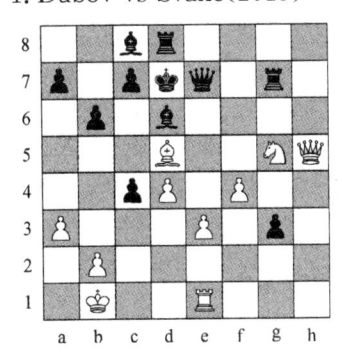

白方先走

2. James vs Miles(1974)

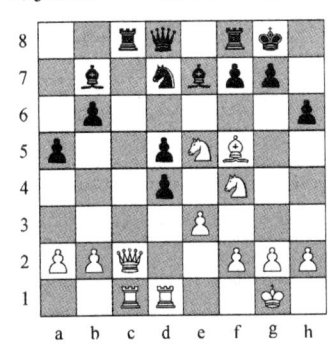

白方先走

3. Albornoz vs Fiorito(2003)

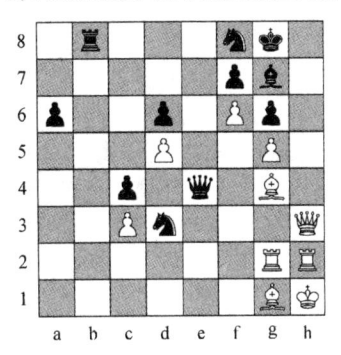

黑方先走

4. Tserendagva vs Purevzhav(1949)

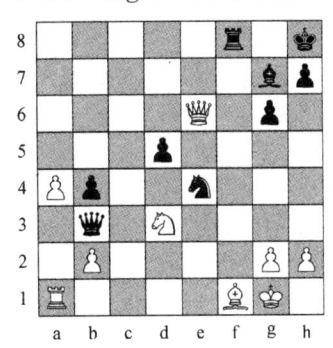

黑方先走

5. Levenfish vs Riumin(1936)

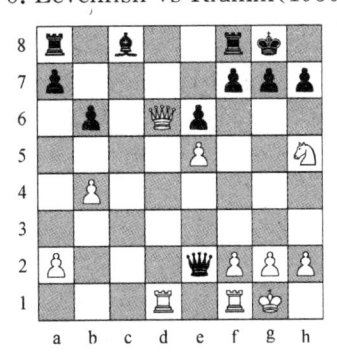

白方先走

国际象棋 经典杀法

6. Keres vs Petrosian

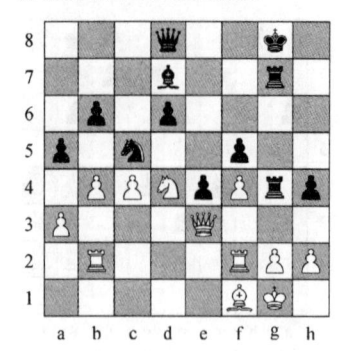

黑方先走

7. Tarrasch vs Alekhine(1925)

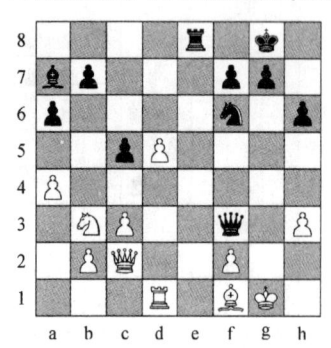

黑方先走

8. Alekhine vs Reshevsky(1937)

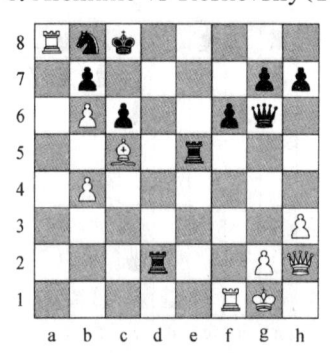

白方先走

9. Capablanca vs Roubicek(1908)

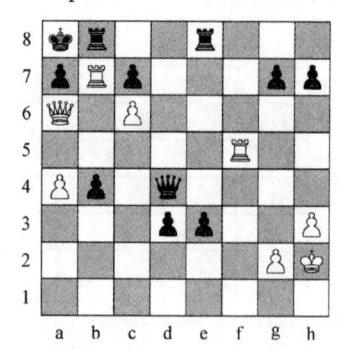

白方先走

10. Durao vs Catozzi(1957)

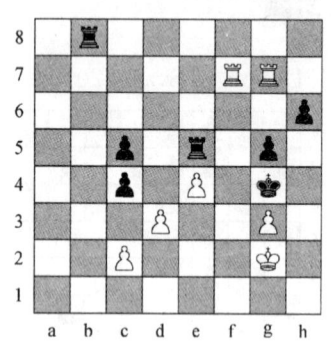

白方先走

11. Bisguier vs Fischer(1966)

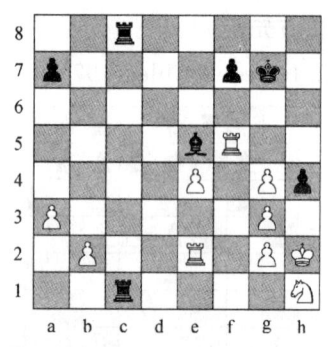

黑方先走

12. Tal vs Olafsson

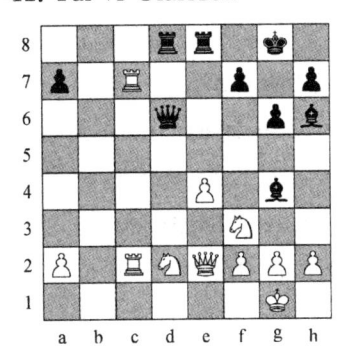

黑方先走

习题答案

1. **1. Be6+**,开始猎王。**1.…Kc6 2. Qf3+ Kb5 3. Bxc4+**,弃象引入黑王。**3.…Ka5**,如果 3.…Kxc4,则 4. Qc6+ Bc5 5. Rc1+ Kd3 6. Rc3+ Ke2 7. Qg2+ Ke1 8. Rc1#,重子错杀法,也可以说是走廊杀法的一种。**4. Qd5+ Bc5 5. b4+ Ka4 6. Qg2 Bxb4 7. Qc6+ Kxa3 8. Bb3**,弃象腾挪。**8.…Bd7 9. Qc1+ Kxb3 10. Qc2+ Ka3 11. Qa2#**,白王支持后将军,黑王受象堵塞并且可逃跑格受后控制的走廊杀法。

2. **1. Bh7+**,逼黑王进角落,**1.…Kh8 2. Nxf7+**,弃马摧毁兵障,消除对 g6 格的保护,同时引入黑车形成堵塞,**2.…Rxf7 3. Ng6+**,将军弃象引入黑王,**3.…Kxh7 4. Nf8+**,双将,**4.…Kg8 5. Qh7+ Kxf8 6. Qh8#**,单后进底线将杀。

3. **1.…Nf2+**,弃马引离黑象,暴露黑王,**2. Bxf2 Rb1+ 3. Bg1 Rxg1+**,弃车引入黑王,白方认输,因为 4. Kxg1 Qe1# ,后王对面杀。

4. **1.…Bd4+**,驱赶王到角落。**2. Kh1 Qxd3**,弃后消除马对 f2 格的保护,同时引入白象。**3. Bxd3 Nf2+**,将军引入白王。**4. Kg1 Nxd3+**,闪将抽吃象。**5. Kh1 Nf2+**,再将军引入王。**6. Kg1 Nd1+**,再闪将拦截。**7. Kh1 Rf1#**,单车进底线走廊将杀。

5. 白方如何利用局面优势迅速取胜? **1. Nf6+**,弃马将军,既是引离又是引入 g 兵,**1.…gxf6 2. exf6**,打入兵楔,威胁 3. Qg3+ Kh1 4. Qg7#,黑方只得走后防守。**2.…Qg4 3. Qxf8+**,弃后引入黑王。**3.…Kxf8 4. Rd8#**,f6 兵控制王的两个逃跑格,车进底线杀。

6. **1.…Rg3!**,弃车既是引离又是引入 h 兵。**2. hxg3 hxg3**,打入兵楔,同时敞开 h 线。**3. Rfd2 Qh4**,叫杀。**4. Be2 Rh7**,支持后进底线杀并暗藏玄机。**5. Kf1**,准备黑后进底线将军可以走后到 g1 垫将。**5.…Qxf4+!**,弃后引离白后,使其不能垫将。白方认输,因为 6. Qxf4 Rh1#,白王受兵和象堵塞,可逃跑的格子又受黑方 g3 兵控制,黑车进底线走廊将杀。

7. **1.…Re5**,提高车杀法,**2. c4**

Rg5＋　3. Kh2 Ng4＋，弃马引离 h 兵，进一步暴露白王，**4. hxg4 Rxg4**，白方认输，接下来 5. Bh3 Rh4　6. Kg1 Rxh3　7. Kf1 Rh1♯，黑车进底线将军，白王受兵堵塞并且可逃跑的格子受黑后控制的走廊杀法。

8. **1. Rxb8＋**，弃车引入黑王。1.…Kxb8　**2. Qxe5＋**，弃后引离 f 兵。2.…fxe5　**3. Rf8＋**，黑方认输，因为用后再用车垫将，只能延缓将杀：3.…Qe8　4. Rxe8＋ Rd8　5. Rxd8♯，白方 b6 兵控制王的两个逃跑格，车进底线将军的走廊杀法。

9. **1. Rxa7＋**，弃车引入黑后。1.…**Qxa7**　**2. Ra5**，黑方认输，因为 2.…Qxa6（否则 3. Qxa7♯）3. Rxa6♯，黑王受黑车堵塞，可逃跑的格子受白方 c6 兵控制，白车在边线走廊将杀。

10. **1. Rf4＋ Kh5**　**2. Rh4＋**，既是引入又是引离 g 兵。**2.**…**gxh4**　**3. g4**♯，车支持兵将军并控制王的逃跑格的斜线走廊将杀。

11. 1.…**Rxh1＋**，弃车消除马对王的掩护。**2. Kxh1 Rc1＋**，把王往峡谷里逼。**3. Kh2 hxg3＋**，引王入峡谷深处。**4. Kh3 Rh1**♯，黑方车在边线将军，白王受两个兵堵塞并且可逃跑格受象保护的兵控制的走廊杀法。

12. 1.…**Bxd2**　**2. Qxd2 Qf4**，闪击兼引离。**3. Re7**，当前妙着。**3.**…**Rf8**　**4. Qa5**，没有什么更好着法，如果 4. Qe2 Bxf3　5. Qxf3（5. gxf3 Qg5＋，双击抽车）　5.…Qd6，双重威胁底线走廊杀和吃车；如果 4. Qc1 Bxf3　5. gxf3 Qxf3　6. Rd2 Qg4＋　7. Kh1 Qg5，双击吃车并牵制一车。**4.**…**Rd1＋**，直接走 4.…Qg5 更好。**5. Ne1 Qg5**，引离白后并威胁吃车，白方认输。

第三十一章　角落杀法

角落杀法（The Corner Mate）有马角落杀法（Knight Corner Mate）和车象角落杀法两种。

马角落杀法是指王在角落，前面有兵（偶尔是象或马）堵塞，对方马在次底线将军时，王可逃跑格受车（偶尔是后）控制而被将杀，如下图所示。

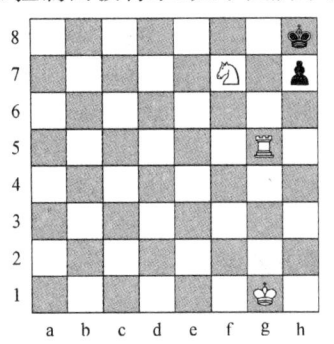

车象角落杀法是指一方大斜线上的象支持车进角落与王将军，王受己方棋子（马除外）堵塞并且可逃跑格受车和象控制而被将杀，如图所示。

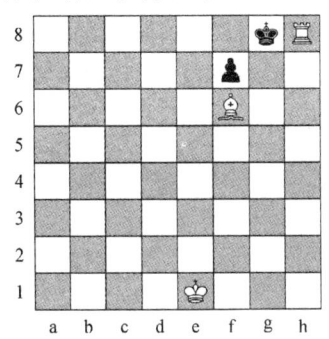

下面先看马角落杀法的实战例局。

Janse vs Borland(2001)

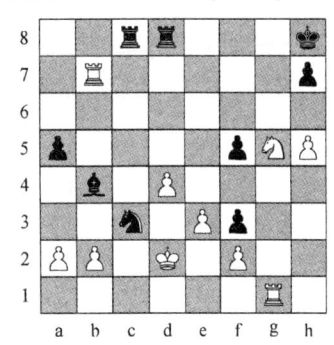

白方先走

1. Nf7#，白方车控制与马将军的角落杀法。

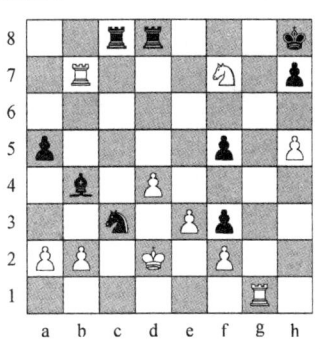

Zubatch vs Feldman(1992)

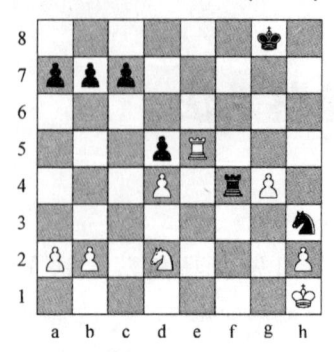

黑方先走

1. … **Rxg4**，双重威胁将杀。2. **Nf3 Nf2♯**，黑方车控制与马将军的角落杀法。

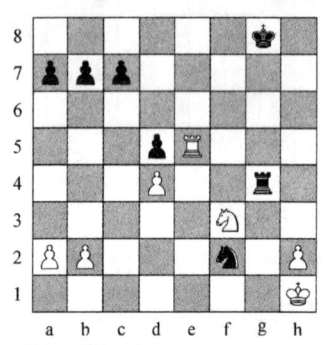

MacQueen vs Rout(2011/2012)

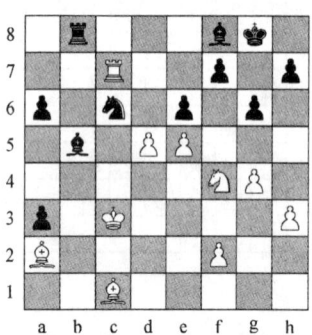

黑方先走

1. … **Bb4＋** 2. **Kc2 Nd4＋** 3. **Kb1 Ba5**，腾挪捉车。4. **Rc5 Bc4＋**，闪将并拦截。5. **Ka1 Nc2♯**，形成黑方在后翼车控制与马将军的角落杀法。

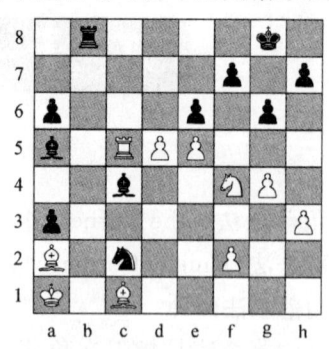

Myers vs Poliakoff(1955)

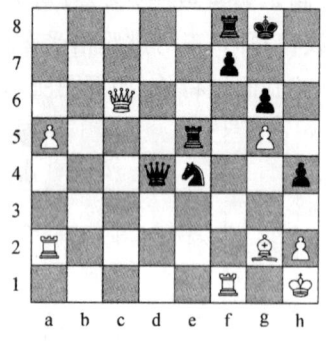

黑方先走

黑方后车马三子处于中心，极具威力。1. … **h3**，迫使白方交换。2. **Bxh3**，走 2.Bxe4 交换，有希望走成和棋。2. … **Rxg5** 3. **Qd7 Qc4** 4. **Ra4??**，败着，走 4.Qa4，还可坚持。4. … **Qxf1＋!**，弃后消除车对 f2 点的保护，5. **Bxf1 Nf2♯**，形成黑方车控制与马将军的角落杀法。

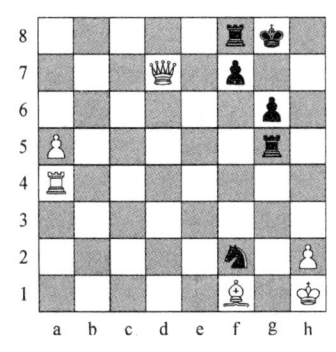

第三十一章 角落杀法 I

Gorelov vs Shulman(1995)

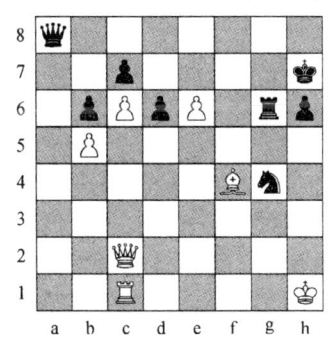

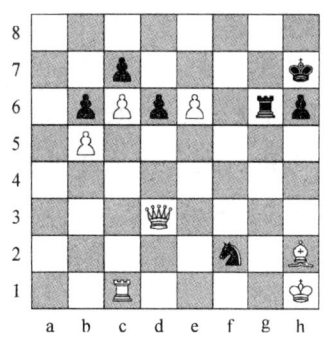

Schmidt vs Henley(1983)

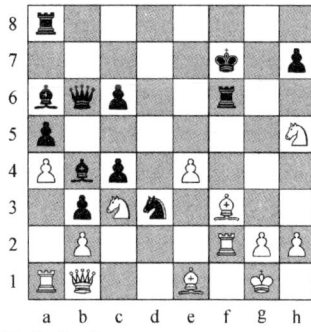

黑方先走

黑方先走

1.…**Qa3**,运后到王翼将杀。**2. Qg2**,防守黑后可以将军的两个格位。2.…**Ne3**,闪击。**3. Qd2 Nd1**,腾挪。**4. Qe2**,如果 4. Rxd1,则 4.…Qf3+ 5. Kh2 Qh5♯,走廊杀法。**4.… Qh3+**,引入白象形成堵塞。**5. Bh2 Qd3**,引离白后,白方认输,因为 6. Rc2,则 6.…Qd5+ 7. Qg2 Rxg2 8. Rxg2 Ne3 9. Bg1 Qxg2♯,后马配合杀角落王;如果 6. Qxd1,则 6.… Qe4+ 7. Qf3 Qxf3♯,后车配合杀角落王;如果 6. Qxd3,则 6.…Nf2♯,形成车控制与马将军的角落杀法。

1.…**Rxf3**,弃半子引离 g 兵。**2. gxf3 Bc5 3. Kg2 Bxf2 4. Bd2 Rg8+ 5. Kh1 Be1**,既是腾挪又是拦截,威胁 6.…Q/Rg1♯ 和 6.…Nf2♯,车控制与马将军的角落杀法,白方认输,因为要想解杀就得丢后。

下面是车象角落杀法的实战例局。

Ding Liren vs Ivan Saric(2018)

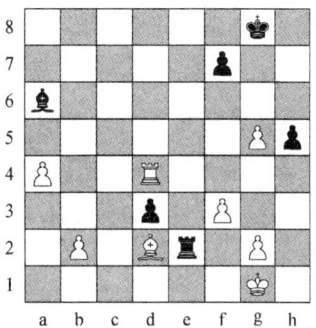

213

白方先走

1. Bc3，象进入大斜线，准备支持车进角落杀。**1. …Rc2 2. Rd8＋ Kh7 3. Rd6**，退车捉象并叫杀，黑方认输，因为如果逃象走 3. …Bb7，则 4. Rh6＋ Kg8 5. Rh8♯，形成车象配合角落杀法。

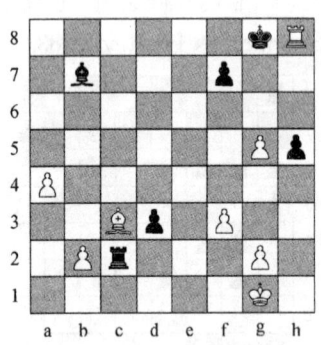

Vilen vs Strom(1933)

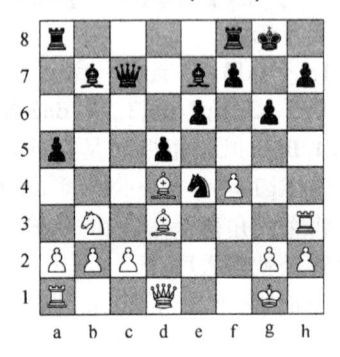

白方先走

白方 d4 象控制大斜线，h3 车潜伏在 h 线，具有角落杀的条件。**1. Bxe4**，消除黑马对 g3 格的保护。**1. …dxe4 2. Qh5**，后送到兵口，兵却不敢吃，否则 2. Rg3＋ Bg5 3. Rxg5♯，皮尔斯伯里杀法。**2. …Bh4**，寄希望于白方走 3. Qxh4，然后走 3. …f6，可以组织防御，但白方可以连将杀。**3. Qxh7＋**，弃后摧毁兵障并引入黑王，**3. …Kxh7 4. Rxh4＋ Kg8 5. Rh8♯**，形成车象配合角落杀。

Ding Liren vs Ni Hua(2009)

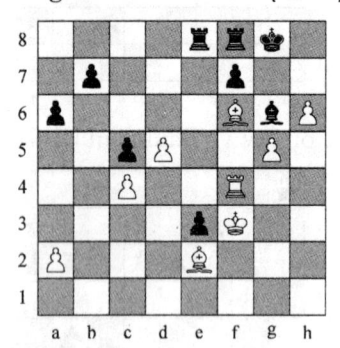

白方先走

1. h7＋，黑方认输，接下来 1. …Bxh7 2. Rh4 b6 3. Bd3 Re4 4. Bxe4 Bxe4＋ 5. Kxe4 Re8＋ 6. Kd3 Re4 7. Rh8♯，象支持车角落杀。

Kirby vs Piyumantha(2018)

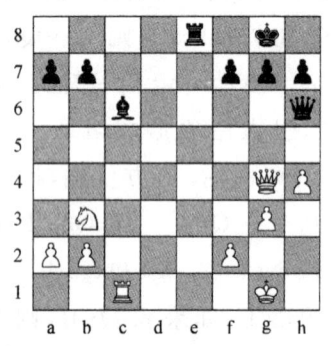

黑方先走

1. …Qxc1＋，弃后消除车对底线的保护。**2. Nxc1 Re1＋ 3. Kh2 Rh1♯**，又一种形式的车象配合角落杀法。

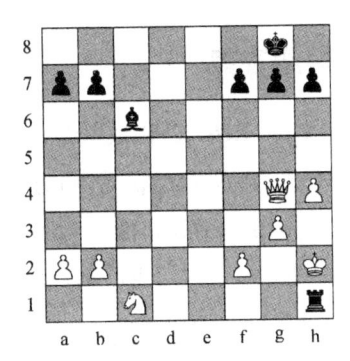

Gaprindashvili vs Vujanovic(1975)

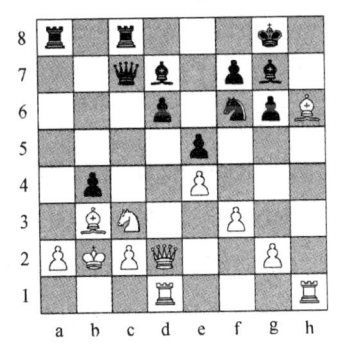

白方先走

黑方期望白方受 b4 兵攻击的马走开,但是白方给对手危险攻击机会。
1. Bxg7!!,弃马策划车象配合角落杀。
1. …Qxc3＋,如果 1. … Kxg7   2. Qh6＋ Kg8   3. Qh8#,后车配合 h 线杀;如果 1. …bxc3＋   2. Kb1   cxd2   3. Bxf6 Bh3   4. Rxh3 Kf8   5. Rh8#,象控制王的逃路,车进底线将杀。
2. Kb1! Qxd2   3. Bxf6,白方达到预期目标,黑方要想避免 4. Rh8#,只得遭受物质损失。**3. … Qxd1＋   4. Rxd1 Kf8   5. Rh1**,再到 h 线威胁将杀,**5. …Bh3   6. Rxh3 Ke8   7. Rh8＋ Kd7   8. Rh7 Rf8   9. Bg7**,黑方认输。

第三十一章　角落杀法

习题

1. Korchnoi vs Karpov(1978)

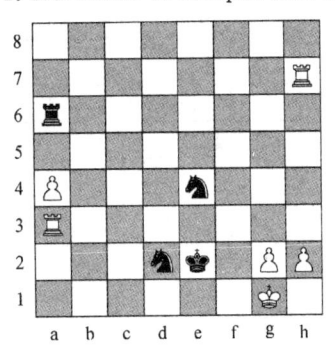

黑方先走

2. Makropoulos vs Farago(1988)

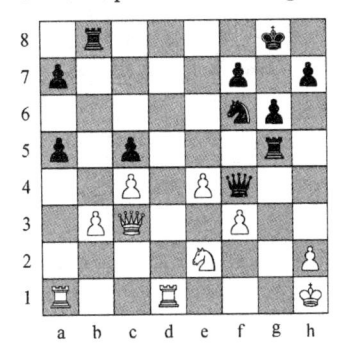

黑方先走

3. Terpugov vs Petrosian(1957)

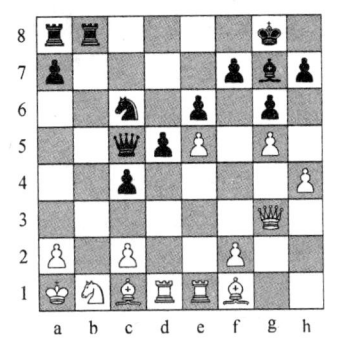

黑方先走

215

4. Kantans vs Prasannaa World (2014)

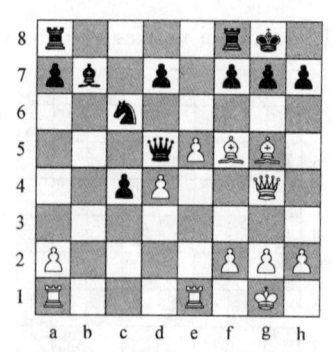

白方先走

5. Larsen vs Andersson(1971)

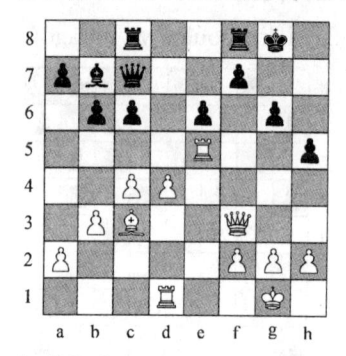

白方先走

6. L'Hermet vs Hagemann(1888)

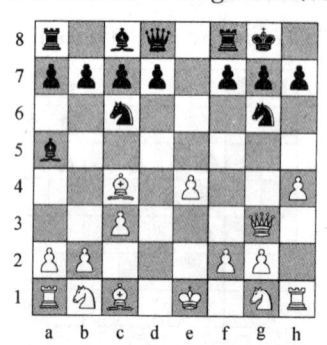

白方先走

习题答案

1. **1. …Rc6**，威胁底线将杀。**2. Ra1 Nf3＋**，弃马引离 g 兵，白方认输，因为 3. gxf3（3. Kh1 Nf2♯，双马将杀）3. …Rg6＋　4. Kh1 Nf2♯，车控制与马将军的角落杀法。

2. 白马正要吃黑后，黑方如何走？ **1. …Nxe4**，不但不顾后，还把马送到兵口。**2. Nxf4 Nf2♯**，黑方车控制与马将军的角落杀法。

3. **1. …Rxb1＋**，弃半子消除保护。**2. Kxb1 Rb8＋　3. Ka1　c3**，打入兵楔。**4. Bd2 Nb4**，叫杀。**5. Bd3 Qc4**，弃后叫杀并引离白象，白方认输，因为 6. Bxc4 Nxc2♯，车控制与马将军的角落杀法。

4. **1. Bf6**，利用牵制叫杀。**1. …g6 2. Be4**，把后驱离大斜线，减少后顾之忧。**2. …Qa5　3. Qg5**，准备进 h6 叫杀。**3. …Nxd4　4. Qh6 Ne6　5. Re3**，提高车杀法，黑方已无法解杀了。**5. …Bxe4　6. Qxh7＋**，弃后摧毁兵障。**6. …Kxh7　7. Rh3＋ Kg8　8. Rh8♯**，车象角落杀法。

5. **1. d5**，弃兵腾挪开大斜线。**1. …cxd5　2. Qf6**，威胁腾挪开车，后象配合大斜线将杀。**2. …Qd8**，企图兑掉后。**3. Qh8＋!**，弃后引入黑王，**3. …Kxh8　4. Rxh5＋**，双将，黑方认

输,接下来 4.…Kg8　5.Rh8♯,车象角落杀法。

6.**1.h5**,进兵驱马。**1.…Nge5　2.Bg5**,攻击黑后抢先。**2.…Qe8　3.Bf6**,叫杀。**3.…g6　4.hxg6 Nxg6　5.Qxg6+**,弃后引离。**5.…hxg6　6.Rh8♯**,车象角落杀法。

第三十二章　肩章杀法

王的左右有自己的棋子（通常是车）阻塞，被将军时无路可逃，这种杀法叫肩章杀法（The Epaulettes Mate），因为左右两个棋子就像军服上的肩章。这种杀法的王通常在底线或边线。下面四个图展示四种肩章杀法。

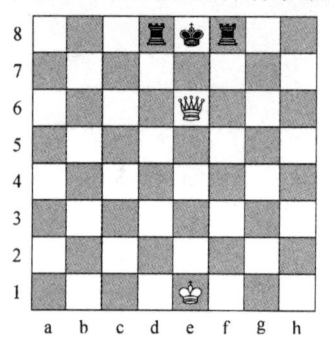

如上图所示，黑王的两侧有两个车像肩章一样阻塞王的逃路，白后将军并控制王的逃跑格的肩章杀法。

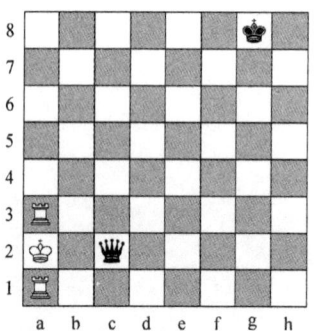

如上图所示，白王在边线，两侧有车堵塞，黑后将军并控制王的逃跑格的肩章杀法。

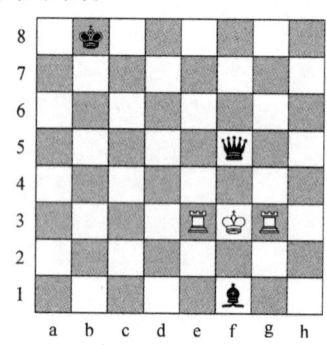

如上图所示，白王不在底线，也不在边线，但有两个车在两侧形成堵塞，黑后将军并控制王的逃跑格与象控制另两个逃跑格的肩章杀法。

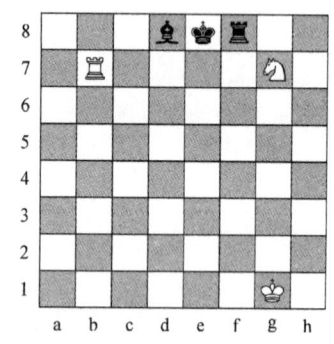

如上图所示，黑王在底线，两侧有车和象堵塞，白马将军与白车控制王的逃跑格的肩章杀法。

当然，还有其他一些肩章杀法，我们在后面的实战例局中予以介绍。

Showalter vs Logan(1890)

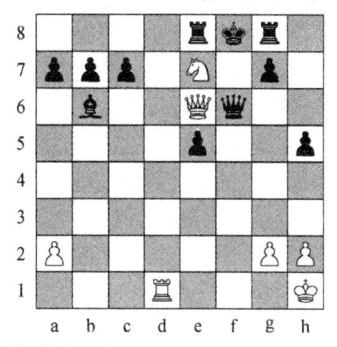

白方先走

黑方正兑后并威胁吃马,白方若兑后,黑方子力占优定胜,白方怎么办？**1. Ng6＋**,引离黑后,**1. …Qxg6 2. Rf1＋ Bf2 3. Rxf2＋**,再引入黑后,**3. …Qf6 4. Rxf6＋ gxf6 5. Qxf6♯**,黑王有两个车堵塞,白后将军并控制王的逃跑格的肩章杀法。

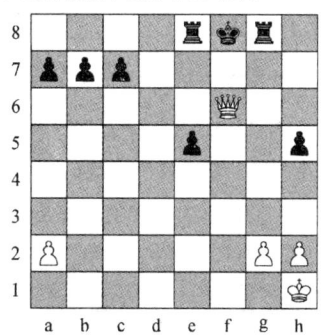

Granados vs Saavedra(2001)

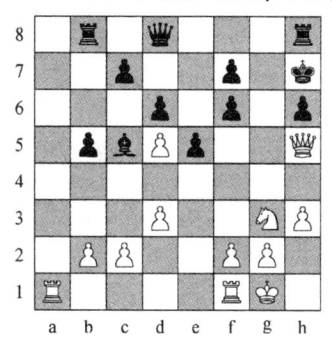

白方先走

1. Qxf7♯,黑王在边线有车和兵堵塞,白后将军并控制王的逃跑格的肩章杀法。

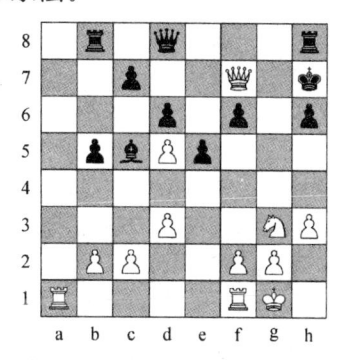

Fleissig vs Schlechter(1893)

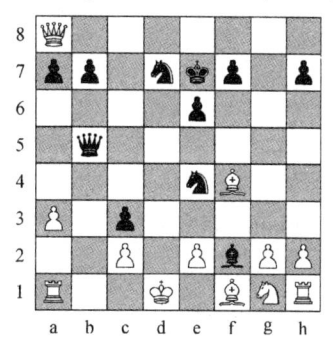

黑方先走

1. …Qd5＋ 2. Kc1 Be3＋,黑方已经弃了双车,现在又弃象腾挪并叫杀。**3. Bxe3 Nf2**,再弃马叫杀引离黑象。**4. Bxf2 Qd2＋**,白方认输,接下来 5. Kb1 Qd1＋ 6. Ka2 Qxc2♯,白王在边线有车和兵堵塞,黑后将军并控制王的逃跑格的肩章杀法。

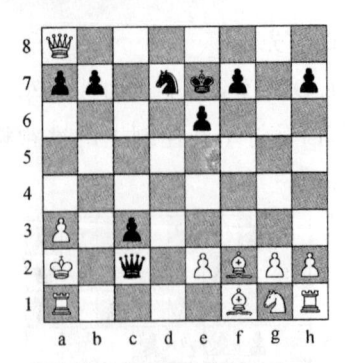

国际象棋 经典杀法

Carlsen vs Ernst (2004)

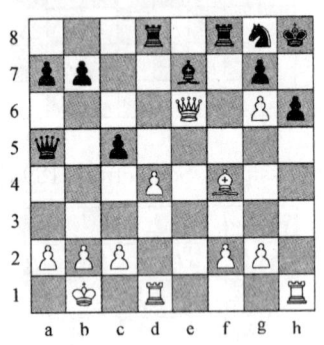

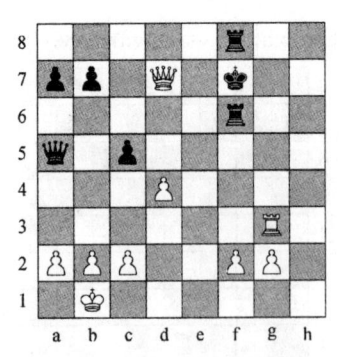

Galojan vs Paehtz (2009)

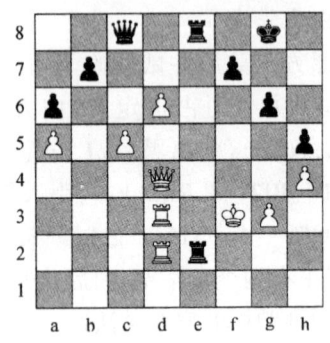

白方先走

黑方先走

1. Bxh6，弃象摧毁兵障。1. … gxh6   2. Rxh6＋，弃车摧毁兵障。2. …Nxh6   3. Qxe7，威胁4. Qh7♯，兵支持后杀王。3. … Nf7   4. gxf7 Kg7   5. Rd3，提高车去杀王。5. … Rd6   6. Rg3＋ Rg6   7. Qe5＋ Kxf7   8. Qf5＋ Rf6   9. Qd7♯，黑王在次底线，上下有车堵塞，白后将军并控制与车控制王的逃跑格的肩章杀法。

1. … Qh3，进后叫杀。2. Rxe2 Qf5＋   3. Qf4 Qxd3＋   4. Re3 Qf1♯，白王两侧有车和兵堵塞，黑后将军并控制与车和兵控制的肩章杀法。

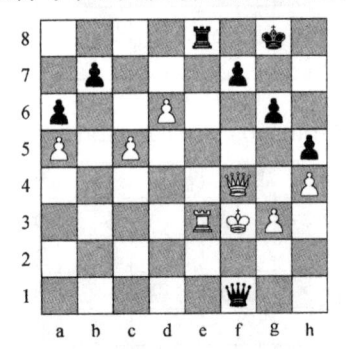

Van Wely vs Morozevich(2001)

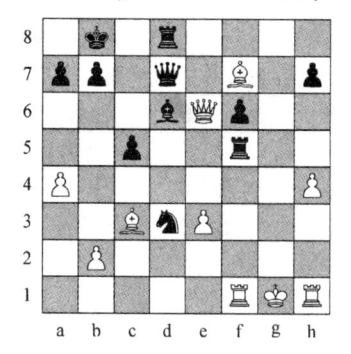

黑方先走

1. …Rg8+,弃车引离白象,白方认输,因为 2.Bxg8 Qg7#,白王两侧有双车堵塞,黑后在远程将军与车象马控制的肩章杀法。

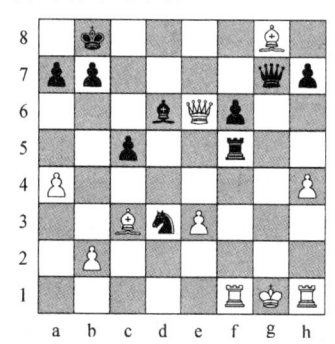

Albin vs Bernstein(1904)

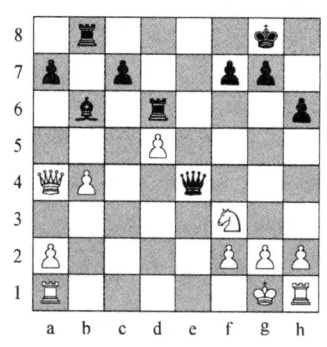

黑方先走

1. …Qe2,威胁象支持后吃 f 兵将杀。**2. Rf1 Qxf3**,弃后吃马,引离 g 兵。**3. gxf3 Rg6#**,黑车远程肩章将杀。

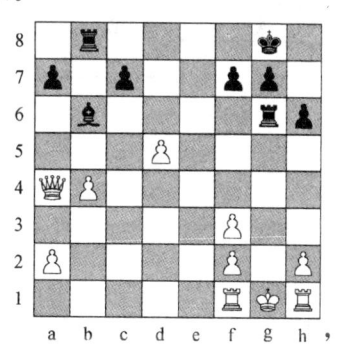

习题

1. Morphy vs Worrall(1857)

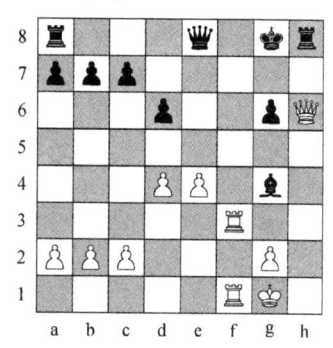

白方先走

2. Steinitz vs NN(1861)

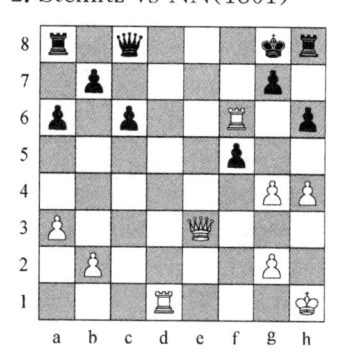

白方先走

221

3. Bogoljubov vs NN(1935)

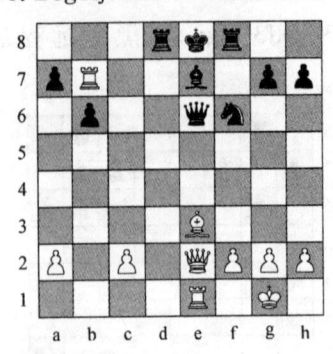

白方先走

4. Kumaran vs Miles(1993)

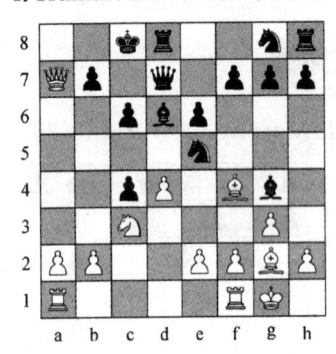

白方先走

5. Morphy vs Bryan(1859)

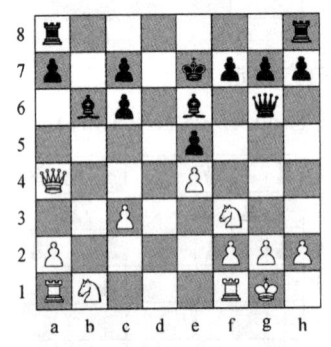

白方先走

6. Neumann vs Mayet(1866)

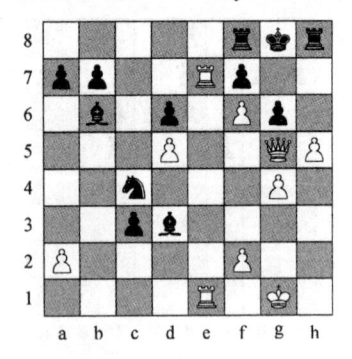

白方先走

习题答案

1. **1. Rf8+**,弃车引入黑后。**1. …Qxf8 2. Rxf8+**,再弃车引入黑车形成堵塞。**2. …Rxf8 3. Qxg6#**,黑王有两个车堵塞,白后将军并控制王的逃跑格的肩章杀法。

2. **1. Rd8+**,弃车引离后对 e6 格的保护。**1. …Qxd8 2. Qe6+ Kh7 3. Rxh6+**,弃车摧毁兵障,引离 g 兵,暴露黑王。**3. …gxh6 4. Qf7#**,黑王在边线并有车和兵堵塞,白后将军并控制王的逃跑格的肩章杀法。

3. **1. Bc5**,闪击。**1. …Qxe2 2. Rxe7+**,穿透战术。**2. …Qxe7 3. Rxe7#**,象支持车在次底线将军并控制王的逃跑格的肩章杀法。

4. **1. Qa8+ Kc7 2. Nb5+**,弃马将军,引离 c 兵。**2. …Kb6**,如果 **2. …cxb5**,则 **3. Qxb7#**,象保护后将军的燕尾杀法。**3. Qa7+ Kxb5 4. a4+**

Kb4　5.Qb6♯,黑王两侧有自己的兵和对方受车保护的兵堵塞,白后将军并控制与兵控制的肩章杀法。

5.1.Nxe5,进马攻击黑后。1.⋯Qf6　2.Nxc6＋ Kf8　3.e5,进兵攻击黑后。3.⋯Qg5　4.h4,再进兵攻击黑后。4.⋯Qg4　5.Qa3＋ Kg8　6.Ne7＋ Kf8　7.Ng6＋,双将。7.⋯Kg8　8.Qf8＋,弃后引入黑车形成堵塞。8.⋯Rxf8　9.Ne7♯。

6.1.hxg6 Bxg6　2.Qxg6＋,弃后消除保护并引离 f 兵。2.⋯fxg6　3.Rg7♯,兵保护车将军并控制王的逃跑格的肩章杀法。

第三十三章　燕尾杀法

燕尾杀法（Swallow's Tail Mate）是指受保护的后紧贴着对方的王正面将军时，王的后面可逃跑的两个格子有己方棋子（通常是车）堵塞而被将杀，这两个棋子与王构成像燕子尾巴的形状，因此而得名。由于这种杀法的形态与肩章杀法的形态相似，曾一度归入肩章杀法。下图展示这种杀法的形态。

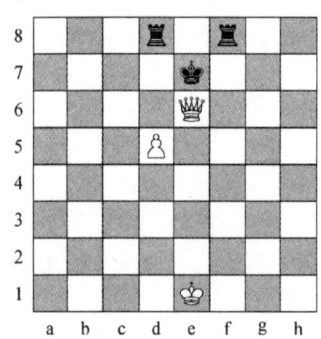

下面请看实战中的燕尾杀法。
Xu Yuanyuan vs Inga Charkhalashvili(2001)

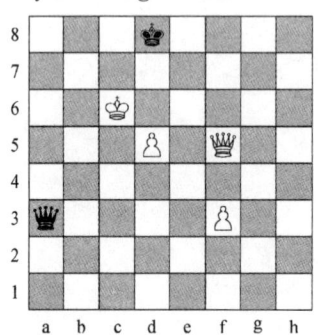

黑方先走

白方多两个兵，本可取胜，但王所处的位置不佳，黑方试图长将和棋，
1. …Qc3＋　2. Kd6??，败着，本想避免长将，却招致被将杀。**2. …Qc7＋**，白方认输，接下来是 3. Ke6 Qe7♯，王支持后将军的燕尾杀法。

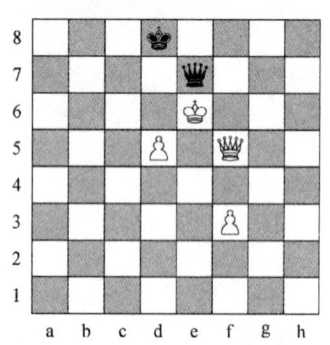

Euwe vs Ernest(1921)

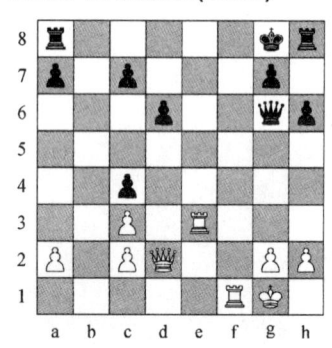

白方先走

1. Qd5＋　Kh7　2. Rg3　Qxc2　3.

第三十三章 燕尾杀法

Rxg7+，弃车摧毁兵障，黑方认输，因为 3. …Kxg7 4. Qf7#，白方车支持后将军的燕尾杀法。

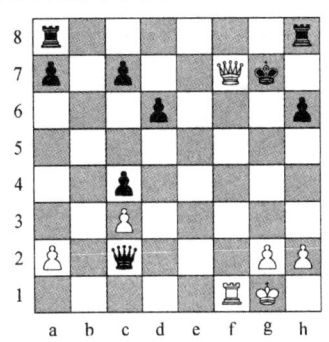

Pillsbury vs Marshall

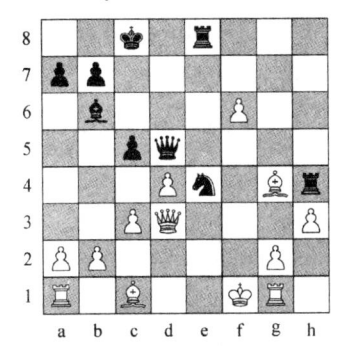

黑方先走

1. …**Rxg4**，弃车消除保护。2. hxg4 Ng3+，弃马引离白后。3. Qxg3 Qc4+ 4. Kf2 Qe2#，黑方车支持后将军的燕尾杀法。

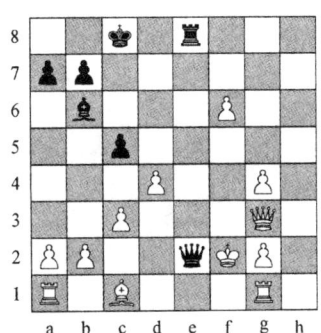

NN vs Poole(1952)

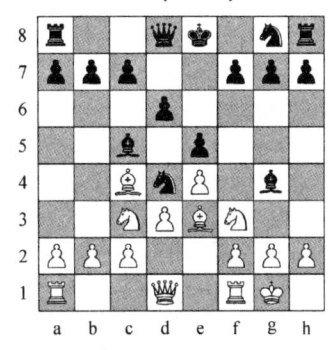

黑方先走

1. …**Nxf3+**，消除保护兼引离，2. gxf3 Bh3，腾挪占位，3. Re1 Bxe3，消除保护，4. fxe3 Qg5+ 5. Kf2 Qg2#，黑方象支持后燕尾杀法。

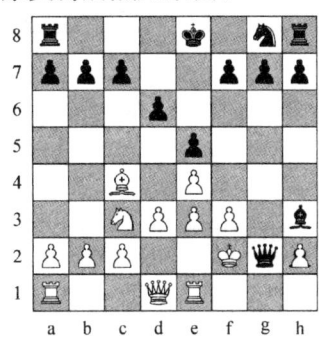

Nyysti vs Sisatto(2002)

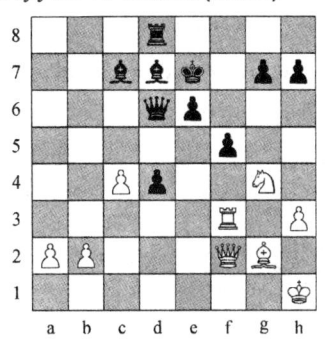

白方先走

1. **Qh4+** Kf7 2. Qxh7 Bc6 3. Nh6+ Kf6 4. Rxf5+，弃车摧毁兵

障。4. … **exf5**，不吃车走 4. …Ke7 5. Qxg7+ Ke8 6. Qxf7♯，车和马支持后杀王。**5. Qxf5+ Ke7 6. Qf7♯**，马支持后将军的燕尾杀法。

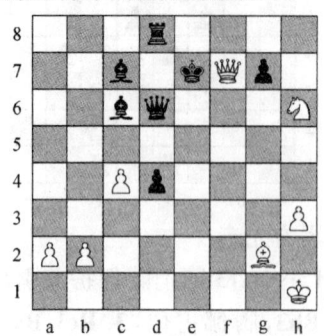

Chamouillet vs NN(1849)

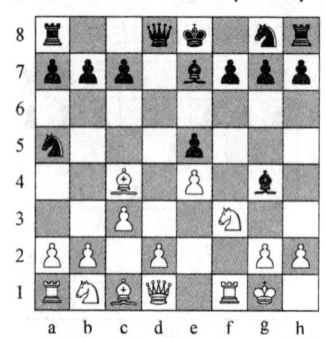

白方先走

1. Bxf7+，弃象摧毁兵障。**1. …Kxf7 2. Nxe5+ Ke6 3. Qxg4+ Kxe5 4. Qf5+ Kd6 5. Qd5♯**，白方兵支持后燕尾杀法。

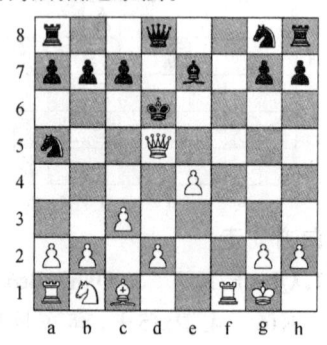

Redelyi vs Barati(1961)

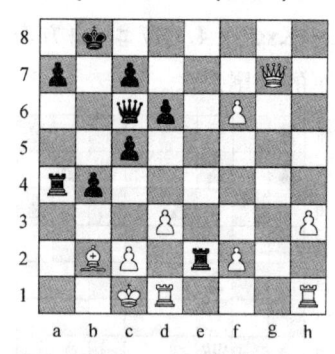

黑方先走

1. …Ra1+，弃车腾挪并引入黑象。**2. Bxa1 Qa4**，双重威胁将杀。**3. Qg8+ Kb7 4. Qb3 Qxa1+**，引入白后形成堵塞。**5. Qb1 Rxc2+**，弃车摧毁兵障并引入白王。**6. Kxc2 Qc3♯**，黑方兵支持后燕尾杀。

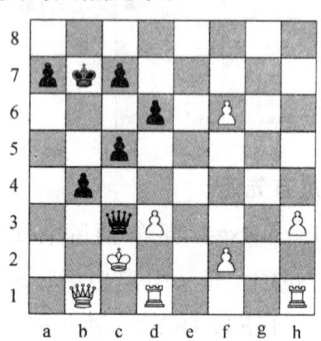

Anand vs Carlsen(2009)

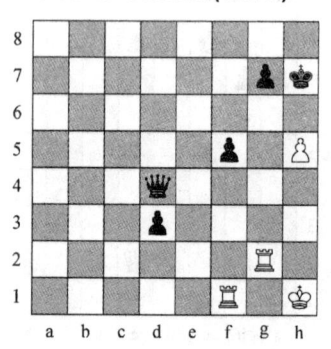

226

第三十三章 燕尾杀法

黑方先走

1. …d2,威胁兵升变。**2. Rgg1 f4 3. Kg2 Qe3 4. Rh1 Qg3♯**,黑方兵支持后将军的燕尾杀法。

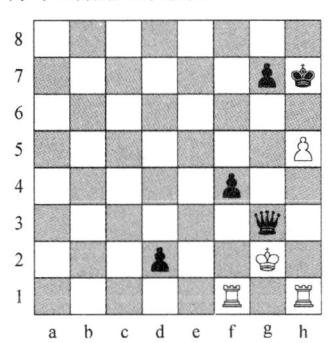

Keres vs Fischer(1959)

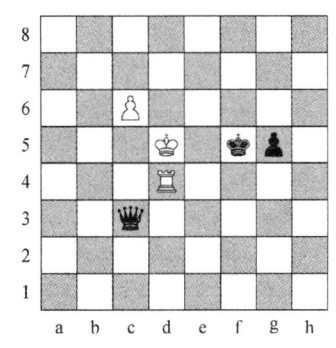

黑方先走

1. …g4,楚茨文克,逼白方走劣着。**2. Rc4 Qe5♯**,王支持后将军的燕尾杀法。

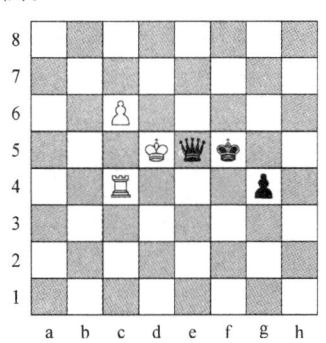

Holthuis vs van Oirschot(1987)

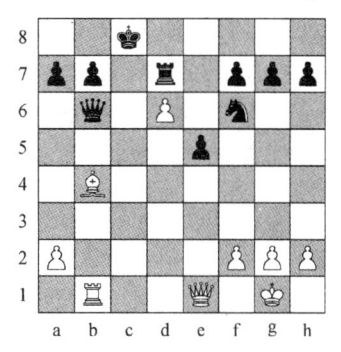

白方先走

1. Rc1+ Kb8 2. Bc5 Qb2 3. Bxa7+,弃象摧毁兵障。**3. …Kxa7 4. Qa5+ Kb8 5. Rc8+**,弃车,既是引离又是引入。**5. …Kxc8 6. Qa8♯**,后进底线将军的燕尾杀法。

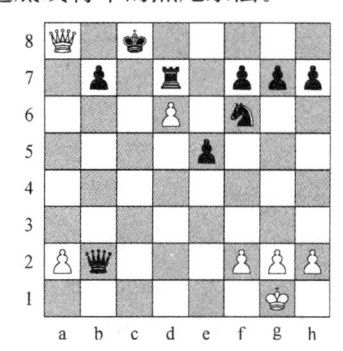

South vs Neshan(1980)

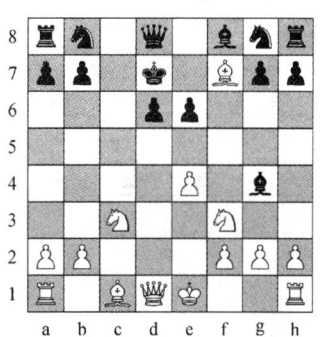

白方先走

1. Ne5+，利用牵制跳马将军，闪击黑 g4 象。**1. …Ke7 2. Qxg4 dxe5 3. Qxe6#**，象支持后燕尾杀。

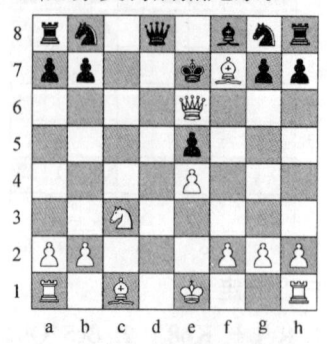

Milman vs Fang(2005)

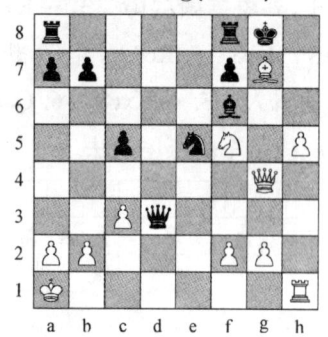

白方先走

1. Ne7+ Kh7 2. Qg6+，弃后引入兵或者马。**2. …fxg6 3. hxg6+**，双将。**3. …Kxg7 4. Rh7#**，马保护兵并控制与兵保护车将军并控制的燕尾杀法。

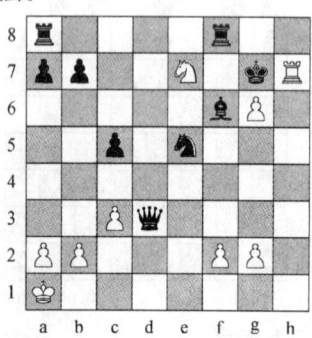

Ribli vs Marjanovic(1979)

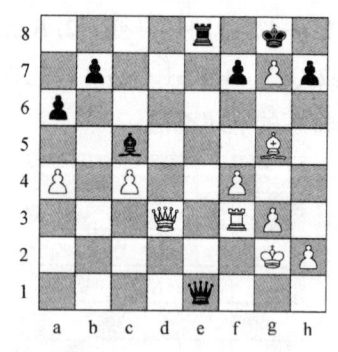

黑方先走

1. …Re2+ 2. Kh3 Rxh2+，弃车摧毁兵障。**3. Kxh2 Qg1+ 4. Kh3 Qh1+ 5. Kg4 h5+ 6. Kf5 Qh3+**，白方认输，因为 **7. g4 Qxg4+ 8. Kf6 Qe6#**，兵支持后将军的燕尾杀法。

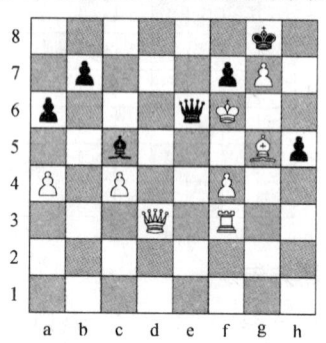

Schomann vs Amini(2007)

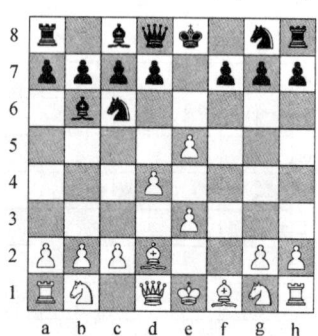

第三十三章 燕尾杀法

黑方先走

1. …Nxd4，弃马既是引离又是引入 e 兵。**2. exd4 Qh4＋ 3. g3 Qxd4**，双重威胁象支持后到 f2 将杀和后吃 b2 兵。**4. Qe2 Qxb2 5. Bc3 Qc1＋ 6. Qd1 Bf2＋**，弃象引离白王。**7. Ke2**，如果吃象则丢后。**7. …Qe3♯**，象保护后将军的燕尾杀法。

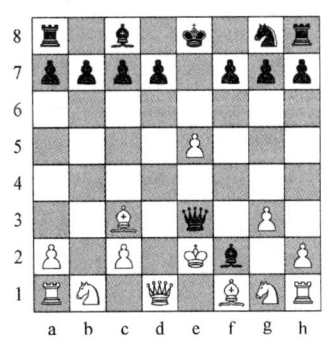

Soyres vs Skipworth(1880)

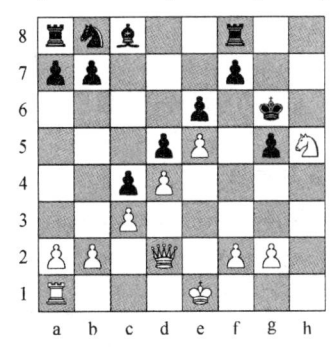

白方先走

1. Qc2＋ Kxh5 2. Qh7＋，黑方认输，因为 2. …Kg4 3. Qh3＋ Kf4 4. Qf3♯，兵支持后将军的燕尾杀法。

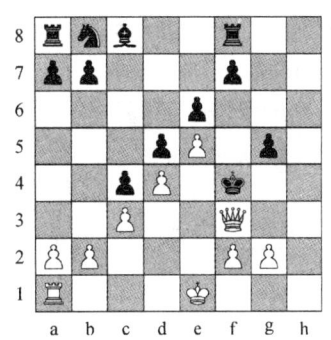

Steinitz vs Bardeleben(1895)

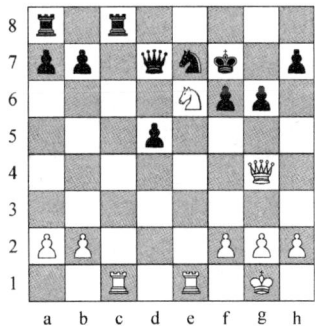

白方先走

1. Ng5＋，弃马闪击。**1. …Ke8 2. Rxe7＋**，弃车引离黑后或引入黑王。**2. …Kf8**，如果 2. …Kxe7，则 3. Qb4＋ Ke8 4. Re1＋ Kd8 5. Ne6＋ Ke8（5. …Qxe6 6. Rxe6 Rc1＋ 7. Re1 Rxe1＋ 8. Qxe1）6. Qf8♯；如果 2. …Qxe7，则 3. Rxc8＋ Rxc8 4. Qxc8＋ Qd8 5. Qxd8＋，白方多马胜定。**3. Rf7＋ Kg8 4. Rg7＋ Kh8 5. Rxh7＋ Kg8 6. Rg7＋ Kh8**，如果 6. …Kf8，则 7. Nh7＋ Kxg7 8. Qxd7＋ Kg8 9. Rxc8＋ Rxc8 10. Qxc8＋ Kxh7，白方净多一后。**7. Qh4＋ Kxg7 8. Qh7＋ Kf8 9. Qh8＋ Ke7 10. Qg7＋ Ke8 11. Qg8＋ Ke7 12. Qf7＋ Kd8 13. Qf8＋ Qe8 14.**

Nf7+ Kd7　15.Qd6#，马支持后将军的燕尾杀法。

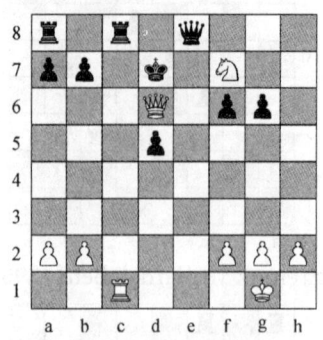

Tiller vs Lovik(2009)

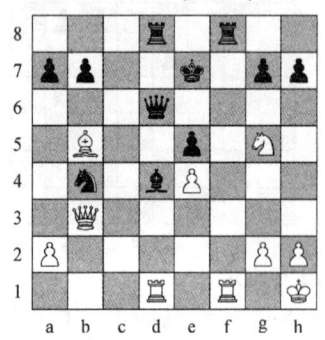

白方先走

1.Qf7+，弃后引入黑车。**1.…Rxf7　2.Rxf7#**，马支持车将军并控制与象控制的燕尾杀法。

习题

1. Gath vs Newsome(1975)

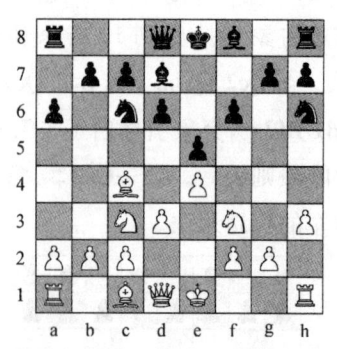

白方先走

2. Savanto vs Molder(1950)

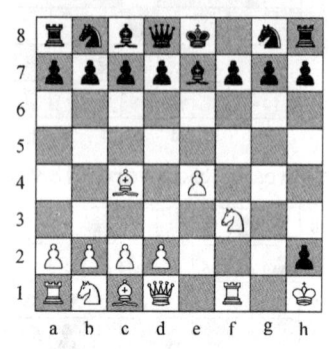

白方先走

3. Kramtsov vs Vaksberg(1938)

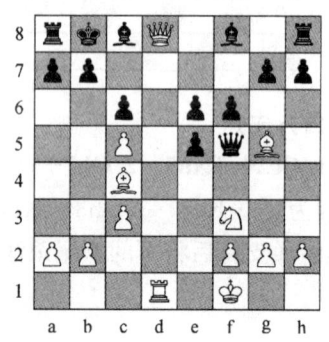

白方先走

4. Movileanu vs Pratyusha(2015)

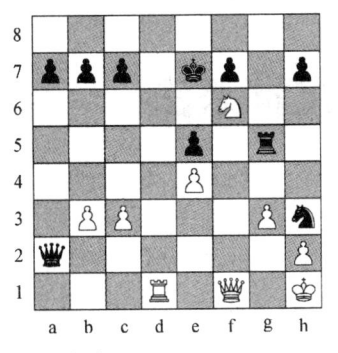

白方先走

5. Murey vs Nikitin(1971)

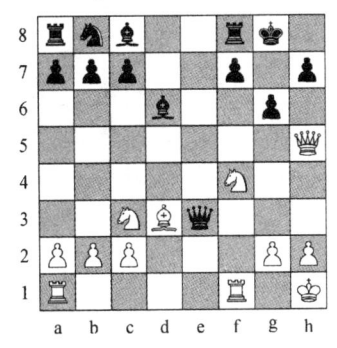

白方先走

6. Nenarokov vs Romanovsky(1927)

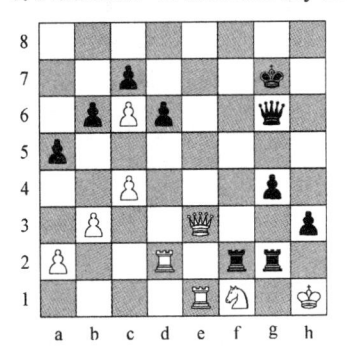

黑方先走

第三十三章 燕尾杀法

习题答案

1. **1. Bxh6**，消除保护兼引离。1. …gxh6 2. Nd4，弃马腾挪。2. …Nxd4 3. Qh5+ Ke7 4. Qf7#，象支持后燕尾杀。

2. **1. Bxf7+**，弃象摧毁兵障，1. …Kxf7 2. Ne5+ Ke6 3. Qg4+ Kxe5 4. Qf5+ Kd6 5. Qd5#，兵支持后燕尾杀法。

3. 黑方拥有子力优势，现在又要兵吃象，白方如何利用局面优势快速解决战斗？**1. Rd7**，威胁 2. Qc7# 将杀。1. … Qb1+ 2. Bf1 a6 3. Rxb7+，弃车摧毁兵障并引入黑王。3. …Kxb7 4. Qb6#，兵支持后燕尾杀。

4. **1. Rd7+ Ke6 2. Qc4+ Kxf6 3. Qxf7#**，车支持后将军的燕尾杀法。

5. **1. Nxg6**，弃马摧毁兵障。1. …fxg6 2. Bxg6，再弃象摧毁兵障。2. …hxg6 3. Qxg6+ Kh8 4. Nd5，进马攻后。4. …Rxf1+ 5. Rxf1 Qe2 6. Qh6+ Kg8 7. Nf6+，黑方认输，接下来 7. …Kf7 8. Qh7+ Kf8 9. Qg8+ Ke7 10. Qe8#，车保护马与马支持后将军的燕尾杀法。

6. **1. …g3 2. Rxf2 Rg1+**，弃车引入白王。3. Kxg1 gxf2+，双将。4. Kxf2 Qg2#，兵支持后将军的燕尾杀法。

231

第三十四章 鸠尾榫杀法

鸠尾榫杀法（Dovetail's Mate）与燕尾杀法相似，不同的是后与王不是正面将军，而是斜向将军，如下图所示。

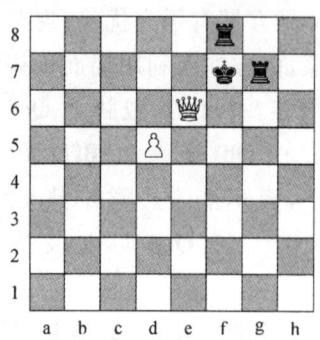

下面我们来看实战例局。

Ding Liren vs Carlsen(1derly9)

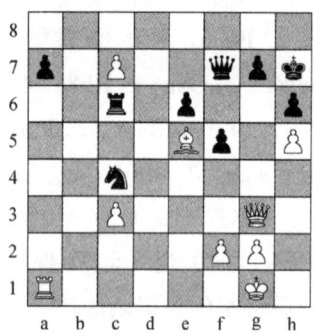

白方先走

1. Rxa7 Nxe5 2. Qxe5 Qxh5 3. Qxg7+，弃后摧毁兵障。3. …Kxg7 4. c8=Q+，闪将。4. … Kf6 5. Qd8+，黑方认输，接下来如果5. …Ke5，则6. Qd4#，兵支持后将军的鸠尾榫杀法；如果5. …Kg6，则6. Qg8+ Kf6 7. Qg7#，车支持后将军的鸠尾榫杀法。

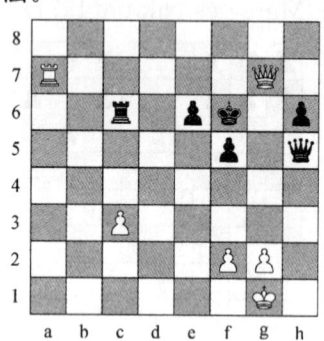

Chandler vs Jacoby(1980)

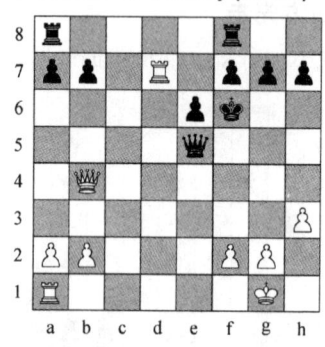

白方先走

1. Re1 Qb8 2. Qh4+ Kg6 3. Qg4+ Kf6 4. Rxf7+，弃车消除保护。4. … Kxf7，如果4. … Rxf7 5. Rxe6#，后车配合杀。5. Qxe6#，车支持后将军的鸠尾榫杀法。

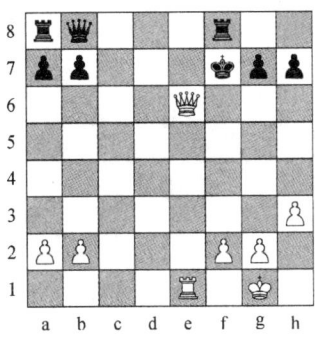

第三十四章 鸠尾榫杀法

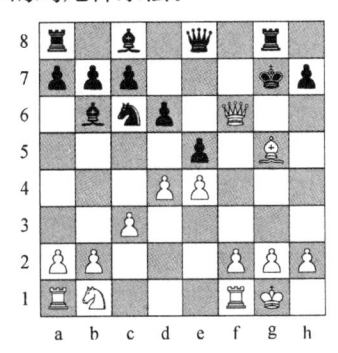

NN vs Greco(1620)

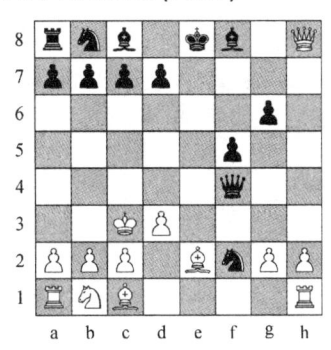

黑方先走

1. …Qb4♯,黑方象支持后将军的鸠尾榫杀法。

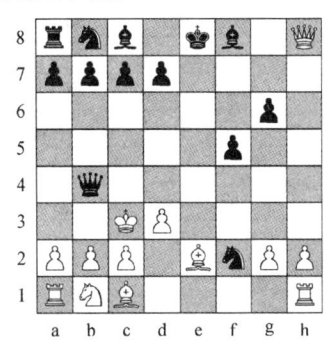

Morrison vs Spencer(1957)

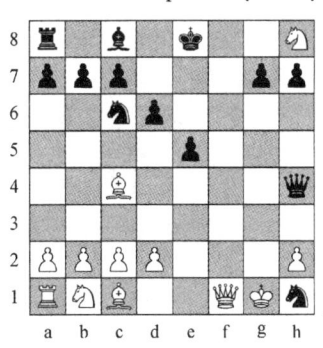

白方先走

1. Qf7＋ Kd8　2. Qf8＋ Kd7　3. Be6＋,弃象引入黑王,黑方认输,因为 **3. …Kxe6　4. Qf7♯**,马支持后将军

Greco vs NN(1620)

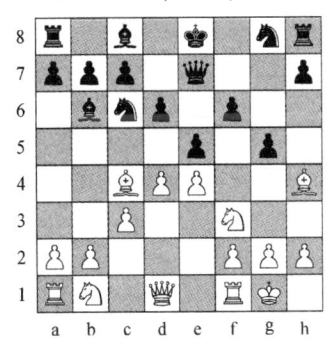

白方先走

1. Nxg5!,弃马摧毁兵障。**1. …fxg5　2. Qh5 Kf8　3. Bxg5 Qe8　4. Qf3＋ Kg7　5. Bxg8**,消除保护。**5. …Rxg8??**,走 5. … Qg6 或 5. … Kxg8 不至于速败。**6. Qf6♯**,白方象支持后将军的鸠尾榫杀法。

233

国际象棋 经典杀法

的鸠尾榫杀法。

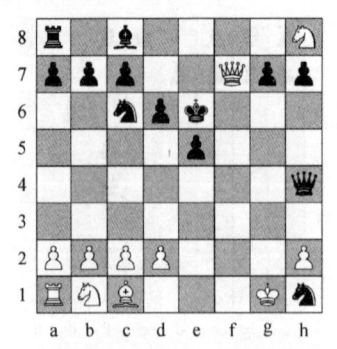

Sokolov vs Tseshkovsky(1989)

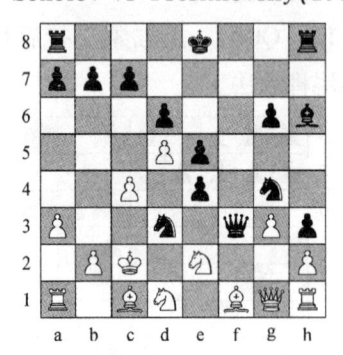

黑方先走

1. … Nb4＋，弃马腾挪。**2. axb4 Qd3♯**，兵支持后将军的鸠尾榫杀法。

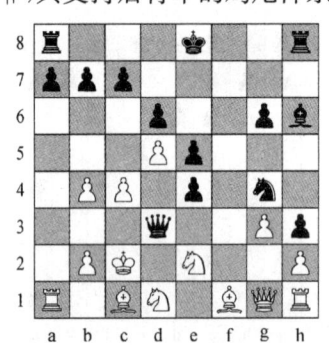

Strekalovsky vs Golyak(1974)

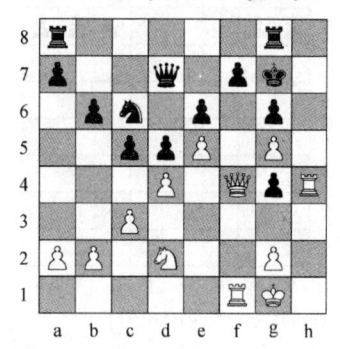

白方先走

1. Rh7＋，弃车引入黑王。**1. … Kxh7 2. Qh2＋ Kg7 3. Qh6♯**，兵不仅支持后将军，还控制王的逃路的鸠尾榫杀法。

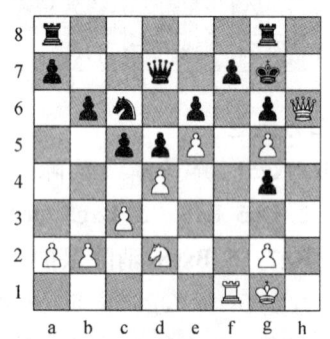

Lasker vs Steinitz(1896)

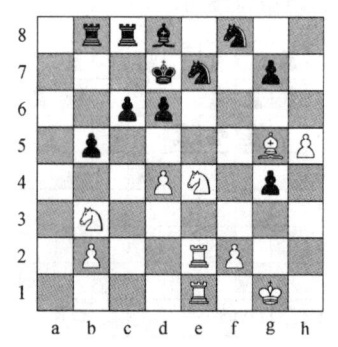

白方先走

1. Nec5＋，弃马引入 d 兵。**1. …**

dxc5　2. Nxc5＋ Kd6　3. Bf4＋ Kd5
4. Re5＋ Kc4　5. Rc1＋ Kxd4　6.
Re4＋ Kd5　7. Rd1＋ Kxc5　8. Be3
＃，象将军与双车控制的鸠尾榫杀法。

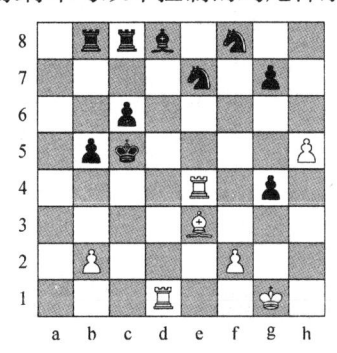

Adamson vs Mowat

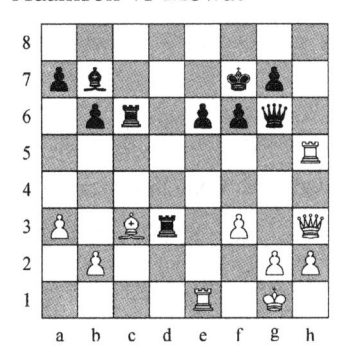

白方先走

　　1. Rh8 a5　2. Rb8 Ba6　3. Qh8，
威胁车支持后到 e8 鸠尾榫杀法，黑方
认输，接下来黑方如走 3. ⋯Ke7，则
4. Qf8＋ Kd7　5. Qd8＃，燕尾杀法；
如走 3. ⋯e5，则 4. Qe8＃，车支持后
将军的鸠尾榫杀法。

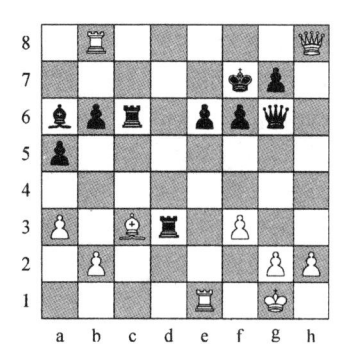

第三十四章　鸠尾榫杀法

习题

1. Blatny vs Nakamura(2001)

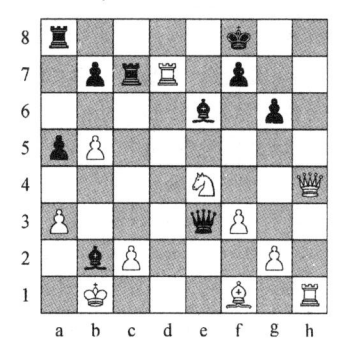

白方先走

2. Anand vs Grischuk(2018)

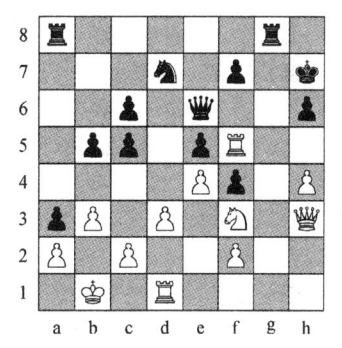

白方先走

3. Lopez vs Smejkal(1970)

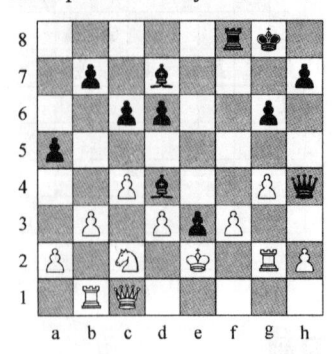

黑方先走

4. Vasic vs Ristovski(2003)

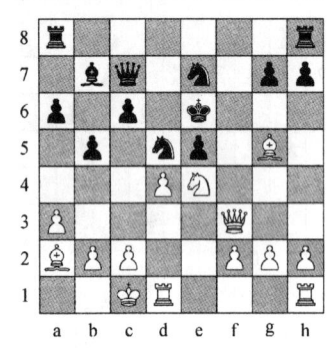

白方先走

5. Fischer vs McDermott(1964)

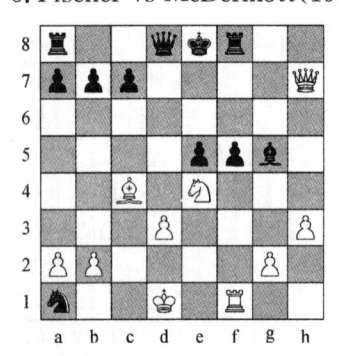

白方先走

6. Soldatenkov vs Durnovo(1898)

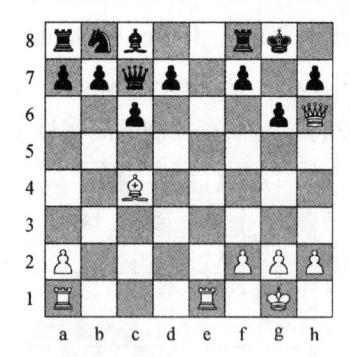

白方先走

习题答案

1. **1. Rd8＋ Rxd8 2. Qxd8＋ Kg7 3. Qh8♯**，车支持后将军的鸠尾榫杀法。

2. **1. Ng5＋**，弃马引离 h6 兵。**1. …hxg5 2. Rxf7＋**，弃车引入黑后形成堵塞。**2. …Qxf7 3. hxg5＋**，闪将。**3. …Kg7 4. Qh6♯**，兵支持后将军的鸠尾榫杀法。

3. **1. …Rxf3**，弃车摧毁兵障。**2. Kxf3 Bxg4＋**，弃象摧毁兵障。**3. Rxg4 Qf2＋ 4. Ke4 Qf5＋ 5. Kxd4 Qe5♯**，兵支持后将军的鸠尾榫杀法。

4. **1. Nc5＋ Kd6 2. dxe5＋ Kxe5**，如果 2. …Kxc5，则 3. Qe3＋（弃后引入黑马）3. …Nxe3 4. Bxe3♯，象将军与车象兵控制的鸠尾榫杀法。**3. Rhe1＋ Kd6 4. Re6＋**，弃马引入黑王。**4. …Kxc5 5. Qe3＋**，弃后引入黑马。**5. …Nxe3 6. Bxe3♯**，象将军

第三十四章 鸠尾榫杀法

与车象兵控制的鸠尾榫杀法。

5.**1.Qg6+**,黑方认输,因为 1.⋯Kd7(1.⋯Ke7 2.Qe6♯,燕尾杀法) 2.Qe6♯,象支持后将军的鸠尾榫杀法。

6.**1.Bxf7+**,弃象摧毁兵障。

1.⋯**Kxf7** 2.**Qxh7+ Kf6** 3.**Qh4+ Kg7** 4.**Re7+ Rf7** 5.**Qd4+ Kf8** 6.**Qh8+**,进后将军,弃车引入黑王。
6.⋯**Kxe7** 7.**Re1+ Kd6** 8.**Qe5♯**,车支持后将军的鸠尾榫杀法。

第三十五章 鱼钩杀法

鱼钩杀法(The Hook Mate)是指车马兵构成将杀的棋形就像鱼钩一样,如下图所示,兵保护马并控制与马保护车将军并控制的杀法。

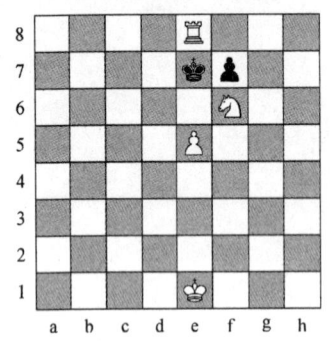

后来,鱼钩杀法泛指马在各子的保护下支持车将军的杀法。

请看下面实战例局。

Marshall vs Napier(1898)

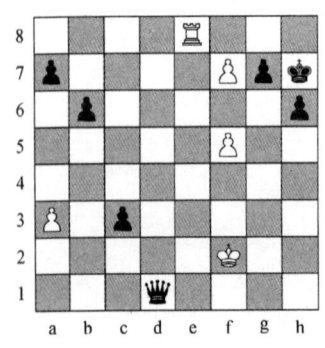

白方先走

1. f8=N+,低值升变。**1. …Kg8**
2. Ng6+,闪将。**2. …Kf7 3. Rf8♯**,白方兵保护马并控制与马支持车将军并控制的标准鱼钩杀法。

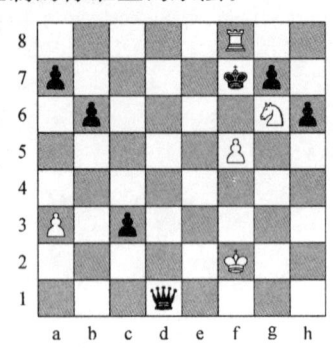

Rubenchik vs Ashley(2000)

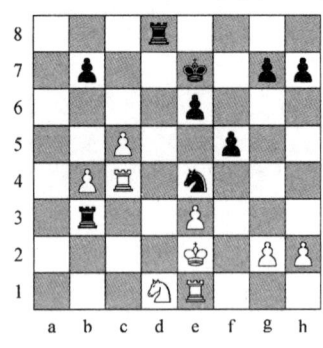

黑方先走

1. …Rd2+ 2. Kf3 Rb1 3. Rd4 Rbxd1,弃车消除保护,白方认输,因为 4. Rxd1 Rf2♯,黑方兵保护马并控制与马支持车将军并控制的标准鱼钩杀法。

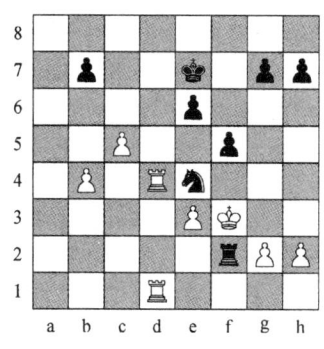

第三十五章　鱼钩杀法

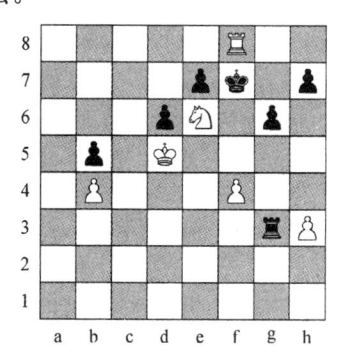

Cramling vs Hector(2010)

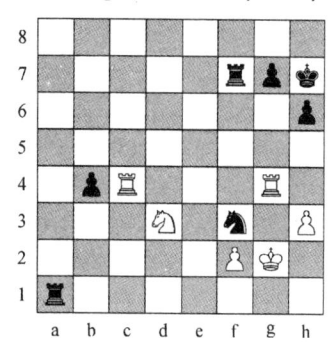

黑方先走

1. …Rg1♯，车保护马与马支持另一车将军并控制的鱼钩杀法。

Williams vs Critelli(2003)

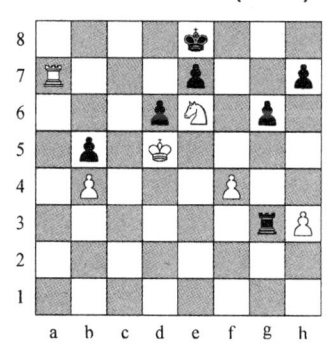

白方先走

1. Ra8＋ Kf7　2. Rf8♯，王保护马与马支持车将军并控制的鱼钩杀法。

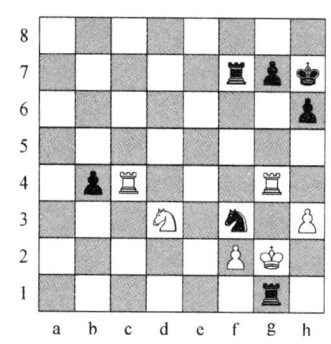

Goutali vs Lima(2010)

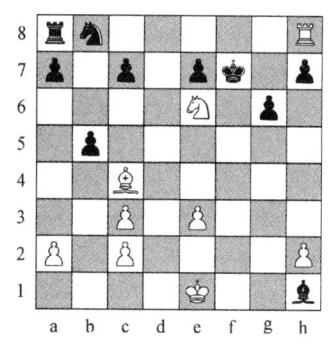

白方先走

1. Rf8♯，象保护马与马支持车将军并控制的鱼钩杀法。

239

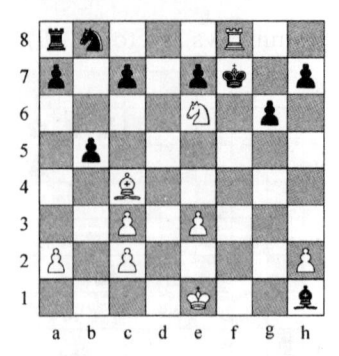

国际象棋 经典杀法

Kasimdzhanov vs Bareev(2019)

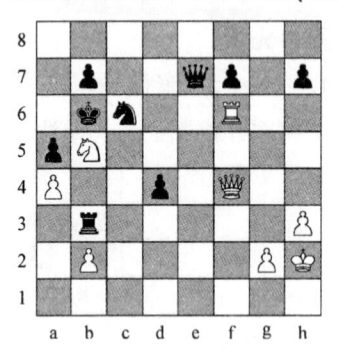

白方先走

1. Qxd4 +，黑方认输，接下来 1. …Qc5　2. Qd8+ Ka6　3. Qa8+ Kb6　4. Qa7#，兵保护马与马支持后将军并控制的鱼钩杀法。

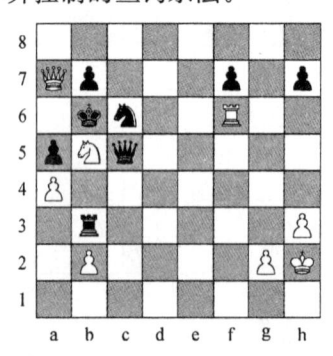

Amigues vs Georgiev(2002)

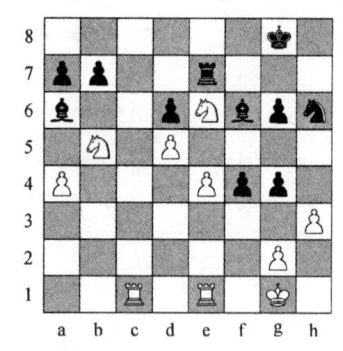

白方先走

1. Rc8+ Kf7　2. Rf8#，兵保护马与马支持车将军并控制的鱼钩杀法。

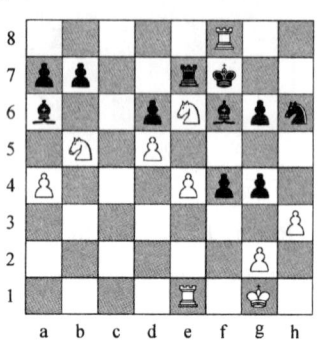

Danner vs Fletcher(2005)

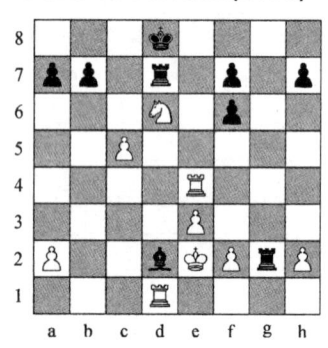

白方先走

1. Re8+ Kc7　2. Rc8#，兵保护马并控制与马支持车将军并控制的鱼钩杀法。

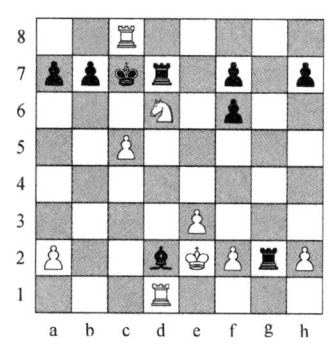

Ivanchuk vs Aronian(2013)

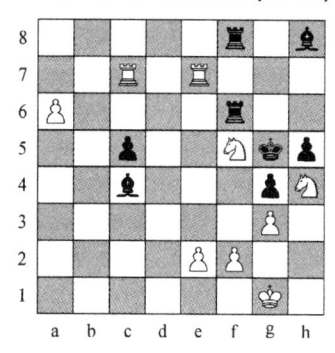

白方先走

1. Rg7+，弃车引入黑象，黑方认输，因为1. …Bxg7　2. Rxg7+ Rg6　3. Rxg6#，兵保护马并控制与马支持车将军并控制的鱼钩杀法。

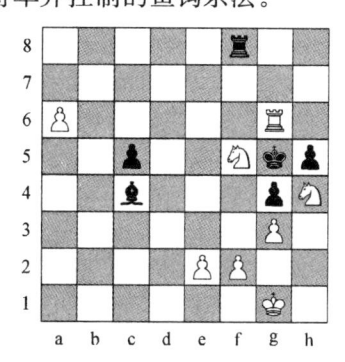

Pavasovic vs Fogarasi(1994)

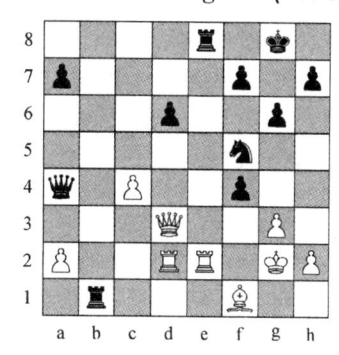

黑方先走

1. …Ne3+　2. Kf2 Rxf1#，兵保护马与马支持车将军并控制的鱼钩杀法。

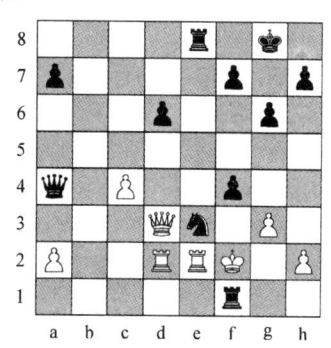

Sterren vs Ljubojevic(1987)

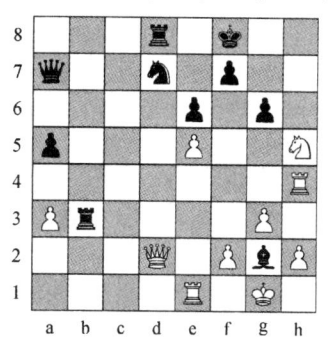

白方先走

1. Qd6+ Kg8　2. Nf6+ Kg7　3. Rh7#，兵保护马与马支持车将军并

国际象棋 经典杀法

控制的鱼钩杀法。

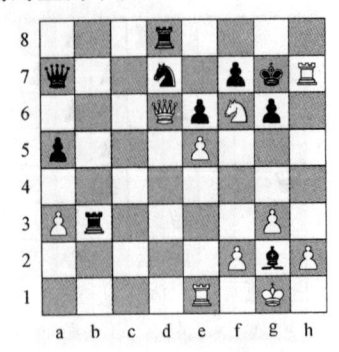

Svidler vs Gelfand(2009)

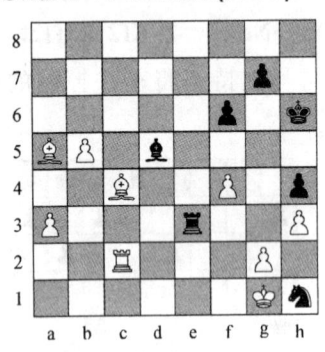

黑方先走

1. ⋯Rxa3 2. Bxd5 Ra1+ 3. Kh2 Ng3，白方认输，因为无法解车到h1将军的鱼钩杀法。

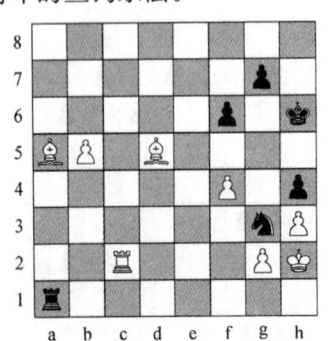

Navara vs Goodger(2012)

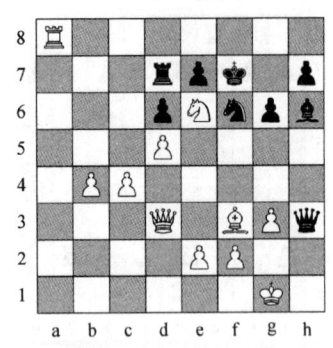

白方先走

1. **Rf8**+，鱼钩杀法引离黑象，黑方认输，因为 1. ⋯Bxf8 2. Ng5+，将王抽后。

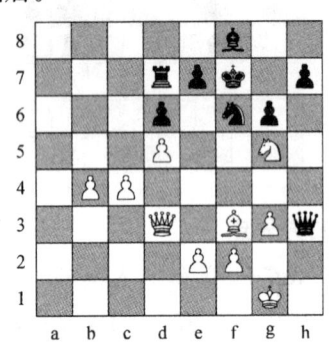

习题

1. Kholmov vs Pietzsch(1965)

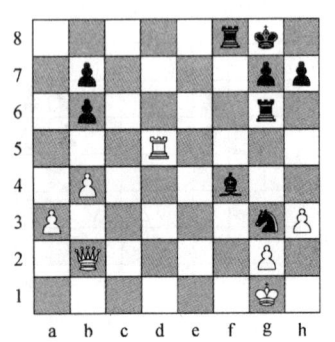

黑方先走

242

2. Kazhgaleyev vs Judit Polgar (2007)

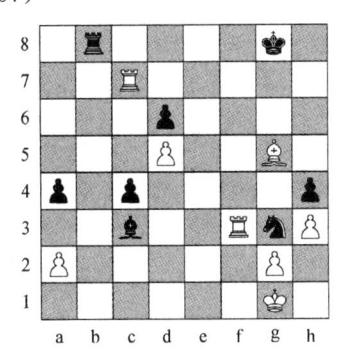

黑方先走

3. Gutop vs Kuindzhi(1977)

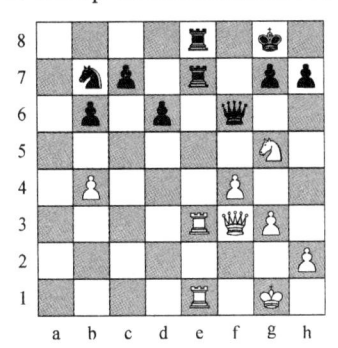

白方先走

4. Nepomniachtchi vs Lopez(2008)

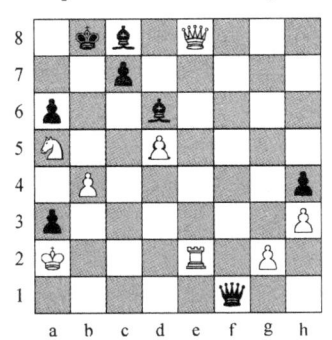

白方先走

5. Fischer vs Bachiller(1970)

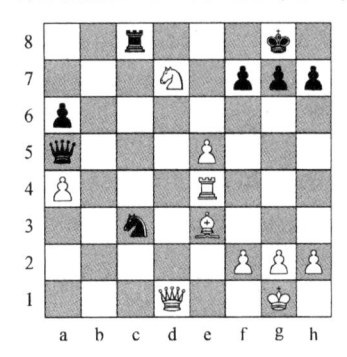

白方先走

6. Janowski vs Schlechter(1899)

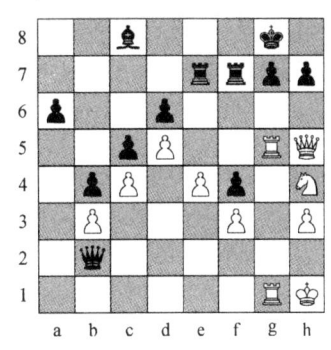

白方先走

习题答案

1. 1. …Be3＋ 2. Kh2 Bg1＋,弃象引入黑王,黑方认输,接下来 3. Kxg1 Rf1＋ 4. Kh2 Rh1♯,车保护马与马支持车将军并控制的鱼钩杀法。

2. 1. …Rb1＋ 2. Kf2 Bd4＋,引入白象形成堵塞,黑方认输,因为 3. Be3 Rf1♯,兵保护马与马支持车将军并控制的鱼钩杀法。

3. 1. Qh5,叫杀。1. …g6,如果

1.…h6，则 2. Qxe8＋ Rxe8　3. Rxe8＋ Qf8　4. Rxf8＋，白方得子得势。2. Qxh7＋!，弃后摧毁兵障。2.…Rxh7　3. Rxe8＋ Kg7　4. R1e7＋ Kh6　5. Rxh7♯，兵保护马与马支持车将军的鱼钩杀法。

4. **1. Nc6＋ Kb7　2. Qxc8＋**，弃后消除保护，黑方认输，因为 2.…Kxc8 3. Re8＋ Kb7　4. Rb8♯，兵保护马与马支持车将军并控制的鱼钩杀法。

5. **1. Qg4**，弃车，暗藏杀机。**1.…Rc6**，如果 1.…Nxe4　2. Nf6＋（闪击）2.…Nxf6　3. Qxc8＋，将单后底线杀。**2. Nf6＋**，弃马腾挪。**2.…Kh8 3. Qxg7＋**，弃后摧毁兵障，黑方认输，接下来 3.…Kxg7　4. Rg4＋ Kf8　5. Rg8＋ Ke7　6. Re8♯，白方兵保护马并控制与马支持车将军并控制的标准鱼钩杀法。

6. **1. Qxh7＋**，弃后摧毁兵障。**1.…Kxh7　2. Rh5＋ Kg8　3. Ng6**，叫杀，黑方认输，接下来 3.…Rf6　4. Rh8＋ Kf7　5. Rf8♯，车保护马与马支持车将军并控制的鱼钩杀法。

第三十六章　钓鱼竿杀法

钓鱼竿杀法（The Fishing Pole Mate）也叫作钓鱼竿陷阱，是对王翼易位的王常用的杀法。王翼易位的一方用 h 兵攻击未易位一方 g 线的象或马（偶尔也有车），未易位一方不逃象或马，而是进 h 兵保象或马，构成如钓鱼竿的棋形。如果易位方用 h 兵吃象或马，未易位方则用 h 兵吃对方的兵，敞开 h 线，再调动其他子力沿 h 线攻王，对方王被逼入困境，最终不可避免被将杀。

利用钓鱼竿杀法的对局往往比较简短，下面我们来看几个这样的对局。

Espedal vs Winslow(1977)

**1. e4 e5　2. Nf3 Nc6　3. Bc4 Nf6
4. Nc3 Bc5　5. d3 O—O　6. Bg5 h6
7. h4**（见下图）

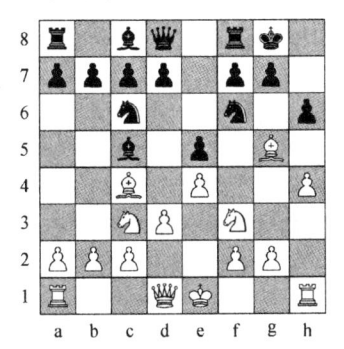

白方弃象设下钓鱼竿陷阱。

7. …hxg5

贪吃饵食，掉进陷阱。黑方王车易位本想让王处于安全之地，现在贪吃象打开 h 线，无异于开门揖盗。应该走 7. …Be7，打破牵制，再走兵到 d6 格，然后走象到 e6 格，形成均势。

8. hxg5 Nh7

如果走 8. …Ng4　9. g6 Nxf2 10. Nxe5（腾挪，为后让路，威胁走 11. Rh8＋ Kxh8　12. Qh5＋ Kg8 13. Qh7♯，达米亚诺将杀）　10. …Nxh1（如果 10. …Nxd1　11. gxf7＋ Rxf7　12. Bxf7＋ Kf8　13. Rh8＋ Ke7　14. Nd5＋ Kd6　15. Nc4♯，双马象配合杀）　11. Qh5 Re8 12. gxf7＋ Kf8　13. Ng6♯，马象兵配合兵楔杀。

9. g6 d5　10. Bxd5 Nf6　11. Ng5

腾挪。

11. …Nxd5　12. Rh8＋

弃车引入。

12. …Kxh8　13. Qh5＋

接下来 13. …Kg8　14. Qh7♯，达米亚诺将杀。

Fucini vs Olivari （1895）

1. e4 e5　2. Nf3 Nc6　3. Bc4 Nf6 4. d3 Bc5　5. O—O d6　6. Nc3 Bg4 7. h3 h5（见下图）

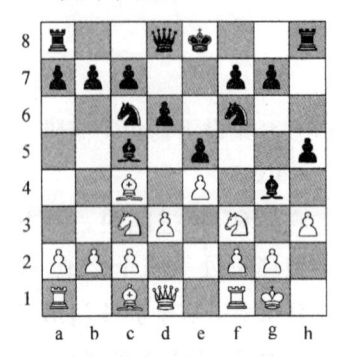

这盘棋是上一局的翻版。上一局是白方弃象设下钓鱼竿陷阱,这盘棋是黑方弃象设下钓鱼竿陷阱。其基本思想和战术手段是一样的。

8. hxg4? hxg4　9. Ng5 g3　10. Nxf7 Nxe4

威胁走 11. …Rh1+　12. Kxh1 Qh4+　13. Kg1 Qh2#,达米亚诺将杀。

11. Nxd8 gxf2+　12. Rxf2 Bxf2+　13. Kf1 Rh1+　14. Ke2 Nd4#

车双马象配合杀,类似莱加尔将杀。

Mieses vs NN(1900)

1. e4 e5　2. Bc4 Nf6　3. Nc3 Nxe4

贪吃兵,脱离防线。走 3. …Nc6 较好。

4. Qh5

双重威胁 5. Qxf7# 和 5. Qxe5+。

4. …Nd6　5. Bb3 Be7　6. d3 O—O　7. Nf3 Nc6　8. Ng5 h6　9. h4（见下图）

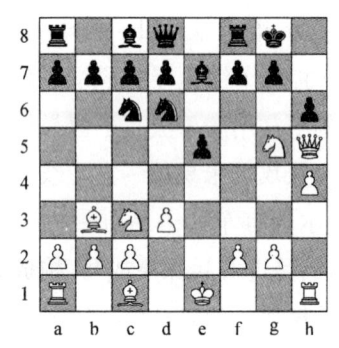

白方弃马设下钓鱼竿陷阱。

9. …Ne8?

应该走 9. …Nd4　10. Bd2 Nxb3 11. axb3 Ne8　12. Nd5 d6　13. Ba5 b6,黑方占优。

10. Nd5 Nf6?　11. Qg6

黑方难以应对。如果 11. …fxg6 12. Nxe7（双将）12. …Kh8　13. Ng6#,双马象配合杀;如果 11. …Kh8　12. Nxf7+ Rxf7　13. Qxf7,白方多得半子。

Jiang vs Barron(2007)

1. e4 e5　2. Nf3 Nc6　3. Bb5 Nf6

这是柏林防御。2000 年克拉姆尼克与卡斯帕罗夫世界冠军对抗赛中作为主要防御,理论探讨一度达到顶峰。

4. O—O Ng4   5. h3 h5（见下图）

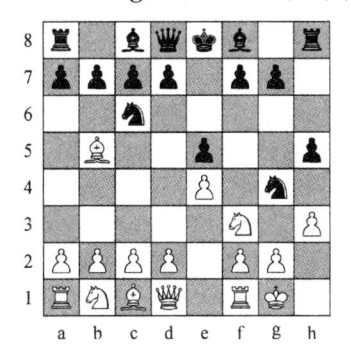

黑方弃马设下钓鱼竿陷阱。

如果白方走 6. hxg4 就掉进陷阱：6. …hxg4   7. Ne1 Qh4（威胁在 h1 将杀）   8. f3（开个窗口）8. …g3（白方不能逃脱将杀）。实战中白方走 6. c3，最终也是输棋。

Schwartz vs Hartlaub(1918)

1. e4 e5   2. Nf3 Nc6   3. Bc4 Bc5
4. O—O d6   5. h3？

预防黑方走 5. …Bg4 的牵制，实际是劣着。

5. …h5

预谋设钓鱼竿陷阱。

6. Nh2 Nf6   7. d3 Bg4！（见下图）

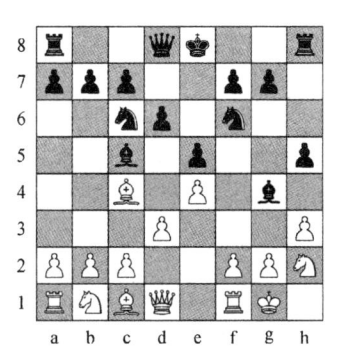

黑方把象送到兵口，完成钓鱼竿陷阱架设。

8. hxg4？ hxg4   9. Nxg4 Nh5
10. Be3 Qh4

再弃象，集重兵于 h 线。

11. Bxc5 Qh1＋

弃后引入。

12. Kxh1 Ng3＋

双将。

13. Kg1 Rh1♯

车马配合底线杀。

Garner vs L Rowland(1979)

1. e4 e5   2. Nf3 Nc6   3. Bb5 a6
4. Bxc6 dxc6   5. O－O Bg4   6. h3 h5（见下图）

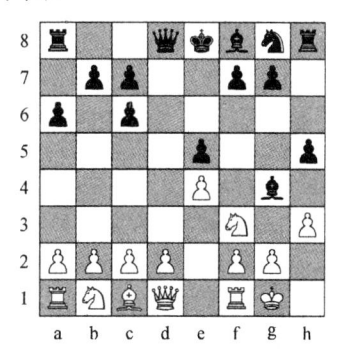

黑方弃象为诱饵设下钓鱼竿陷阱。

7. hxg4？

掉进陷阱，白方应该继续出子，到安全时再吃象。

7. …hxg4   8. Ne1 Qh4

利用打开的 h 线叫杀。

9. f3

为白王逃跑开个窗口。

9. …g3

打入兵楔,堵住窗口,白方不能避免 10. …Qh2♯,后兵配合达米亚诺将杀,或者 10. …Qh1♯,后车兵配合 h 线将杀。

Adams vs Wall(1976)

1. e4 e5　2. Nf3 Nc6　3. Bb5 a6
4. Ba4 d6　5. O—O Bg4　6. h3 h5

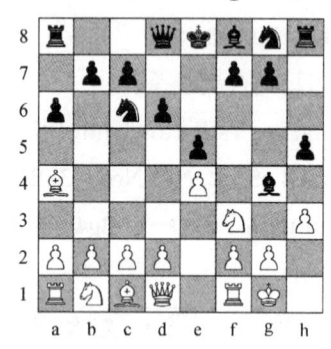

黑方弃象设钓鱼竿陷阱。

7. Bxc6＋　bxc6　8. hxg4 hxg4

敞开 h 线。

9. Nxe5 Qh4,后车集中 h 线叫杀,白方认输,因为 10. f4 g3(打入兵楔) 11. Qh5 Rxh5　12. Nxc6 Qh2♯,兵支持后将军并控制的达米亚诺杀法。

Ghaderi vs Thorell(2012)

1. e4 Nf6　2. e5 Nd5　3. d4 d6
4. c4 Nb6　5. Nf3 Nc6　6. b3 Bg4
7. Be2 d5　8. Bb2 e6　9. c5 Nd7　10.
O—O g6　11. Nbd2 Bg7　12. h3 h5
(见下图)

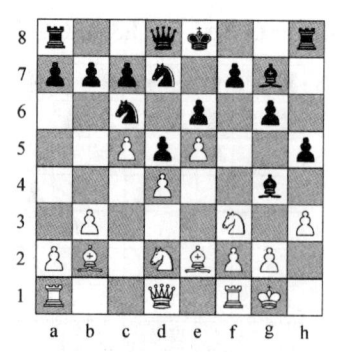

黑方设下钓鱼竿陷阱。

13. hxg4 hxg4　14. Ne1 Qh4

后车集中 h 线叫杀。

15. f4 g3

打入兵楔。

16. Ndf3 Qh1♯

车支持后进底线将军与兵控制将杀。

Krebs vs Diemer(1974)

1. d4 e5　2. Nf3 e4　3. Nfd2 d5
4. c3 Bd6　5. e3 Nf6　6. Be2 c6　7.
O—O h5　8. f3 Bxh2＋　9. Kxh2
Ng4＋(见下图)

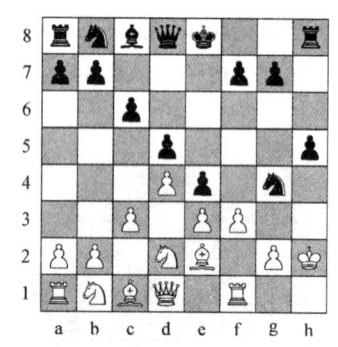

弃马送到兵口设下钓鱼竿陷阱,不过这个钓鱼竿是直的。

10. fxg4 hxg4＋

同样是敞开 h 线。

11. Kg1 Rh1+

弃车引入白王。

12. Kxh1 Qh4+　13. Kg1 g3

打入兵楔，白方无法解杀，只得认输。

Guerrero vs Judit Polgar(2014)

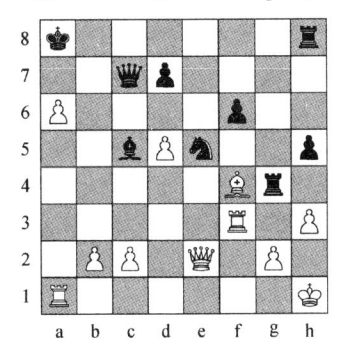

黑方先走

1. …Rhg8，白方进 h 兵攻击车已帮助黑方完成钓鱼竿陷阱架设，现在黑方双车集中 g 线吃 g 兵。**2. d6 Qc6 3. hxg4 hxg4**，敞开 h 线。**4. Rc3 Rh8+　5. Bh2 Qxd6　6. Qe4+ Nc6 7. g3 Rxh2+**，弃车消除保护。**8. Kxh2 Qd2+**，白方认输，因为 9. Kh1 Qh6+ 10. Kg2 Qh3♯，后象兵配合杀。

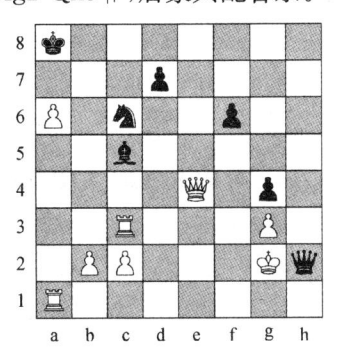

习题

1. Papaioannou vs Giri(2019)

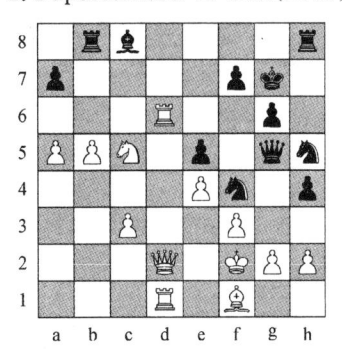

黑方先走

2. Richter vs Steuber(1928)

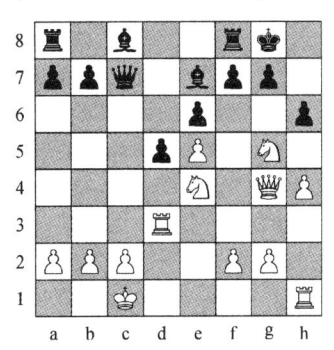

白方先走

3. Alekhine vs Hoelscher(1933)

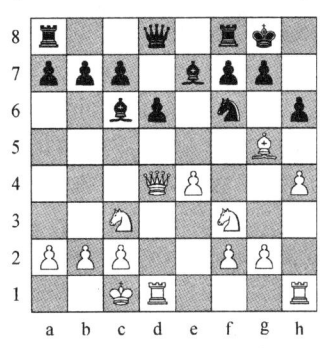

白方先走

249

4. Mandolfo vs Kolisch(1859)

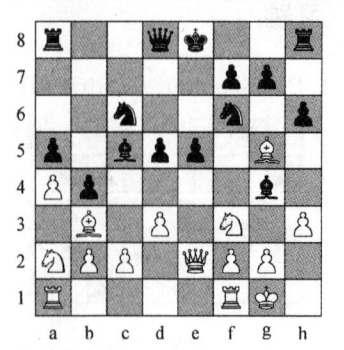

黑方先走

5. Winawer vs Steinitz(1896)

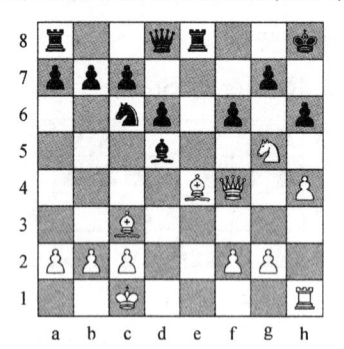

白方先走

6. Berg vs Bareev(2005)

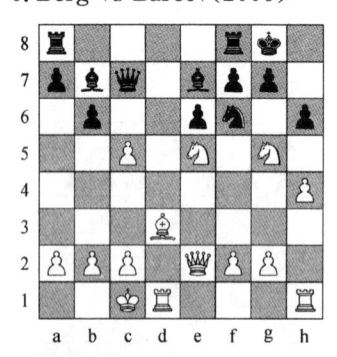

白方先走

习题答案

1. 1. …**Ng3**，弃马送到兵口，完成钓鱼竿陷阱架设。**2. hxg3 hxg3＋**，敞开 h 线并打入兵楔。**3. Ke3 Rh2 4. Qc1 Bh3**，黑方重兵猛攻王翼，白方难以应对，只得认输。

2. 1. Nf6＋，白方已经设了钓鱼竿陷阱，现在置一马被吃不顾，再送一马。**1.** …**Bxf6**，当然不能走 1. …gxf6，否则 2. Nxe6＋，再 3. Qg7♯，后马配合杀。**2. exf6**，打入兵楔。**2.** …**g6**，如果 2. …hxg5 3. Qxg5 g6 4. Qh6，后与兵楔配合杀。**3. h5 Qe5 4. Nh7！Kxh7**，如果躲车，5. hxg6 将是致命一击。**5. hxg6＋**，白方将连将杀：如果 5.…Kg8 6. gxf7＋ Kxf7 7. Qg7＋ Ke7 8. Qe7♯，后与兵楔配合杀；如果 5…Kh8 6. Rxh6＋ Kg8 7. gxf7＋ Kxf7 8. Qg6♯，后车兵配合杀；如果 5…fxg6 6. Rxh6＋（消除兵保护）6. …Kxh7 7. Rh3＋ Qh5 8. Rxh5＋（引离）8. …gxh5 9. Qg7♯，后与兵楔配合杀。

3. 1. Nd5！，白方已经弃象设下钓鱼竿陷阱，现在进马抢攻。**1.** …**hxg5**，掉进陷阱，应该走 1. …Bxd5，再走 2. … Re8，有机会取得均势。**2. Nxe7＋ Qxe7 3. hxg5**，打开 h 线。**3.** …**Nxe4 4. Rh5 Qe6 5. Rdh1 f5 6. Ne5！**，弃马叫杀引离 d 兵。**6.** …**dxe5**，如果 6. …Qxe5 7. Qxe5 dxe5 8. g6**，打入兵楔，下一步 9. Rh8♯，双

车兵配合杀。**7. g6**，打入兵楔叫杀，引离黑后。黑方认输，接下来 7. …Qxg6 8. Qc4＋ Rf7/Qf7（形成堵塞） 9. Rh8♯，双车配合 h 线杀。

4. **1. …h5**，不但不吃象，反而进兵弃象，设下钓鱼竿陷阱。**2. hxg4 hxg4 3. Nxe5 Nd4**，进马攻后。**4. Qe1 Ne4**，进马弃后叫杀。**5. Bxd8**，如果 5. dxe4，则 5. …Qxg5，白方也难防守。**5. …Ng3**，弃马叫杀。**6. Nc6＋**，闪将，如果 6. fxg3，则 6. …Ne2♯，双将杀。**6. …Nde2＋**，解将还将。**7. Qxe2＋ Nxe2♯**，马将军与车控制将杀。

5. **1. Bxd5**，白方早已设下钓鱼竿陷阱。**1. … fxg5 2. hxg5 Ne5 3. g6**，腾挪，黑方无法解杀，接下来如果 3. …Nxg6，则 4. Rxh6♯，车双象配合格雷科杀法；如果 3. …c6，则 4. Rxh6＋（弃车摧毁兵障）4. …gxh6 5. Qxh6♯，后象配合格雷科杀法。

6. **1. Bg6**，黑方已主动进 h 兵帮助白方架设钓鱼竿陷阱，现在白方再弃象到兵口。**1. …hxg5 2. hxg5**，敞开 h 线。**2. …fxg6 3. Nxg6 Ne4 4. Rh8＋ Kf7 5. Ne5＋**，弃马腾挪。**5. …Qxe5 6. Qh5＋ g6 7. Rh7＋ Qg7**，如果 7. …Ke8，则 8. Qxg6＋ Rf7 9. Qxf7♯，后双车配合杀。**8. Rxg7＋ Kxg7 9. Qh6＋ Kf7 10. Qh7＋ Ke8 11. Qxg6＋ Rf7 12. c6 Bxc6 13. Qxe6 Bb7 14. g6 Rg7 15. Rh1 Nf6 16. Rh8＋ Rg8 17. g7**，白兵将升变，黑方认输。

第三十七章　彩虹杀法

彩虹杀法（The Rainbow Mate）是指最后形成的将杀图形就像彩虹一样。这种杀法不常见，在此展示几例仅供大家欣赏。

下面是有记载的最早出现的彩虹杀法对局。

Dodge vs Houghteling(1905)

1. d4 d5　2. c4 e5　3. e3 exd4
4. Qxd4 Nf6　5. Nc3 Nc6　6. Qd1 Bf5
7. f3 Nb4　8. Qa4+ Qd7　9. Qxd7+
Kxd7　10. e4 dxe4　11. fxe4 Nxe4
12. Rb1（见下图）

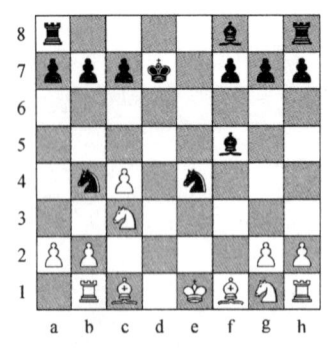

黑方要开始彩虹将杀。

12. …Nc2+　13. Kd1 Nf2+
14. Ke2 Bc5　15. Nf3 Bd3+　16. Kd2
Be3#，黑方双象双马互保构成彩虹将杀。

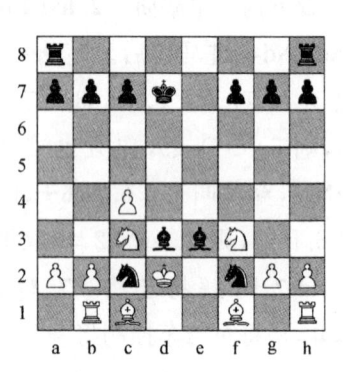

Kiss vs Barcza(1934)

1. e4 Nc6　2. d4 d5　3. exd5
Qxd5　4. Nf3 Bg4　5. Nc3 Bxf3　6.
Nxd5 Bxd1　7. Nxc7+ Kd7　8. Nxa8
Bxc2　9. Bf4 e5　10. dxe5 Bb4+
11. Ke2 Nge7　12. e6+ fxe6　13. Nc7
（见下图）

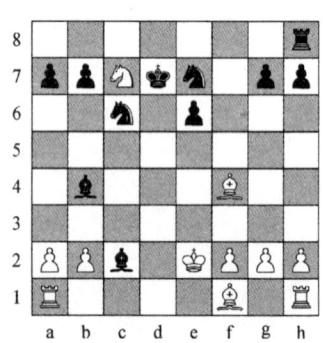

黑方双象双马构成了一道彩虹，现发动进攻。

13. …Nd4+　14. Ke3 Nef5#，黑

方双象双马彩虹将杀。

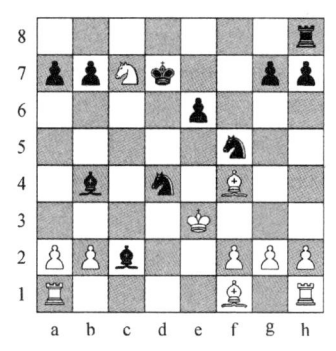

Malinin vs Savinov(1988)

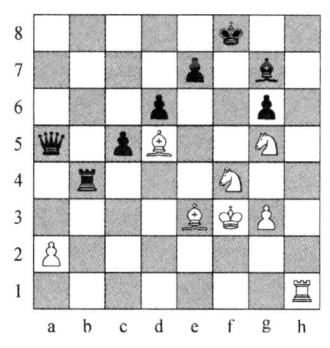

白方先走

白方要发动彩虹将杀。**1. Nfe6＋ Kg8　2. Nc7＋**,闪将。**2. … e6　3. Bxe6＋ Kf8　4. Nh7＋ Ke7　5. Bg5＋ Bf6　6. Bxf6♯**,黑方的两个兵帮助白方双象双马构成完美的彩虹将杀。

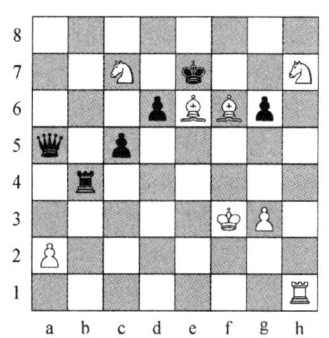

第三十七章　彩虹杀法

Sultanov vs Kamaletdinov(2011)

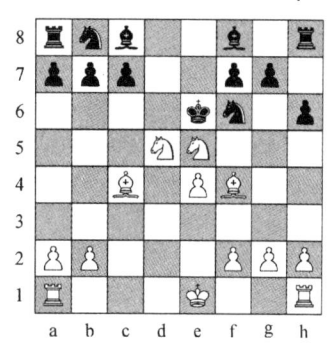

白方先走

白方双象双马已构成了一道彩虹,将以此彩虹开始进攻。**1. Nxc7＋**,双将。**1. … Ke7　2. Nxa8 Nxe4　3. Nxf7**,闪击,双重威胁吃车和吃马。**3. … Rg8　4. Bxb8 Bd7　5. O－O Bc6　6. f3 Nf6　7. Rfe1＋ Kd7　8. Be6＋ Ke7　9. Bd6＋ Ke8　10. Nc7♯**,白方双象双马又构成一道彩虹将杀。

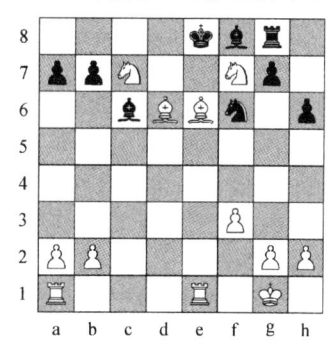

这一杀法真是令人赏心悦目,叹为观止。